"中国自贸试验区研究"丛书

沈四宝◇主编

朱文龙◇著

中国自贸试验区建设与国际经济合作

2019年 · 厦门

总 序

沈四宝

党的十九大报告指出："中国支持多边贸易体制，促进自由贸易区建设，推动建设开放型世界经济。"自贸试验区建设是我国立足国内、面向世界所做出的重大战略举措。从 2013 年 9 月第一个自贸试验区——中国（上海）自由贸易试验区挂牌以来，到 2018 年中国（海南）自由贸易试验区获批，五年时间里自贸试验区数量已达十二个，涉及东部沿海、中西部和东北地区的多个省（市）。五年来，自贸试验区建设的广度和深度得到全面拓展，并以制度创新为突破口，先后推出了大量见真章、出实效的对外开放新举措，积累了若干可复制可推广的宝贵经验，发挥了引领中国全面开放的"排头兵"作用。党的十九大决定赋予自贸试验区更大的改革自主权，在进一步开放的过程中，自贸试验区面临哪些法律挑战，有什么样的解决方案，这是目前相关领域应予以高度关注的问题之一。本套丛书聚焦上述问题，由相关领域的青年学者潜心研究、倾力打造而成，对学术界与实务界均具有一定借鉴参考价值。

本套丛书问题聚焦化。整套丛书采取了"背景分析＋重大制度创新＋纠纷解决机制"的体例，以分析我国进一步改革开放的国内国际经贸形势为切入点，聚焦自贸试验区建设所面临的国内国际法律挑战的问题，以自贸试验区的重大制度创新为主轴展开研究，深入剖析其金融制度创新、投资管理制度创新、贸易监管制度创新的相关内容，并对自贸试验区内的民商事纠纷解决机制、投资争端解决机制等问题进行了深入研究。丛书内的具体分册亦聚焦自贸试验区相关创新所面临的法律挑战，分析挑战的原因，提出应对的思路。如《中国自贸试验区多元化纠纷解决机制研究》从涉自贸区纠纷的特点出发，分别对自贸试验区仲裁制度，司法制度，调解制度，诉讼、仲裁与调解衔接制度以及投资争端解决机制的现状、创新、不足进行了分析，并在借鉴相关国际规则及别国成熟经验的基础上，指出相应的完善路径。

本套丛书角度专业化。丛书从国际经济法学的专业角度，将国际经济法学的相关理论运用到我国自贸试验区建设的实践之中，探讨自贸试验区建设的国内法治以及国际法治问题。比如：《中国自贸试验区贸易便利化研究》一书运用国际经济法学有关贸易便利化的相关理论与研究成果，着重探讨在我国法律框架下如何进行自贸试验区的贸易监管制度创新，同时也探讨在国际法治框架下如何使我国自贸试验区的制度创新能够与国际相关规则相衔接。又如：《中国自贸试验区金融创新制度研究》一书并未过多着眼于我国现阶段金融市场的全球化改革，而是从国际金融法的视角对以负面清单制度所实现的金融行业准入的开放、资本项目管制和汇率制度改革、人民币跨境使用等方面的问题进行分析，探讨自贸试验区金融制度的创新。

本套丛书视野国际化。丛书的一大特点是不仅仅局限于我国自贸试验区建设，而是大量借鉴、参考世界贸易组织（WTO）、美国、欧盟、世界银行、经济合作与发展组织（OECD）、联合国国际贸易法委员会（UNCITRAL）等的相关理论与实践做法，对自贸试验区的相关问题进行探讨。比如：《中国自贸试验区投资便利化研究》一书在探讨外资并购国家安全审查制度的构建时，将视野投向了诸多国家安全审查制度较为完善的国家与地区，如美国、澳大利亚等，在分析别国国家安全审查制度的优劣势的基础上，结合我国具体情况，提出我国自贸试验区外资国家安全审查机制的构建设想。又如：《中国自贸试验区多元化纠纷解决机制研究》一书亦大量借鉴国际上著名争议解决中心的相关规则，提出我国自贸试验区纠纷解决机制面临的法律挑战的解决路径。而该套丛书的“背景分析”——《中国自贸试验区建设与国际经济合作》一书更是从经济全球化与区域经济一体化的角度出发，分析我国自贸试验区与国际经贸形势之间的关系，完全可以说是用世界的眼光来审视我国的自贸试验区建设。

本套丛书对于解决自贸试验区建设与“一带一路”倡议中的重大理论与实践问题，对于促进我国自贸试验区健康发展及我国对外贸易、投资供给侧改革均具有重大的理论与实践意义。

目 录

绪论

第一节　国际经济合作的表现

一、经济全球化和区域经济一体化

经济全球化和区域经济一体化是20世纪90年代以来世界经济发展的两大特点和趋势。对于“经济全球化”的定义众说纷纭，一般来说，它指的是随着生产力的高度发展，为了进一步追求利润、取得竞争优势和获得利益最大化，世界各国在全球范围内进行生产要素的配置与合作。经济全球化深入生产、贸易、金融、投资等领域，对世界各国的经济贸易发展产生了重要的影响，更是推动了以世界贸易组织（WTO）为代表的多边经济贸易体制的形成。

然而，各国由于经济发展程度和经济结构的差异，在进口保护的程度和结构上存在着巨大的不同，导致全球多边贸易自由化呈现出渐进性的特征。随着全球多边贸易自由化的深入发展，多边谈判的困难也越来越大，进度开始放缓，区域经济一体化的思想开始盛行。区域经济一体化指的是在世界范围内由国家出面结合而成的、区域性的、目的在于实现市场一体化乃至生产和发展一体化的过程。在这一过程中，两个或两个以上的国家或地区，为了共同的经济利益签订一体化协定，通过让渡部分主权，结成完整的经济合作组织，使产品和生产要素在组织成员内部朝着更自由的方向流动，实现成员和要素的最佳配置。参与方希望通过实现区内贸易和投资的自由化来促进贸易、投资和经济的增长，依托集团的力量来克服经济全球化的负面效应，从而最大限度地分享经济全球化的益处。截至 2015 年，全球一共有 612 个自由贸易协定向 WTO 通报，其中包括 147 个服务贸易自由化协定。

区域经济一体化之所以能够迅速成长和发展有多方面的原因。第一，国家和地区为了寻求更大的市场、实现利益的最大化，有动机结成联盟并获得更多的市场准入；而且区域一体化涉及的国家较少，加上彼此之间要么有相近的历史文化背景、要么有地缘安全的考虑、要么有经济结构的互补，较之多边协定更容易达成共识。第二，区域合作既可以实现内部的互利共赢，又可以根据 GATT（《关税与贸易总协定》）第二十四条的规定，绕开最惠国待遇，避免给予其他国家搭便车的机会。尽管区域经济一体化的目的主要在于建立互惠的经济和贸易关系，但在经济因素和非经济因素深入交织的今天，它同样包含着缔约方潜在的政治和安全用心，一些时候地缘政治因素甚至成为推动区域经济一体化发展的主要力量。第三，GATT1947（《1947 年关税与贸易总协定》）和 GATT1994（《1994 年关税与贸易总协定》）都承认了区域贸易安排在多边贸易体制下的合法性，并将这一做法扩大到《服务贸易总协定》中，为区域经济一体化的开展扫除了法律上的障碍。因此从 20 世纪 90 年代起，区域经济一体化便在世界范围内不断展开。

区域经济一体化通常有两个特征。第一，以市场一体化为基础，以经济一体化为目标。区域经济一体化通常从削减成员间的贸易壁垒、在区域内实现商品的自由流通为起点，逐步实现服务贸易的自由化、投资自由化以及人员的自由流动，进而实现经济上全面的一体化。随着区域经济一体化程度的提高，参与方还要求内部建立起一个超国家的协调、指挥和决策机构，协调并最终统一各成员方的货币、财政等经济政策，解决成员方之间的贸易摩擦和争端，决定对外的经济政策。第二，一般都兼具开放性和封闭性。开放性指的是区域一体化组织成员之间相互开放市场，削减甚至消除贸易、投资壁垒，实现区域内要素的自由流动。封闭性指的是一体化组织对于非成员采取有别于区内成员的政策，区内允许要素自由流动的优惠待遇并不同等地给予非成员，因而限制了非成员的进入，体现出一定的排他性。

区域一体化按照发展水平的不同，可以分为六种类型：第一，优惠贸易安排。这是指在成员方之间通过签订优惠贸易协定或其他安排形式，对其全部贸易或部分贸易品互相提供特别的关税优惠，并对与非成员方之间的贸易设置较高贸易壁垒的一种区域经济安排。由于成员方之间仍然存在一定程度的关税，所以优惠贸易安排是发展程度较低的一种区域经济一体化形式。第二，自由贸易区。这是指两个以上的国家或地区，通过缔结条约消除关税壁垒和数量限制，在区内实现自由贸易，但成员方保留了它们对外部世界决策的自由，各国仍各自独立地实行对非成员方的关税和其他贸易限制。第三，关税同盟。这是指成员方通过签署协议，彼此之间减免关税，并对非成员方贸易设定统一的对外关税，对外实行统一的贸易政策。第四，共同市场。共同市场是比关税同盟更高一层次的经济一体化组织。它除了取消区内贸易壁垒和对外实行统一的关税政策之外，还涉及资本、劳动力等生产要素在成员方之间不受限制地自由流动。第五，经济同盟。经济同盟比共同市场更高一层，成员方之间取消了贸易壁垒，建立了统一的对外贸易政策和关税制度，实现了商品、生产要素的自由流动，对货币政策和财政政策实现了全面的统一。第六，完全经济一体化。完全的经济一体化是区域经济一体化的最高形式，各成员方融合为一个拥有极大经济权威的超国家组织，实行单一的经济政策。在实践中，自由贸易区在实现成员间商品自由流动的同时，又保留了各个成员对于非成员的政策独立性，因而在国际区域经济合作中被广泛采用。在欧美大国的示范带动和发展中国家的积极参与下，大量的自由贸易协定被签订，几乎所有的世贸组织成员都参加了一个或多个自由贸易协议。

研究者们对经济全球化和区域经济一体化之间的关系长期以来争论不休，

对区域经济一体化的存在究竟是促进还是阻碍全球经济一体化的发展莫衷一是。有观点认为，区域经济一体化程度虽然在不断提高，但各个区域之间的经济联系却在逐渐减弱，由此会导致全球经济一体化程度减弱；区域经济一体化是一种新型的集团式贸易保护主义，与传统的单边贸易保护主义相比，其方式更为隐蔽，对全球贸易自由化的危害更大，随着区域一体化的繁荣及其重要性和活力的与日俱增，多边贸易体制势必走向崩溃，进而会影响全球经济与政治的稳定。也有观点认为，区域经济一体化最基本的目标是通过建立自由贸易区实现贸易自由化，这与多边贸易体制的基本目标是一致的，区别只是贸易自由化的地理范围；而且区域一体化基本上都将实现全球贸易自由化作为其最高宗旨，在全球贸易一体化在短时期内不可能实现的情况下，区域经济一体化是一种务实的选择，并可以为全球贸易自由化积累经验。[①]不过就目前来看，由于世界贸易组织多哈回合的谈判迟迟不能取得进展，多边贸易体制的作用在一定程度上被削弱，这将会刺激区域经济合作的进一步发展。

二、区域经济一体化的理论解释

一般认为，Viner 提出的关税同盟理论是区域经济一体化理论的基石。在此之前，研究者们认为，自由贸易区和关税同盟之所以应该受到提倡，是因为自由贸易可以使全世界的经济福利得到净增加，实现稀缺资源的有效配置，相对于在全世界范围内实现自由贸易的最优化情况而言，一定区域内的自由贸易是一种次优的选择。在此基础上，Viner 提出关税同盟的静态效应应包括贸易创造效应和贸易转移效应，二者的净效应即是关税同盟创造的净福利。

贸易创造和贸易转移都属于区域经济一体化产生的静态效应。所谓贸易

① 吴敏《全球经济一体化与区域经济一体化的冲突与协调——兼评 GATT/WTO 体制下区域经济一体化的法律制度》，《上海师范大学学报》（哲学社会科学版）2008 年第 2 期。

创造效应，指的是由于区域经济一体化组织的成员之间取消了关税和具有同等效力的其他措施而使相互之间的贸易规模扩大和福利水平提高，主要包括生产效应和消费效应两个方面。实现贸易自由化以后，各成员方的生产专业化水平提高，可以把本国资源的使用从低效率的部门转向高效率的部门，从而大大提高生产效率，同时，低成本的伙伴国商品进口导致本国市场价格的降低和消费者支出的减少，使消费者剩余增加。所谓贸易转移效应，指的是由于区域经济一体化组织的成员方之间取消了关税和具有同等效力的其他措施而使成员方之间的贸易替代了成员方与非成员方之间的贸易，导致贸易方向的转变和福利的减损。衡量一国加入区域经济一体化组织是否能够获益的主要静态指标就是贸易创造和贸易转移产生的净效应。如果国家加入区域组织带来的贸易创造效应大于贸易转移效应，该国加入区域组织将获益，否则其加入该组织的动力会被削弱。通常情况下，关税同盟净福利的大小与以下因素有关：第一是目标国产品的供给和需求曲线的弹性。供需弹性越大，贸易创造的福利效应就越明显。第二是组建区域经济一体化组织前目标国的关税水平。水平越高，贸易创造的福利越大。第三是成员方和非成员方产品生产成本的接近程度。两者的生产成本越接近，贸易转移的福利损失就越小。

在 Viner 提出的关税同盟理论基础上，许多学者探讨了决定区域经济一体化能否给成员方带来福利改善的因素。Meade 强调价格和贸易条件对于达到和维持国际平衡和国际收支平衡的重要作用，并提出消费的替代效应概念，说明关税同盟的建立将改变相对价格并进而改变消费结构，由此带来各国贸易规模的变化，只有净贸易量上升的时候，福利才有可能增加。Lipsey 引入了次优理论，认为在经济中可以找到一种建立关税同盟的条件，这一条件虽然不是帕累托最优，却是一种帕累托改善，考虑到消费品之间的相互替代性，关税同盟带来的相对价格的变动会导致消费结构的变化，贸易转移并不一定会带来福利的损失。Corden 提出考虑到规模经济因素，区域经济一体化的效应除了通常的贸易创造和贸易转移以外，还应考虑另外两种相反的效应。首先是成本降低效应：建立区域一体化组织后，各成员方之间相互取消贸易壁垒，成员方企业面临的市场规模和市场容量都有所扩大，市场的扩大给企业创造了实现规模经济的条件。规模经济的存在鼓励大企业的成长和扩张，同时淘汰掉效率低下的企业，区域内的资源被最有效率的生产者使用，降低了平均单位的生产成本，而生产的集中又会带来成员方之间贸易量的上升，进一步产生贸易创造效应。其次，区域经济一体化还存在贸易抑制效应：在建立一体化组织前，成员方从世界其他国家进口消费品，对于部分消费品来说，由于成员方的生产效率比较低，因而完全依靠进口，使生产集中在其他高效率的国家，能够获得规模经济的好处；但一体化组织建立以后，对非成员方的歧视性关税有可能使区域内效率较低的国家开始生产这些商品，降低了生产的集中度，平均单位生产成本也有所提高，由此带来了贸易转移效应。Baldwin 和 Venable 提出，在不完全竞争的市场框架下，区域经济一体化还会带来成员方生产结构的变动。由于对非成员方的歧视性待遇，成员方和非成员方面临的机会成本发生了改变，再加上市场扩大给成员方带来的规模经济的优势，大量的成员方厂商进入区域内市场，非成员方厂商则会退出市场，带来成员方生产的上升，由此提高了成员方的福利，导致生产转移效应。关税同盟的建立意味着对来自非成员方产品的排斥，同盟外的国家为了抵消这种不利影响，可能会将生产转移到关税同盟内的一些国家，在当地直接生产并销售，以便绕过统一的关税和非关税壁垒，这在客观上产生了伴随生产转移而来的资本流入，形成了投资创造效应。建立一体化组织前，成员方国内某些重要行业可能会形成某种程度的垄断，对于这些集中度较高的行业来说，经济一体化有可能通过成员方竞争厂商的进入而降低支配厂商的市场份额，提高行业的竞争程度。在不完全竞争部门，成员方垄断厂商的市场力量下降，而均衡产量随着市场集中度的下降有所上升。这就是区域经济一体化带来的竞争促进效应，也是成员方贸易自由化最重要的效应之一。

传统的区域经济一体化理论的福利分析构成了区域自由贸易协定静态分析的基础，但无法解释区域自由贸易组织的形成对多边自由贸易体系产生了什么样的影响，因此晚近的研究关注较多的是区域经济一体化与多边贸易体制的关系及其福利效应。Kemp 和 Wan 提出，只要关税同盟统一的对外关税水平能够使建立同盟前后非成员方对成员方的贸易量保持不变，就不会发生贸易转移效应，同盟内的国家可以通过贸易创造效应提高其福利水平，同盟外的国家可以保持与之前一样好的水平，这样对全世界的福利都是有利的。但 Krugman 认为，这种关税水平只会存在于理论上，实际中这样的关税水平是很难维持的，因为作为单个的利益主体，每个关税同盟都会从其自身利益最大化的角度，寻找最优的对外关税水平，这个关税水平才是可维持的。他认为，当世界上关税同盟的数量减少时，每个同盟在世界市场上的份额就会上升，这会加强同盟在世界经济中的垄断势力，使贸易转移会因为最优关税同盟的兴起而加重，因而区域一体化会导致世界福利的下降。

很长时期内，学者们都致力于关税同盟理论的研究，但自由贸易协定在构建形式以及关税制度等方面都和前者有着显著区别，这也为有关自由贸易协定理论研究的推进带来了麻烦。具体来说，正是因为自由贸易协定中各方生产者价格趋于相同以及保持各自独立的关税系统这两个最关键的特征差异，使大部分学者都摒弃了 Kemp 和 Wan 针对关税同盟提出的十分流行的分析方法。但 Knshna 和 Panagariya 证实了扩展后的 Kemp -Wan 模型完全适用于自由贸易协定的研究，并且经过验证认为，自由贸易协定并不会对区内部分成员方造成不利影响。虽然区内各方保持独立关税，外部非成员会选择关税最低的区内成员进行出口，但成员方可以通过内部转移完成收入分配的平衡过程。①

Baldwin 提出，自由贸易协定的大量出现提升了协定对非成员方的价值，所以全球自由贸易协定的数量会不断地增加。Egger 和 Larch 利用 1955—2005 年的数据证明，当已有的自由贸易协定扩张时，外部国家更可能在未来加入这些自由贸易协定；他们也发现已有的证据支持自由贸易协定浪潮理论，即当已有的自由贸易协定扩张时，外部国家有更强的动力在未来形成新的自由贸易协定。Ethier 也指出，国际规模经济使贸易协议激励着更多的国家利用区域经济集团将外部性加以内部化，而且由此产生的一体化大市场给发达

① 李瑞琴《区域经济一体化对世界多边自由贸易进程的影响——理论与实证分析》，中国财政经济出版社，2008 年。

国家带来了无穷收益，发展中国家也会因此增加加入或缔结贸易协议的动力。

寻求最优贸易协定一直是众多学者努力的方向，但一国政府面对互惠安排时往往会遇到国内政策工具选择的复杂性与协定运行期间诸多不确定性的双重制约。Battigalli 和 Maggi 创新性地提出了这一问题的研究思路，即假定契约成本随事先确定的环境状态变量及协定中的政策数量而递增，能够使全球福利与契约成本差值最大的贸易协定就是最优的。Henrik Horn 和 Robert W. Staiger 在此基础上更加明确地指出，政策成本的刚性和或然性一方面受以上两要素的供需制约，另一方面还取决于状态变量的不确定性。在两种状态变量的不确定性讨论中，他们认为既然贸易协定以受进口限制方面的政策影响为最，那么在 Battigalli 和 Maggi 这两种不完全契约形式——刚性契约和或然性契约中，引入或然性到贸易协定中会增加刚性契约的收益，因为由或然性产生的收益会部分抵销利用国内政策操纵贸易条件导致的负效应。

自由贸易协定对世界多边贸易体制来说究竟是“垫脚石”还是“绊脚石”也是研究者们热衷的问题。Levy 运用中间选民模型，验证了双边自由贸易协定对国内包括贸易政策在内的诸多政治决策产生的不利影响，进而认为自由贸易协定损坏了世界多边贸易系统。McLaren 从双边谈判成本和部门沉没投资的角度，指出对贸易协议中互惠安排的预期减少了得自多边贸易体制的事前收益。得到较多认同的观点认为，如果自由贸易协定引起各成员方对外关税的减让，无疑是对全球多边贸易自由化的推进；反之，则起到了阻碍作用。Kennan 和 Riezman 发现，当一国加入自由贸易协定后常常会倾向于降低其外部关税。Richardson 指出，政府也许会通过降低关税来缓解其他成员的贸易转移导致的关税收入的损失。Bagwell 和 Staiger 分析了贸易条件变化在外部关税调整中的重要作用，并得出了和先前学者相同的结论。但与此同时，Cadot 等人借用 Grossman 和 Helpman 的政治-经济分析框架对工资率的一般均衡效应加以剖析，认为自由贸易协定成员的外部关税可能会显著提高。Panagariya 和 Findlay 也认为，如果国内利益集团的经济地位十分强大以至于产生对均衡工资的显著影响，那么自由贸易协定各成员的外部关税也会随之增加。Emanuel Omelas 根据垄断竞争政治-经济模型假定自由贸易协定成员外部关税的调整和形成自由贸易协定的决策均为内生给定，而后通过引入战略性政策效应和分配效应，得出即将形成自由贸易协定的国家都有降低外部关税意愿的结论，认为它能够促进自由贸易协定成员与非成员间的贸易创造，给非成员方带来收益，推进全球贸易的自由化进程。

现有的研究大多是理论模型的分析，实证研究较少，这主要受到以下因素的影响：第一，区域经济一体化的发展对世界多边贸易自由化产生了什么样的影响需要有一个比较的基准，即未建立区域经济一体化的条件下，多边贸易自由化如何发展，但在现实中，这种静态可比的基准难以找到。第二，区域经济一体化的发展对世界多边贸易自由化的影响因素有很多，有些起促进作用，有些起阻碍作用，这些因素很难有数据的统计和量化的分析。第三，如果考虑到政治因素的影响，问题就更加复杂，很多政策的推行，并不一定能够真实反映其实施的根本原因。但从 Jan Tinbergen 于 1962 年首次发表测算贸易互惠安排对贸易流量影响的成果至今，学者们一直在努力尝试通过多种方法对不断出现的各类自由贸易协定进行数量效应研究，以期进一步明晰缔结自由贸易协定对各方贸易流量、外部关税水平、非成员方的收益以及各方整体福利变化的真实影响。由于引力模型的原有形式只能用于验证自由贸易协定对区内贸易以及区域整体对外贸易的影响，Soloaga 和 Winters 改进了原模型，将区域内部贸易、成员方总进口和成员方总出口分别计算，进而全面考察自由贸易协定对区域内外福利变化的实质性影响。他们对九个区域经贸集团 1980—1996 年的进口数据进行分析，发现欧盟形成的贸易转移效应十分明显。但是由于采用不同估计方法、不同数据，以及衡量贸易效应的不同动态规划，因此采用引力模型进行计算的结果也不尽相同。关于如何应用引力模型计算自由贸易协定产生的贸易转移与贸易创造效应，也一直未有确切而统一的变量设定、方程形式和计量技术。对引力模型的改进提升了该模型在计算自由贸易协定贸易效应方面的地位，但也受到了各种批评。

建立在可计算的一般均衡（CGE）模型稳定理论框架基础上的全球贸易分析系统（GTAP 数据模型）也是长期以来评估自由贸易协定各种经济效应最为流行的工具之一。例如 Mahinda Siriwardana 借用该模型计算了美国澳大利亚双边自由贸易协定产生的贸易转移、贸易创造等各种经济效应，还进一步模拟了澳大利亚其他重要贸易伙伴，如印度、中国等由于该自由贸易协定而遭受的负面影响。Chirathivat 应用 GTAP 模型模拟了中国-东盟自由贸易区在削减关税和非关税壁垒之后所能达到的福利增进目标，结果显示，东盟因双边自由贸易协定受益较大，比如真实 GDP 将增长 0.38%，对外贸易将扩张 53.3%，而中国的对应数字分别为 0.36%和 23.1%。①

总而言之，有关自由贸易协定和区域经济一体化的理论研究仍处于一个持续发展与变化的过程中，在未来，随着更多理论工具的出现，现有的各种问题或许能够得到一个更为合理的解释。

三、区域经济一体化的法律依据

世界贸易组织允许区域经济一体化作为多边贸易的例外存在，GATT1994 第二十四条及《关于解释 1994 年 GATT 第二十四条的谅解》（以下简称《谅解》）、《服务贸易总协定》第五条以及 1979 年东京回合的“授权条款”是区域经济一体化组织在多边贸易体制中具有合法地位的依据和基础。

GATT1994 第二十四条规定：“缔约各国认为，通过自愿签订协定发展各国之间经济的一体化，以扩大贸易的自由化是有好处的。缔约各国还认为，成立关税联盟或自由贸易区的目的，应为便利组成联盟或自由贸易区的各领土之间的贸易，但对其他缔约国与这些领土之间进行的贸易，不得提高壁垒。因此，本协定的各项规定，不得阻止缔约各国在其领土之间建立关税联盟或自由贸易区，或为建立关税联盟或自由贸易区的需要采用某种临时协定。对关税联盟或过渡到关税联盟的临时协定来说，建立起来的这种联盟或临时协定对未参加联盟或临时协定的缔约各国的贸易所实施的关税和其他贸易规章，大体上不得高于或严于未建立联盟或临时协定时各组成领土所实施的关税和

① 蔡宏波、黄建忠《国外自由贸易协定研究新进展》，《国际贸易问题》2008 年第 7 期。

贸易规章的一般限制水平。对自由贸易区或过渡到自由贸易区的临时协定来说，在建立自由贸易区或采用临时协定以后，每个组成领土维持的对未参加贸易区或临时协定的缔约各国贸易所适用的关税和其他贸易规章，不得高于或严于同一组成领土在未成立自由贸易区或临时协定时所实施的关税和其他贸易规章。”GATT 第二十四条第八款针对区域经济合作的实体义务还规定，自由贸易区、关税同盟必须取消区域内各关税领域间“实质上所有贸易”的关税和其他贸易限制措施。“实质上所有贸易”是一个不确定的概念，早在1957 年，欧共体在委员会审查《欧洲共同体条约》与 GATT1947 第二十四条的一致性时就曾指出，一旦自由化贸易领域在整个贸易领域中所占的比例达到 80%，即可认为整个区域内的贸易状况已达到“实质上所有贸易”的要求。对此，其他成员认为，由于各个区域经济一体化组织的客观情况各不相同，要想制定一个统一的，且不与第二十四条第八款规定相悖的量化标准显然是不现实的。随着实际情况的不断变化，GATT 最终认识到为“实质上所有贸易”制定一个相对明确的量化标准在实际上并不可行，因而 GATT 工作小组在审查葡萄牙加入欧共体的条约时提出，这样的标准实际上并不存在，而应留待结合个案的情况自行确定。就百分比本身来看，其可以作为贸易情况的总的指标，却不能作为衡量贸易状况的决定性因素。并且，无论现行自由贸易占贸易总额的百分比达到多高的水平，只要现行自由贸易的范围排除了国民经济的主要部门，就应该认定这种组织的建立与 GATT 第二十四条的精神不符。不过无论如何，这一款的实质在于确保区域组织成员方之间全部或大部分贸易都必须纳入自由化范围，以促进贸易扩张，产生贸易创造效应，避免成员方之间假借区域安排之名，行“内部贸易、外部保护”之实。另外，所谓“实质上所有贸易”的要求也可以避免区域组织成员方之间的不同待遇，甚至歧视性待遇的发生，从而避免不必要的困扰和争端，以促进贸易合作。

《谅解》指出，自 GATT1947 成立以来，关税同盟和自由贸易区在数量和重要性上都有了极大增加，并覆盖了当今世界贸易的重要部分，成员方的经济协议与类似协议之间更进一步的一致，会对扩大世界贸易做出贡献；组成领土的税收和其他限制性商业规定的消除如果扩展至所有贸易，这种贡献将会增加，反之则会减少。类似协议的目的应当是促进组成领土之间的贸易，而不是在这些领土上对其他成员方的贸易增加壁垒；在组成或扩大其区域时，类似协议的成员方应尽可能避免对其他成员方的贸易造成不利影响。《谅解》第一条重申自由贸易区、关税同盟以及过渡型安排必须符合GATT1994第二十四条，尤其是该条第五至八款的规定，在此基础上，《谅解》进行了相关的补充与澄清。例如，GATT1994第二十四条第五款仅规定了关税同盟组建后的贸易限制不得高于组建之前各组成领土原有关税或贸易规章的“一般水平”，但对关税税则限制水平究竟是按照算术平均法还是按照加权平均法计算没有明确规定。相较而言，算术平均法计算有偏高倾向，加权平均法计算则有偏低倾向，如果对此不加以统一，就很难判断关税同盟成立后关税税率的变化情况。《谅解》明确了应根据所征收的加权平均税率及关税进行总体评价，此评价应根据关税同盟提供的前一代表时期的进口统计数据、关税系统，以及WTO原产国提供的材料而做出。①

《服务贸易总协定》(GATS)的签订，使WTO的调整范围从货物贸易延伸到服务贸易。原则上，GATS第五条和GATT第二十四条一样，将区域经济合作视为最惠国待遇的重大例外，即GATS并不会妨碍和阻止任何成员参加或达成在参加方之间实现服务贸易自由化的协定，但需满足一定的条件。首先，区域经济一体化协定应当涵盖众多服务部门，而所谓“众多服务部门”，应根据部门数量、受影响的贸易量和提供方式进行理解。其次，区域经济一体化协定应于协定生效时或在合理期限内对前述的服务部门取消歧视性的措施，并禁止实施新的歧视性措施。再次，区域经济一体化协定应旨在便利协定参加方之间的贸易，并且与订立该协定之前的适用水平相比，对于该协定外的任何成员，不得提高相应服务部门或分部门内的服务贸易壁垒的总体水平。服务贸易的区域协定如果涉及发展中国家，则应依照有关国家总体和各服务部门及分部门的发展水平，给予更加优惠的条件；在协定只涉及发

① 王兴和《法学视角下的区域经济一体化及其对中国的启示》，华东政法学院博士学位论文，2006年。

展中国家的时候，尽管有第六款的规定，对成员方自然人所拥有或控制的法人仍可给予更优惠的待遇。第五条第六款规定，在区域协定成立前，已在该协定某一成员方境内从事“实质营业”的、根据协定参与国法律设立的法人，仍享有签订协定后的待遇。GATS 还规定，GATS 不阻止任何成员参加在参加方之间实现劳动力市场完全一体化的协定，只要此类协定对协定参加方的公民免除有关居留和工作许可的要求并且通知服务贸易理事会。一般情况下，此类一体化为其参加方的公民提供自由进入各参加方就业市场的权利，并包括有关工资条件及其他就业和社会福利条件的措施。

东京回合结束之际，在广大发展中国家的强烈要求下，缔约方全体通过了一项《关于发展中国家差别、更优惠、互惠和更全面参与的决定》，即“授权条款”。其中规定，缔约各方可以不考虑总协定第一条的诸项规定，给予发展中国家差别和更为优惠的待遇，而不将这种待遇给予其他缔约方。这种待遇适用于：(1) 发达的缔约方按照普遍优惠制对来自发展中国家的产品给予的优惠税率待遇。(2) 总协定在非关税措施规定方面所给予的差别的、更优惠的待遇。(3) 欠发达缔约方之间为相互削减或取缔对从对方进口的产品所征收的关税，以及按照缔约方全体所规定的准则或条件减少或取缔对从对方进口的产品所实施的非关税措施，所达成的区域性或全球性的协定。(4) 在有利于发展中国家的任何一般或具体的措施之上，给予发展中国家中最不发达的国家的特殊待遇。发展中国家的区域性或全球性的安排应有利于促进该各成员间贸易的发展，而不应该对其他缔约方的贸易造成困难或提高了贸易壁垒（包括关税和非关税壁垒）。与其他缔约方相同，参加发展中国家之间此种安排的缔约方应通知缔约方全体，向缔约方全体提交一切被认为是“适当”的材料。与此同时，如果任何一个有利益关系的缔约方提出磋商要求时，参加此安排的成员应予以合作。缔约方希望通过这项决定鼓励发展中国家扩充生产、开拓市场、提升产品竞争力，进而帮助发展中国家达成经济发展的目标。

第二节 自由贸易试验区的建设

一、自由贸易试验区概述

（一）自由贸易区的历史

自由贸易区的发展经历了长期演变的过程，建立自由贸易区的想法最早或许可以追溯到古希腊时期。善于航海和经商的腓尼基人为了招徕顾客、扩大贸易，将腓尼基南部的泰尔海港和北部的迦太基海港划为特区，允许外国商品和人员自由出入，不受政府干涉，并为外国商人和货物的安全提供保障，这一做法被后来的希腊城邦和罗马帝国采用，逐步形成了历史上最早的自由贸易区。中世纪的欧洲大陆出现了商业浪潮，一些地中海城市纷纷开放港口，建立起自由的贸易交易区。1228 年，法国的马赛港划出一片区域，使外国货物可以在不被征收任何捐税的情况下自由地进出港口。13 世纪后期，沿波罗的海北部的一些城市开始着手建立“汉萨同盟”，对自由贸易的开展起到了重要的推动作用。1547 年，热那亚将热那亚湾中的雷格亨港正式定名为自由港，推动了建设自由港的潮流。随着资本主义社会的不断发展和航海技术的不断提高，国际贸易日益兴盛，对自由港和自由贸易区的需求也越来越大，一些贸易大国纷纷在主要港口及附近地区创办了自由港和自由贸易区，以促进经济的发展。到了 18 世纪，工业革命进一步促进了生产力的解放，资本主义在全球范围内得以扩张，为了更加方便地输入资本和商品、获得原材料，自由港和自由贸易区在更多的国家和地区，甚至殖民地得以建立。不过这些自由贸易区的功能较为单一，主要用于发展对外贸易和转口贸易，但这对于打破市场分割、疏通贸易渠道、扩大国际贸易仍起到了十分重要的作用。二战结束后，世界进入和平稳定的发展阶段。随着全球化的日益加深，各个国家之间的经济联系也日益紧密，这为自由贸易区的发展带来了新的机遇。一方面，传统的经济强国希望能够重新发挥自由贸易区的作用促进经济的恢复和发展，不仅对战争中受损的自由贸易区进行重建，还大力开发和设立新的自由贸易区。德国的汉堡自由港、荷兰的鹿特丹自由港、意大利的热那亚自由港都陆续恢复了功能，现代化水平大大提高，经营范围和规模不断扩大。美国也数次修订《对外贸易区法》，成为战后设立自由贸易区最多的国家。另一方面，战后获得独立的新兴国家也迫切希望能够发展自身的经济，自由贸易区成为它们吸收外国资本和引进外国技术的重要桥梁。自由贸易区的功能由此向多样化转变，除了原先的贸易功能以外，发展加工制造业也成为很多发展中国家自由贸易区的重要功能。1960 年，爱尔兰政府充分发挥香农国际机场的区位优势进行深层开发，在紧邻香农国际机场的地方建立了世界上最早的以出口加工为主的自由贸易区，以其免税优惠和低成本优势吸引外国特别是美国企业的投资。1965 年，台湾地区设立了高雄出口加工区，这是亚洲第一个出口加工区，也是世界上第一个正式以“出口加工区”命名的自由贸易区。带有出口加工功能的自由贸易区在世界范围内的兴起，是发展中国家融入世界经济的重要载体。

近年来，随着经济和科技的不断进步，自由贸易区的功能也在不断地完善，呈现出升级换代和趋于综合的新局面，贸易型自由贸易区和以加工制造为主的自由贸易区日渐融合，区内产业结构从劳动密集型向更具科技含量的技术密集型过渡，金融、证券、物流、仓储、商品展示等服务业逐渐成为一些自由贸易区主要的经济产业，多样化、综合化的自由贸易区将是未来主要的发展形态。世界贸易的自由化是必然的发展趋势，自由贸易区则是贸易自由化过程中的必然产物，只要国际关税、非关税壁垒以及其他的贸易和投资障碍持续存在，自由贸易区就一直会有存在的价值和必要性，它的功能和形态将处于持续的变化中。

（二）自由贸易区的分类

在漫长的历史发展过程中，自由贸易区具体的实践形式多种多样，称谓各不相同，各自发展的侧重点自然也有所差异，从而形成了不同的发展类别。从功能上来说，可以大致将自由贸易区分为以下几类。

1. 自由港型自由贸易区

这是自由贸易区最早的形态，它一般依托港口城市设立，通过划定明确的界限由海关进行监督和管理，外国商品可以免税进港，还可以在港内加工、改装、储存和销售。针对开放程度的不同，自由港可以分为完全的自由港和有限的自由港，前者对外国商品一律免征关税，后者则是对不同的货物区别对待，仍有少部分商品会被征收关税或采取贸易限制措施。目前世界上绝大多数的自由港都是有限开放的，即使是开放程度很高的香港仍会对酒类、烟草、碳氢油类、甲醇等商品征税，这也是顾及社会经济政策、社会公共利益等因素后的必然举措。不同的自由港的设区范围也有所不同，例如香港是将整座城市都划为了自由港，而大部分自由港只包括港口地区甚至只是港口的一部分。当港口和自由贸易区并未完全重叠时，可能会发生政策和监管上的重叠和冲突，因此在某些国家和地区，港区一体化正受到越来越多的关注。

2. 转口集散型自由贸易区

这种类型的自由贸易区主要从事货物的转口及分拨、储存、商业性加工以及装运等。它对自然条件的要求比较高，即中转的港口必须是深水港，吞吐能力强，地理位置优越，处于各国之间的交通要道或者国际主要航道上。巴拿马的科隆自由贸易区是此类自由贸易区中十分典型的一个。它所依托的巴拿马运河是连通太平洋和大西洋的重要通道，也是北美洲和中南美洲的连接要点。区内货物进口自由，无配额限制，不缴纳进口税；货物转口自由，也不缴税。设在自由贸易区内的企业，其产品向美国和欧洲出口不受配额限制并享受优惠关税。由于优越的地理位置，加上当地政府的优惠政策，2015年区内企业有2000多家，贸易额达200多亿美元。该自由贸易区是世界第二大和西半球最大的自由贸易区。

3. 保税仓储型自由贸易区

所谓的“保税”是一种国际通行的海关制度。在“保税”模式下，经过海关批准的境内企业进口的货物，在海关监管下在境内指定的场所储存、加工、装配，并暂缓交纳各种进口税费。保税仓储型的自由贸易区指的就是实行这一制度的区域。和自由港相比，保税区内的货物并非不用缴纳进口税费，而是暂缓缴纳，当货主将货物进口到关境内时仍然需要根据规定缴纳相关税费。和转口集散型自由贸易区相比，保税区内可以较长时间地储存商品，这给了货主择机销售的机会。当然，各国的保税区都有不同的时间规定，货物逾期未办理有关手续，海关有权将其拍卖，拍卖后扣除有关费用，再将余款退回货主。现在单纯作为保税仓库的自由贸易区并不多见，一般是在保税的基础上发展出多种功能，例如将其与转口贸易和出口加工相结合。这种综合性的自由贸易区也是当下时代发展的潮流。

4. 出口加工型自由贸易区

前三种自由贸易区都可以被认为是贸易型的自由贸易区，是面向商业的，而出口加工型的自由贸易区则是以工业为主。出口加工型的自由贸易区多设立在发展中国家，主要是为了引进外资，因此其中的企业以外资或合资企业为主，很少有设区国本国国民设立的企业。韩国在建设马山出口加工区时就明确规定，其本国国民在该区新设企业中不得拥有超过50%以上的资本。引进先进的生产技术和管理经验同样也是设立出口加工区的重要目的，这对于技术落后、经济发展不平衡的国家和地区来说尤为重要。通过设立外资企业，不仅创造了就业机会，而且还可以严格训练工人、提高劳动者的生产技能和素质，还能学习外国企业的经营管理知识，这对于带动本国工业发展、促进产业升级具有十分重要的意义。出口加工区生产的货物以出口为主，能获取更多的外汇收入，这种方式极大地促进了二战之后发展中国家的经济发展。近年来，出口加工区功能愈发综合化，在进行加工制造的同时也承接了大量国际贸易的功能，逐渐发展成为贸工综合型的自由贸易区。

5. 商业零售型自由贸易区

一般来说，在自由贸易区内不允许进行零售业务，但某些自由贸易区专门开辟出了一小块商业区进行展示和零售，如智利的伊基克自由贸易区。伊基克自由贸易区是南美洲最重要的购物商业中心，也是智利北部唯一免税的购物中心。智利政府专门为这里制定了免税政策，使这一地区的经济得到了飞速的发展。从某种意义上说，免税店也可以被看作是特殊的从事商业零售业务的自由贸易区，只不过它的范围更小、面向的对象更为有限。2011 年 4

月，海南开始实行离岛免税政策，成为继冲绳岛、济州岛和马祖、金门之后，第四个实施该政策的区域。所谓的离岛免税指的是对乘飞机离岛（不包括离境）的旅客实行限次、限值、限量和限品种免进口税购物，在实施离岛免税政策的免税商店内付款，在机场隔离区提货离岛，这也可以看作是自由贸易区商业零售功能的一种拓展。该政策的实施有力推动了海南省的旅游事业，刺激了当地的消费，对于海南省社会经济发展具有十分重要的意义。

6. 金融型自由贸易区

这是一种比较少见的自由贸易区，它虽然也有货物的流动，但主要以金融活动为主。2004 年开始运营的迪拜国际金融中心和 2015 年开始运营的阿布扎比金融自由区是典型的金融自由区。以迪拜国际金融中心为例，它位于扎耶德路迪拜世界贸易中心的南侧，占地约 0.445 平方公里，是由迪拜政府在 2004 年倡导设立、完全按照世界标准来运行的完整、透明、高效的自由贸易区。迪拜国际金融中心设高级董事会，负责监管下设的迪拜国际金融中心管理局、迪拜金融服务管理局以及迪拜国际金融中心法院。这三个机构通过高级董事会的协调，在不影响各自独立性的前提下和谐一致地运转。迪拜国际金融中心的主要业务包括银行服务、资本市场、资产管理、基金管理、保险和再保险、伊斯兰金融以及专业金融服务。它的优惠政策包括允许外资 100% 掌握所有权、免征个人及企业所得税、利息收入免税、税后分红免税（持续至 2054 年）、无外汇管制、资本账户可以完全兑换、资本及利润可 100%汇回。它以美元为主、禁止使用当地货币迪拉姆进行交易，并且还建立起以普通法为基础的独立的法律体系以及完全独立的普通法司法体系。2013 年 10 月 6 日，迪拜国际金融中心管理局宣布区内公司总数突破 1000 家，其中包括全球顶级银行 21 家、全球排名前 20 名的资产管理公司 11 家、全球十大保险公司 6 家以及十大律师事务所 6 家。365 家受监管的金融组织中，包括 311 家金融机构，52 家会计、审计、法律、咨询、风险管理、数据收集与研究、后勤服务等中介机构，以及纳斯达克迪拜和迪拜商品交易所这两个交易所。迪拜国际金融中心的设立极大地促进了迪拜金融业的发展，对其他金融型自由贸易区的建设也有十分重要的启示意义。

7. 边境自由贸易区（自由边境区）

这是一种设置在边境地区的自由贸易区，它利用从邻国输入的设备和原料，建立和发展边远地区的工业，以满足当地消费的需要。它主要设置在不发达边境地区，通过政策的优惠来吸引投资和刺激消费。自由边境区的产品大多在区内留用，用于发展边区经济，只有少部分用于再出口。自由边境区优惠期限较短，一般在边区经济发展起来以后就会逐步取消优惠待遇。在墨西哥与美国的边境线上共有 11 个自由边境区，凡自由边境区内使用的机器、设备、原料和消费品，都可免税或减税进口，但商品从该区运入海关管制区，仍须照章纳税。我国近两年也设置了一些自由边境区，如云南和老挝接壤的磨憨边境贸易区、新疆和哈萨克斯坦接壤的霍尔果斯国际边境合作中心等，它们在发展边境贸易、推动当地经济进步等方面发挥了重要的作用。

（三）自由贸易区的特点

上述七种类型的自由贸易区在当前的国际社会中最为常见，虽然功能不同、表现各异，但它们之间仍然具备着一些基本的共同点。

首先，自由贸易区的建设离不开优惠政策的支持。政策的优惠体现在市场准入、财税制度、金融外汇管理、贸易便利等多个方面，这也是自由贸易区与国内其他区域相区别的重要标志。每个自由贸易区都会尽可能提供优惠政策，以吸引外来投资、发展本国经济。在某些情况下，自由贸易区中的优惠政策还承载着改革和探索的使命，如果能够取得较好的效果，将有可能在更大范围内推广，甚至推动相关体制的变革。不过，优惠政策的供给可能会对周边区域产生一定的负面效应。自由贸易区中的企业利用政策优势，可以享受更低的经营成本，获取更多的利润，对区外类似企业产生不利的影响，并且无助于市场竞争和市场经济的发展，这种通过政策优惠而不是市场机制实现的资源配置一定程度上是对公平竞争原则的背离。而且，一旦政府降低了自由贸易区中的优惠政策力度，很有可能会导致区内企业的流失，影响自由贸易区的运营，这在历史上都曾经有过经验和教训。所以说，政策优惠是一把双刃剑，在设立自由贸易区时必须妥善予以考虑并进行较为周全的安排。

其次，“境内关外”是自由贸易区最重要的属性，也是实施优惠政策带来的结果。简而言之，“境内关外”指的是被划为自由贸易区的这块区域虽然从地理上来说仍然位于某一国的主权范围内，却处于该国的海关监管之外，海关对货物在外国与该区域之间进出国境的行为不征收关税，但要对该区域与该国其他地区之间进出关境的行为征收关税。在具体的实践中，相关的做法又被称为“一线放开、二线管住”。与此同时，货物在自由贸易区内是自由的，只要政策允许，货物可以进行任何形式的储存、展览、组装、制造、加工和买卖，不需要海关的监管和批准，只需有相关备案即可，这一便利的做法使自由贸易区能够成为货物集散的中心，快速大量地实现进口和出口。自由贸易区减少了为等待海关手续而产生的时间成本，降低了存货水平，提高了物流效率，也节约了交易成本，实现了自由高效的海关监管。

最后，被选择作为自由贸易区的区域通常都具备优越的地理环境。在早期的发展过程中，自由贸易区主要都是集中在港湾优良、交通便利的沿岸国家，因为这样才能够方便地进行转口贸易和对外贸易。二战之后发展起来的以出口加工为主的自由贸易区也大多依托交通枢纽建立。如今的自由贸易区产业愈发多样化、功能愈发综合化，对多式联运体系和物流体系的要求也越来越高，这与周边的地理环境有着密不可分的关系。自由贸易区不仅需要优越的自然地理条件，同样也需要良好的经济地理条件。设立自由贸易区的区域本身应当具备一定的资源，如土地资源、劳动力资源等，能够为企业提供先进的商业基础设施，使企业可以控制入区的成本，增强自由贸易区的吸引力。该区域的周边也应有良好的政治、经济、社会、文化和居住环境，毕竟自由贸易区不是远离人烟的孤岛，时时刻刻都需要与周边地区进行联系，如果周边地区不能为其提供良好的腹地和支撑，自由贸易区本身也难以获得长远的发展。

（四）自由贸易区、自由贸易园区及自由贸易试验区

一般来说，中文表述中的“自由贸易区”其实包含了两种不同的概念，在实践中，两种不同的“自由贸易区”常常被混淆。根据我国商务部和海关总署于2008年公开发布的《关于规范“自由贸易区”表述的函》，被称作Free Trade Area（FTA）的“自由贸易区”是国际经济合作的一种表现形式，

它指的是国家或地区之间为了促进和实现贸易与投资的自由化，通过签订自由贸易协定所做的一种区域性安排。与之相比，本节前面所述的另一种“自由贸易区”，其对应的英文是 Free Trade Zone（FTZ），它指的是一国境内实施特殊海关监管政策的一块区域。按照上述商务部、海关总署文件精神，FTZ 应称作“自由贸易园区”。我国 2013 年起成立的各个“自由贸易试验区”（Pilot Free Trade Zone）在类型上归属于 FTZ，只是在中国改革开放的进程中，它被赋予了“先行先试”的意义，因此名称中有“试验”二字。与 FTA 相比，FTZ 通常由主权国家根据国内法单独设立，存在于一国国境之内，实施特殊的海关监管政策，服务于所在国的经济发展并根据具体情况的要求兼顾其他的一些政策目标。当然，面积的差异也是二者显著的区别。FTA 的范围通常涵盖了参与国的全部领土，而 FTZ 的面积通常只是一国领土的一部分，且彼此之间差异较大。世界上最大的 FTZ 是巴西玛瑙斯自由贸易园区，它的面积为 221 万平方公里，占全部国土面积的 26%，而迪拜机场自由贸易园区的面积仅有 0.009 平方公里。全球大多数 FTZ 的面积基本上在 100 平方公里左右，我国目前设立的自由贸易试验区的面积亦与之相仿，如上海、广东、福建、天津自由贸易试验区的面积分别为 120.72 平方公里、116.2 平方公里、118.04 平方公里和 119.9 平方公里。

二、自由贸易试验区的理论渊源

（一）非均衡发展理论

中华人民共和国成立后，特别是“大跃进”以后直到改革开放前，我国在区域经济发展问题上一直采用的是均衡发展战略。国家在投资的地区分配和项目选取上强调缩小地方差距，甚至会动用超经济性的强制措施实现目的，使内地建立起一批初具规模、行业较为齐全的工业基地，这在当时的历史条件下具有重要的战略意义和经济意义。但这种忽视效率的经济政策影响了整个国民经济的发展速度，人民的生活水平没有得到实质性的提高。① 改革开放后，我国开始实行向东南沿海地区倾斜的非均衡发展战略，沿海经济特区的设立是这一战略的典范。自由贸易试验区实践的背后同样也体现着非均衡发展的理论思想。

增长极理论是非均衡发展理论中具有代表性的一种，由法国经济学家弗朗索瓦·佩鲁最早提出。这种理论认为，国家要想实现平衡发展是不可能的，经济增长通常从一个或数个“增长中心”逐渐向其他部门或地区传导，因此应选择特定的增长极以带动经济的发展。佩鲁认为，增长极是一种推进型产业，这种优势经济单位具有规模大、增长快、创新能力强，以及与其他工业的投入产出联系广泛而密切的性质和特点。推进型产业与被推进型产业通过经济联系建立、形成非竞争性联合体，通过后向、前向连锁效应带动区域的发展，最终实现区域发展的均衡。遵循这一理论，依托中心城市、工业基地和自由贸易港，选择主导产业和推进型企业发挥集聚效应，形成增长极，并通过产业关联、地区联系发挥扩散作用，带动周边区域经济发展，已成为很多发展中国家制定经济发展战略的主要路径。不过，该理论是以发达的市场经济体制为背景的，由于各地区在经济体制和发展等方面存在着客观上的差异，增长极理论在实践中的应用效果也是不同的。因此，在将它应用于本国区域发展规划时，要充分考虑其适宜性和限制性。②

瑞典经济学家缪尔达尔针对增长极理论的某些缺陷，运用动态的非均衡分析和结构主义分析方法，提出了“地理上的二元经济”结构理论，并利用“扩散效应”和“回流效应”说明经济发达地区优先发展对其他落后地区的促进作用和不利影响。“回流效应”又称极化效应，指迅速增长的推动型产业吸引和拉动其他经济活动不断趋向增长极的过程。在这一过程中，首先出现经济活动和经济要素的极化，然后形成地理上的极化，从而产生各种集聚经济，即规模经济。规模经济反过来又进一步增强增长极的极化效应，从而加速其

① 陈秀山、石碧华《区域经济均衡与非均衡发展理论》，《教学与研究》2000年第10期。

② 李萍《中国自由贸易区发展理论与实践》，中国社会科学出版社，2014年，第25页。

增长速度和扩大其吸引范围，导致发达地区越来越发达，不发达地区越来越落后，经济不平衡状态越来越突出。而“扩散效应”指的是增长极的推动力通过一系列联动机制不断向周围发散的过程。扩散效应促成各种生产要素从增长极向周边不发达地区扩散，从而逐步缩小其与先进地区的差距。一般来说，“回流效应”总是会大于“扩散效应”，因为“市场力所起的作用是趋向于增加而不是减少区域差异”，尤其是在贫困国家，市场力的自由运行将加大原有的地区差异，使发展更加不平衡。因此，缪尔达尔认为，在经济发展初期，政府应当优先发展条件较好的地区，以寻求较好的投资效率和较快的经济增长速度，并通过这些地区的发展及扩散效应来带动其他地区的发展；当经济发展到一定水平后，为了防止累积性因果循环造成的贫富差距无限制扩大，政府应采取一定的特殊措施来刺激不发达地区的发展，以缩小不同地区的差距。

美国经济学家赫希曼提出的区际经济增长相互传递的理论与缪尔达尔的观点有一定的相似性，他将区域发展不平衡带来的有利影响称为“渗透效应”、不利影响称为“极化效应”，不过不同的是，他认为长期的地理渗透效应最终将减少不同地区之间发展的差异，这与缪尔达尔的观点恰恰相反。美国经济学家威廉姆逊通过实证分析的方法归结出的倒U形发展理论佐证了赫希曼的观点：在国家经济发展的早期阶段，区域间差距将会扩大，倾向于不均衡；随着经济的发展，区域间不平衡将趋于稳定；到了成熟阶段，区域间发展差异将渐趋缩小，从而实现均衡发展。上述几种非均衡发展理论都表明，二元经济条件下的区域经济发展轨迹必然是非均衡的，但随着发展水平的提高，二元经济必然会向更高层次的一元经济即区域经济一体化过渡。当然，不同的理论之间也存在不同点，这尤其体现在对政府与市场的作用的认知上。赫希曼和缪尔达尔的理论主张政府的积极干预，而倒U形理论在区际差异缩小阶段，完全忽视了政府行为，只强调经济发展的内在规律和市场作用。从世界上许多国家的经验来看，区域差异的变动一般受经济发展的内在规律性、市场作用和政府干预三种力量的影响，是三者综合作用的结果，片面强调哪一方面的作用都是不恰当的。

（二）产业集群理论

虽然产业集群作为一种经济问题已经被研究了几十年，但产业集群的概念至今仍没有统一的定义。亚当·斯密或许可以被认为是西方最早研究集群理论的学者，他在《国民财富的性质和原因的研究》一书中从分工的角度对产业集群现象进行了描述。斯密认为，分工与专业化的发展能够促进劳动生产率的提高和技术的进步，进而促使生产规模扩大，形成规模经济，而另一方面，分工与专业化的发展也会促成在某一特定空间范围内经济活动的集中，形成集聚经济。新古典经济学代表人物阿尔弗雷德·马歇尔继承了斯密对劳动分工的开创性观察，对产业集群现象进行了较为系统的研究。在《经济学原理》一书中，马歇尔研究了生产性质相类似的中小企业集中于特定地方进行生产的现象，并提出了“外部经济”的概念用于分析前述经济现象的特性。他认为，企业的聚集有利于知识信息的溢出和创新环境的培育，有利于共享的非贸易投入品和服务行业的发展，还有利于具有专业知识技能的劳动力市场的形成，节约了雇主和劳动力相互搜寻的成本。

与古典和新古典经济学研究的角度不同，空间经济地理学派主要关注的是产业活动在空间上集聚的过程和动因。工业区位理论的创立者阿尔弗雷德·韦伯对影响工业区位的各个因素及其作用大小进行分析，试图寻找出工业区位移动的规律，解释人口的地域间大规模移动以及城市的人口与产业集聚的原因。韦伯认为，集聚的产生是自下而上的，是企业为了追求集聚的好处而自发形成的。他将集聚分为两个阶段：在初级集聚阶段，企业的经营规模实现扩大；在高级集聚阶段，多种企业在空间上实现集中，若干个工厂的集聚能给各个工厂带来更多的收益或节约更多的成本。他认为，产业集聚主要受到四个因素的影响：第一是技术设备的发展。随着技术设备专业化整体功能的加强，技术设备相互之间的依存会促使工厂区域集中化。第二是劳动力组织的发展。韦伯将一个充分发展的、新颖的、综合的劳动力组织看作是一定意义上的设备，认为它的专业化引发了产业的集群化。第三是市场化因素。产业集聚可以最大限度地提高批量购买和出售的规模，得到成本更为低廉的信用，甚至消灭“中间人”。第四个因素是经常性开支成本。产业集聚会带来煤气、自来水等基础设施的建设，从而减少经常性开支成本。总之，费用最小的区位便是最好的区位。韦伯系统地建立了一系列概念、原则、公式，并形成了一般区位理论，对以后的区位理论、经济地理理论、区域经济研究都产生了深远的影响。不过，韦伯研究的重点是一般工业的区位选择问题，对于特殊研究对象的集群其理论指导意义有限。

克鲁格曼以传统的收益递增为理论基础，借用报酬递增的正式分析工具，引入地理区位等因素，分析了空间结构、经济增长和规模经济之间的相互关系，提出了新的空间经济理论，进而发展了集聚经济的思想。克鲁格曼设计了一个工业集聚的模型：假设一个国家有两个地区，有两种生产活动（如农业和制造业），工业生产具有规模报酬递增的特点，而农业生产规模报酬不变，在规模经济、低运输费用和高制造业投入的综合作用下，它们将会形成专业化分工和地区产业集聚。他从理论上说明了工业活动倾向于空间集聚的一般性趋势，并阐明由于外在环境的限制，如贸易保护、地理分隔等原因，产业集聚的空间格局可以是多样的，特殊的历史事件将会在产业集聚的形成过程中产生路径依赖性，而且产业空间集聚一旦建立起来，就倾向于自我延续下去。克鲁格曼将最初的产业集聚归于一种历史的偶然，初始的优势因“路径依赖”而被放大，从而产生“锁定”效应，所以集聚的产业和集聚的区位都具有“历史依赖”性。

20 世纪 80 年代以后，伴随着新熊彼特主义和新制度主义对制度和演化经济问题研究的深化及新经济地理学对产业区的研究，区域创新环境与产业集聚日益成为一个新的研究视角。区域创新环境是指在有限的区域内，主要的行为主体通过相互之间的协同作用和集体学习过程而建立的非正式的复杂社会关系。这种关系提高了本地的创新能力。企业创新过程涉及大量的隐性知识输入，而这类知识往往需要通过面对面的人际交流才能被有效地学习和掌握。为了提高创新效率，创新主体需要在地理上与相关知识源靠近并通过与之频繁互动获得创新所需的隐性知识。在这一过程中形成的连接企业、客户、研究机构、行政当局的关系网络能够增强不同行为主体之间的信任，督促各行为主体根据竞争环境的变化约束自己，并抑制投机行为的发生。由此可见，产业集聚与其说是为了从规模经济和范围经济中获益，不如说是为了形成一种特殊的创新环境以提升企业的能力。

（三）竞争优势理论

1990年，迈克尔·波特提出了竞争优势理论。他认为，国家的兴衰取决于能否在国际市场的竞争中获得优势，而竞争优势形成的关键又在于能否使主导产业具有优势。他提出了决定国家竞争力的四个关键要素：要素条件、需求条件、相关与支撑产业以及企业战略、结构和竞争。此外，机遇和政府这两个附加因素也会对国家竞争力产生影响，这些要素构成了波特的国家竞争力“钻石模型”。

要素条件包括初级生产要素和高级生产要素，前者如自然资源、地理位置等先天拥有的要素，后者如基础设施、人力资源等需要通过长期的人力、物力投资才能创造出来的要素。一国的竞争力不能仅靠初级要素建立起来的优势，必须不断地发展高级要素并使之持续升级和产业化。需求条件与消费者有关。波特认为，如果一国国内的消费者是成熟的、复杂的、苛刻的，就会有利于企业赢得国际竞争优势，因为这样的消费者会迫使企业努力提高产品的质量并进行产品创新。相关与支撑产业指的是因共用某些技术、共享同样的营销渠道或服务而联系在一起的产业或具有互补性的产业。相关与支撑产业不仅能为优势产业提供投入品的支持，而且能形成产业集群，使企业间频繁而迅速地传递产品信息、交流创新思路，促使相关和支撑产业在高级生产要素方面的投资产生的好处逐步渗透到优势产业中，从而有助于提升该优势产业的国际竞争力。最后，不同国家的企业面临的环境不同，在企业目标、战略、组织方式上也存在差异，国家的竞争优势来自于企业对它们的选择和搭配。激烈的国内竞争会引导企业努力寻求提高生产和经营效率的途径，反过来促使它们成为更好的具有国际竞争力的企业。此外，机遇指的是超出控制范围的事件，它会打破现有的竞争结构，既可以使国家原有的竞争优势丧失殆尽，又可以为国家提供新的机会使其后来居上；而政府对前述四个要素中的任何一个都会产生积极或消极的影响。

波特强调，该模型是一个动态系统，只有在每一个要素都积极发挥作用的条件下，才能创造出有利于企业发展的环境。相对于传统的比较优势而言，竞争优势理论的提出从更高层面上阐述了国家竞争力形成和保持的原因。当某些产业在国与国之间转移，国际比较利益发生变化的时候，原先拥有比较优势的国家可能会因为固守静态优势而失去贸易上的竞争优势。各国只有通过在国际经济格局中的动态调整，充分调动和利用资源，才能不断创造出新的竞争优势。

三、中国的自由贸易试验区

（一）经济特区的出现

1978 年的十一届三中全会开启了我国改革开放的新时代。经济特区的创办，是党中央、国务院在新的历史条件下，顺应时代发展潮流、总结历史经验而做出的一项重要决策，是我国对外开放政策的重要组成部分。在此之前，由于长期重视阶级斗争，未将工作重点放在经济建设上，使我国错过多次经济发展的机会。二战之后，国际形势转入和平稳定的发展时期，和平和发展成为当代世界的主题，资本主义国家在经历战后的恢复和重建后，也进入了快速发展的阶段。大量新工艺、新技术的采用，极大地促进了这些国家生产力的发展，丰富的商品和资金使它们能够不断开拓发展中国家的市场。在这一过程中，已经不适应资本主义国家经济结构的劳动密集型产业也逐渐发生了转移，不少发展中国家利用较为宽松的国际自由贸易环境以及外国的资金和技术，与发达国家进行对接，取得了显著的经济成就。20 世纪 60 年代日本的崛起，70 年代亚洲四小龙的腾飞，80 年代泰国、马来西亚、印度尼西亚等国的进步，对中国既是一种刺激，也提供了良好的学习榜样。

通过反复的国际、国内调研和论证，1980 年 5 月，中共中央、国务院发出了《国务院关于〈广东、福建两省会议纪要〉的批示》，把我国要办的特区正式定名为“经济特区”。1980 年 8 月，第五届全国人民代表大会常务委员会第十五次会议批准施行《广东省经济特区条例》，决定在广东省深圳、珠海、汕头三市，分别划出一定区域，设置经济特区，这完成了我国设置经济特区的立法程序，标志着我国经济特区的正式成立。1980 年 10 月，厦门经济特区成立。1988 年 4 月，第七届全国人民代表大会常务委员会第一次会议通过了《关于设立海南省的决定》和《关于建立海南经济特区的决议》，至此，我国五大经济特区全部成立。中国的经济特区，是新中国历史转折的象征，是现代化建设的重要成果，也是邓小平建设有中国特色社会主义理论与实践的光辉产物。①

和当时世界其他类似区域相比，中国的经济特区有着自己鲜明的特色。其中最主要的一点在于，世界其他类似区域几乎都是在资本主义市场经济条件下设立的，而中国的经济特区是在社会主义体制下发展起来的。设立伊始，围绕着中国经济特区性质的问题引发了一些讨论，不少人对吸引和利用外资、设立外资企业是否会使特区变成租界、变成殖民地表示了担忧。然而，特区只是经济特区，而非政治特区，特区内全面行使我国国家主权，这和由不平等条约产生的租界、殖民地在性质上有根本的不同。外国企业和资本在特区内可以享受一些灵活和特殊的经济政策，但在政治上不存在任何特殊之处，换句话说，中国经济特区的本质正是在于利用资本主义进行社会主义建设。当然，由于国情和时代的原因，中国的经济特区在吸引外资和对外合作方面比世界其他国家和地区的类似区域要求得更加严格，目的也更加明确。例如在合资企业中严格控制外国资本的比例，将其控制在 50%以下以保证企业的所有制性质；着重引进先进的技术和设备，学习发达国家先进的经营管理理念；注重外资的科技和技术含量等。中国经济特区的设立还包含着特殊的地缘政治的因素，除汕头外，深圳靠近香港、珠海与澳门毗邻、厦门与台湾隔海相望，这其中既有经济原因，也有服务国家统一的目的。②

特区开发之初的想法就是要将中国的经济特区建设成为特殊的关税区域，参照国际类似区域的经验，逐步实施“一线放开、二线管住”的政策，为特

---

① 钟坚《世界经济特区发展模式研究》，中国经济出版社，2006 年，第 395 页。

② 俞可平《中国社会主义市场经济的试验场——海外学者论中国经济特区》，《经济社会体制比较》2000 年第 5 期。

区参与国际竞争提供足够的自由度。1981 年 7 月，中共中央、国务院批转的《广东、福建两省和特区经济工作会议纪要》中就明确指出："海关对特区进口的货物、物品要给予特殊的关税优惠。特区和非特区的分界线进行严格的管理控制之后，凡经批准进口供特区使用的生产资料和消费资料，除烟酒按最低税率减半征收、少数物品照章征税外，其他均免征关税。特区运往内地的货物、物品，应按一般进口的规定办理。"但由于国情的限制，特区的二线实际上没有能够充分地发挥作用。例如，特区对大部分进出口货物还实行许可证管理，某些种类的出口产品还需缴纳出口税，一般生活资料的进口也要缴纳进口关税和工商统一税，即使进口的生活资料是为了供应特区市场也必须缴纳半税，且受限于特区一定的自留外汇额度。因此，特区在当时仍处于全国统一的贸易管理体制下，对特区产业还存在着保护性关税措施，这与世界其他类似区域实行的自由贸易做法还存在一些差距。随着特区的发展，这种保护性的贸易管理措施阻碍了特区经济的外向化和市场化，削弱了特区投资环境对于外商的吸引力，抑制了特区蓬勃发展的活力，成为特区发展过程中一个比较大的障碍。①

特区建设过程中取得的成就刺激了我国的对外经济活动。1984 年，中央决定开放 14 个沿海城市，并在这些城市相继建立了 15 个经济技术开发区，同时决定把厦门特区的范围扩大到全岛（包括鼓浪屿），并逐步实施自由港的某些政策。1985 年，长三角、珠三角和厦漳泉三角地区被开辟为沿海经济开放区。党的十三大后，中央又决定将广东、福建作为新的综合开放试验区，并在海南建省、实行经济特区政策，这样我国的对外开放又提升到了新的阶段，外商投资选点范围也不断扩大。在这样的背景下，1987 年 12 月，经深圳市人民政府批准，深圳特区出现了我国第一家保税工业区——沙头角保税工业区。沙头角保税工业区在招商引资、土地开发、产值创汇等方面取得了令人瞩目的成就，有力促进了中国民族工业的发展，也为更深层次的改革开放积累了宝贵的经验。

---

① 苏彦汉《几种特区一二线管理模式评介》，《特区经济》1991 年第 4 期。

（二）保税区的兴起

1990 年 6 月，集自由贸易、出口加工、物流仓储、商品展示等功能于一身的上海外高桥保税区经中央政府批准正式建立，这是我国保税区发展历程中十分重要的节点，意味着我国保税区建设进入了正式的发展阶段。继上海外高桥保税区之后，1991 年 5 月，天津保税区设立；同年，深圳的沙头角保税工业区和福田保税工业区也得到中央的正式认可，并分别更名为沙头角保税区和福田保税区。在随后的几年里，中央政府先后批准创建了大连大窑湾、广州黄埔、厦门象屿、张家港、海口、福州、宁波、青岛、汕头、深圳盐田、珠海等保税区，形成了我国目前 15 个保税区的基本格局。

保税区成立后，根据各自的实际条件，对自身的发展进行了相应的定位，并取得一定的成绩。1994 年，海关总署和国务院特区办在天津联合举办全国保税区工作座谈会，这次会议对于指明我国保税区发展方向、规范保税区建设起到了十分重要的作用。①

这次会议后不久，海关总署就颁布了《保税区海关监管办法》，使我国保税区的发展正式进入了统一、有序、规范、法治的新阶段。早在 1990 年，经国务院批准，海关总署就颁布了《中华人民共和国海关对进出上海外高桥保税区货物、运输工具和个人携带物品的管理办法》（以下简称《外高桥保税区办法》），其他保税区所在地海关也根据该办法分别制定了各自的保税区监管实施细则，但是这些规定并没有真正形成海关对保税区管理的统一尺度，与国际经济贸易通行的规则也不是十分吻合，因此，制定统一的保税区海关管理办法受到越来越多的关注。② 在全国保税区工作座谈会上，来自各方的代表对这一问题进行了深入的讨论并交换了意见，最终，海关总署在《外高桥保税区办法》的基础上，结合我国改革开放和海关管理的实际情况，借鉴国际海关组织制定的《关于自由区附约》的有关条款以及其他国家的实践经验，

---

① 佚名《全国保税区工作座谈会在津召开》，《中国海关》1994 年第 8 期。

② 孟扬《谈谈〈保税区海关监管办法〉的制订及其主要内容》，《中国海关》1997 年第 10 期。

制定出了《保税区海关监管办法》(以下简称《办法》)。

该《办法》共七章三十条，较之于《外高桥保税区办法》，其体例更加合理、内容更加全面，较好体现了“与扩大开放相适应，与建立社会主义市场经济体制相配套，与国际通行做法相衔接，建立具有中国特色的社会主义海关保税区管理模式”的立法思想。

它明确了设立保税区是中央政府的权力，除国务院以外，任何其他部门或地方政府都无权批准设立保税区。它强调了保税区是海关监管的特殊区域，海关不仅对进出保税区的货物、运输工具和个人携带的物品具有监督管理的权力，对区内的场所和货物的流转也拥有相应的权力；为保证海关在保税区顺利进行稽查工作，区内企业应当依照国家有关法律、行政法规的规定设置账簿、编制报表，凭合法、有效凭证记账并进行核算，记录有关进出保税区货物和物品的库存、转让、转移、销售、加工、使用和损耗等情况。它本着“一线放开、二线管住、区内搞活”的宗旨，从四个方面进行了较为详细的规定：首先，对于保税区与境外之间进出的货物，实施简便有效的监管，无须经营者向海关申报，而是由收货人、发货人或其代理人向海关备案；除实行出口被动配额管理的货物外，不实行进出口配额、许可证管理；对区内使用的机器、设备、基建物资和办公用品等免征关税和进口环节税。其次，对于保税区和非保税区之间进出的货物，进行严格的监管，从保税区进入非保税区的货物，按照进口货物办理手续，从非保税区进入保税区的货物，按照出口货物办理手续，出口退税则按照国家有关规定办理；从非保税区进入保税区供区内使用的机器、设备、基建物资和物品，使用单位应当向海关提供上述货物或者物品的清单，经海关查验后放行；保税区的货物需从非保税区口岸进出口或者保税区内的货物运往另一保税区的，应当事先向海关提出书面申请，经海关批准后，按照海关转关运输及有关规定办理。再次，对于保税区内的货物，管理相对宽松，保税区的货物可以在区内企业之间转让、转移，只需备案即可；保税区内的转口货物可以在区内仓库或者区内其他场所进行分级、挑选、刷贴标志、改换包装形式等简单加工；区内企业在保税区内举办境外商品和非保税区商品的展示活动，展示的商品应当接受海关监管。最后，对于保税区内加工贸易的货物，区内加工企业应当向海关办理所需料、件进出保税区的备案手续，若属于被动配额管理的出口产品，应当事先经国务院有关部门批准；在事先经海关批准并符合一定条件的情况下，区内加工企业可以委托非保税区企业或接受非保税区企业委托开展加工业务；区内企业全部使用从境外运入的料、件加工成的制成品销往非保税区的，按进口制成品征税；含有境外运入料、件的制成品销往非保税区时，海关对该制成品按照所含境外运入料、件征税；所含境外运入料、件的品名、数量、价值申报不实的，海关按照进口制成品征税；海关对区内加工企业进料加工、来料加工业务，不实行加工贸易银行保证金台账制度。总而言之，该《办法》的颁布和实施，使一系列对保税区的优惠政策在法律上得到保障，也使保税区特有的开放机制得到了巩固。随后，各地保税区在自身实际的基础上，相继制定和颁布了个性化的配套法规，如上海外高桥保税区的《上海外高桥保税区条例》、福州保税区的“福州保税区优惠政策 40 条”等，初步实现了对保税区的法治化管理。

（三）新型海关监管区域的建设

自 1990 年上海外高桥保税区设立起，我国保税区取得了良好的经济效益，无论是硬件建设还是软环境的建设都有十分显著的成就，但同时也存在着一些隐患，例如部门之间的政策存在抵触之处、保税区发展的不平衡现象较为严重等。与此同时，中国加入世界贸易组织对保税区的运营体系和管理体制提出了新的要求。多种因素的共同作用，促成了我国新型海关监管区域的出现。2000 年 6 月，国务院正式批准在大连、天津、北京天竺、烟台、威海、江苏昆山、苏州、上海松江、杭州、厦门杏林、深圳、广州、武汉、成都、吉林珲春等地建立首批出口加工区。2003 年，我国第一个保税物流区在上海外高桥设立。2005 年，我国第一个保税港区在上海洋山设立。2006 年，国务院批准设立了我国首家综合保税区苏州工业园综合保税区。

虽然出口加工、国际转口贸易和保税区仓储被列为保税区的三大基本功能，但在实际操作过程中，我国大多数保税区着重发展的是转口贸易和对外贸易，忽视了出口加工功能的发挥，而另一方面，在改革开放不断深化的过程中，加工贸易恰恰成为我国重要的外贸增长推动因素；与此同时，由于国家对加工贸易进口料、件实行免税，再加上以往对出口加工行业监管乏力，导致由加工贸易衍生的走私现象愈演愈烈，守法企业迫切要求国家提供一个手续简便、监管严格的封闭区域从事出口加工生产，出口加工区于是应运而生。① 出口加工区是由海关实行 24 小时监管的封闭区域，主要的功能就在于利用外资、发展出口导向工业、服务产品外销，区内不得经营商业零售、一般贸易、转口贸易以及其他与加工无关的业务，区内的仓储企业和经海关核准的运输企业只能为加工区的企业生产和货物进出提供服务。与保税区相比，出口加工区的政策更加优惠，前者实行离境退税的原则，即只有货物全部实际离境后才能办理出口退税，而出口加工区采用入区退税的原则，即国内原材料、物料等一旦进入加工区就视为出口，出口企业即可办理出口退税手续。出口加工区的设立有力促进了我国加工贸易的发展，多年以来，我国加工贸易额不断上升，在对外贸易总额中占有十分重要的份额。

我国的保税区和出口加工区大多设立在港口附近，但又没有直接与港口相连，这样货物从港口进入保税区或出口加工区要经过港口海关和保税区或出口加工区海关双重监管，手续较为复杂，不利于充分发挥海关特殊监管区域的功能，制约了经济的发展。为了加强区港联动，发展物流产业，2003 年，国务院首先批准在上海外高桥设立保税物流区，开展区港联动的试点工作。根据《中华人民共和国海关对保税物流园区的管理办法》的规定，保税物流区指的是经国务院批准，在保税区规划面积或毗邻保税区的特定港区内设立的、专门发展现代国际物流业的海关特殊监管区域。区内可以存储进出口货物及其他未办结海关手续的货物，对所存货物开展流通性简单加工和增值服务；可以从事国际转口贸易，国际采购、分销和配送，国际中转，检测、维修，商品展示，以及经海关批准的其他国际物流业务，但不得开展商业零售、加工制造、翻新拆解以及其他与园区无关的业务。保税物流区享受保税区的

① 黄国祥、原舒《谈我国从保税区到出口加工区的发展》，《国际贸易问题》2002 年第 10 期。

相关政策，在进出口税收方面则比照出口加工区的相关政策。它整合了保税区的功能优势和港口的区位优势，将保税区的特殊政策覆盖到港区，形成了保税区和港口的良性互动。

与保税物流区相类似的一种海关特殊监管区域被称为保税物流中心，二者的中心意义基本一致，但无论是在运作上还是在海关监管上都有着本质的不同。保税物流区是专门发展现代国际物流业的海关特殊监管区域，与保税区同为国家级的特殊经济区域，而保税物流中心与保税仓库、出口监管仓库以及其他保税监管场所一样，都是由海关总署批准设立的保税监管场所。前者设立在保税区规划区域或者毗邻保税区的特定港区内，后者选址在靠近海港、空港、陆路交通枢纽等国际物流需求量较大、交通便利、设有海关机构且便于海关集中监管的地方。前者的申报主体是所在地的省级人民政府，批准主体是国务院，行政管理主体是所在地的保税区管理委员会，后者的管理和经营者是企业，设立需要得到海关总署的批准。对于前者，从区外进入园区供园区行政管理机构及其经营主体和园区企业使用的国产基建物资、机器、装卸设备、管理设备等，海关按照出口货物的有关规定办理，并签发出口货物报关单证明联（供办理退税）；对物流中心外企业销售给物流中心内企业并运入物流中心供其使用的进口机器、装卸管理设备、检验检测设备、包装物料，海关不予签发出口货物报关单，税务部门不予办理退（免）税。前者对货物的储存期限没有任何限制，而后者货物保税储存的期限为两年，除特殊情况外，延期也不能超过一年。最后，前者的业务范围如上所述，而保税物流中心内的企业不能从事维修以及其他与物流中心无关的业务。根据中华人民共和国海关对保税物流中心的相关管理规定，保税物流中心又分为A型和B型。A型指的是经海关批准，由中国境内企业法人经营，专门从事保税仓储物流业务的海关监管场所；B型是指经海关批准，由中国境内一家企业法人经营，多家企业进入并从事保税仓储物流业务的海关集中监管场所，某种意义上，可以将B型看作是数个A型的集合。2004年，苏州工业区海关保税物流中心顺利通过验收，成为我国第一家B型保税物流中心。

由于保税物流区只能发展物流产业，不能在区内进行生产加工，所能发挥的作用终究是有限的，为深化改革，国务院于2005年又批准成立了上海洋山保税港区。保税港区是结合保税区、出口加工区、保税物流区和港口四者功能于一体的产物，功能包括仓储物流，对外贸易，国际采购、分销和配送，国际中转，检测和售后服务维修，商品展示，研发、加工、制造，港口作业等。它的开放层次更高、功能更齐全、政策也更加优惠。国外货物进入港区保税，出港区进入国内市场按货物实际状态办理报关手续；国内货物进入港区视同出口，实行退税政策；港区内企业之间的货物交易不征增值税和消费税。目前我国共设立了14个保税港区。

保税港区依托港口设立，而在内陆没有港口的地方，以虚拟港口为依托，具有保税港区功能的海关特殊监管区域则被称为综合保税区，它的功能与保税港区基本相同。截至2016年9月，国务院批准设立了46家综合保税区，这对于我国深化改革开放、拉动内陆地区经济增长具有十分重要的意义。

保税区在运行过程中取得了十分显著的成绩，当然也存在不少问题，尤其是中国加入WTO之后。随着中国加入WTO，保税区的发展面临着很大的挑战，例如我国关税水平的大幅降低以及大量非关税贸易措施的取消，严重削弱了保税区的保税政策的优势地位；WTO的非歧视原则特别是国民待遇原则，使保税区内、外的差别越来越小，许多区域性的优惠政策无法再继续实施；WTO取消一般数量限制的要求更是让保税区进出口货物不受许可证、配额管理限制的政策优势不复存在。在这样的背景下，如何继续发挥保税区的功能、促进经济发展成为必须面对的问题。大多数观点认为，由保税区向自由贸易区转型是一种必然的选择。

我国的保税区并非国际通行意义上的自由贸易区，而是我国特殊国情与国际惯例、国际规则相接轨的产物，虽然在制度构建和实际运作中存在诸多效仿和借鉴自由贸易区之处，但两者之间的差异同样显而易见。有研究者从九个方面总结了二者的差别，① 例如产生时代的差异、区位选择的差异、设区

① 陈双喜、田芯《我国保税区与世界自由贸易区的比较研究》，《大连海事大学学报》（社科版）2004年第2期。

目的的差异、表现形式的差异、定性定位的差异、区域功能的差异、管理体制的差异、政策法规的差异以及海关监管的差异。其中一个很重要的差异在于，世界上众多的自由贸易区采用的都是“境内关外”的监管模式，即各个自由贸易区虽然设立在一国国境之内，但处于该国海关管辖的界限之外，海关对于进出自由贸易区的货物原则上不实施惯常的监管制度；而我国的保税区却不具备这一特性，虽然在某些方面可以享受优惠，但实际上仍处于海关管辖的界限之内，因此是一种“境内关内”的监管模式。此外，世界上自由贸易区的设立属于国家行为，多由设置国政府直接管理，设区国一般都会设立专门机构代表国家行使管理权力，负责对自由贸易区实行宏观经济管理与协调，具有较高的管理权威；而我国的保税区宏观上由国务院主管机构进行管理，但在微观上由所在地方政府管理，保税区管委会作为地方政府的派出机构代表地方政府管理保税区的行政事务，这在客观上决定了保税区行政管理的复杂性，也使管理机构的管理权威性较差，以致常常出现条块之间在管理政策方面的摩擦，从而影响经济效率。因此，为了更好地发挥保税区的功能和作用，保税区向自由贸易区的转型势在必行。

（四）自由贸易试验区的设立

2013 年 9 月，中国（上海）自由贸易试验区正式成立运行；2015 年 4 月，上海自由贸易试验区升级，同时广东、福建、天津自由贸易试验区分别设立；2016 年 9 月，党中央、国务院决定，在辽宁省、浙江省、河南省、湖北省、重庆市、四川省、陕西省再设立七个自由贸易试验区，从而构成了我国新一轮改革开放的格局。

中国的自由贸易试验区是在特定的背景下出现的。从国际背景来看，经济全球化和区域经济一体化已经成为世界经济发展的潮流，各国之间的合作不断加深，彼此的依存也愈发紧密，中国这三十年的发展与国际经济合作密不可分，但随着国际局势的变化，中国面对的压力也越来越大。由于 WTO 多哈回合的谈判迟迟不能取得进展，美欧等国希望在 WTO 框架外另行组织谈判，以制定高标准的国际经贸规则，重新掌握世界经济发展的主导权，TPP（《跨太平洋伙伴关系协定》）、TTIP（《跨大西洋贸易与投资伙伴关系协定》）和 TiSA（《国际服务贸易协定》）等谈判的目的莫不如此。这些谈判都涉及新一代的议题，如劳工保护、知识产权、环境标准、国有企业等，这些都是中国在之前的国际经济合作中未曾涉及的。为应对挑战，中国一方面需要保持对这些谈判进程的高度关注，了解、熟悉其中的谈判议题，分析利弊并在适当的时候加入谈判，另一方面也需要在国内陆续进行有关的改革和尝试，测试可能产生的风险并给出相应的对策。从国内背景来看，虽然近几年经济形势总体良好，但也存在着较为严重的结构性问题，例如服务贸易发展落后，产业结构不合理，经济增长过度依赖外需和投资，国内消费驱动不足，经济发展面临着资源和环境的双重压力等，中国迫切需要寻找刺激经济发展的新途径。依照“先行先试”“摸着石头过河”的传统，必然要有个别地区率先承担起这样的责任。

在中国（上海）自由贸易试验区的挂牌仪式上，商务部部长高虎城透露，选择在上海首先建立自由贸易试验区，主要基于三点理由。第一，上海有较好的基础。近百年来，上海都是中国经济最为繁华的地方之一，自 1843 年开埠以来，上海利用其独特的地理优势，发展轮船运输业，到 19 世纪 60 年代，形成了以上海为中心、连接国内外的商业航运网络，成为中国和远东地区的航运枢纽，进而带动了国际贸易及本地贸易的繁荣发展；贸易业务和航运业务又带动了金融业的进步，为上海经济腾飞奠定了良好的基础。中华人民共和国成立后，尤其是 20 世纪 90 年代初浦东开发开放后，上海更是走上了一条迅速发展的道路。1992—2007 年，上海经济连续保持 16 年的两位数增长，2013 年上海的 GDP（国内生产总值）为 21602.12 亿元，约占全国 GDP 总数的 3.8%。上海还提出了“长期坚持三、二、一产业发展方针，长期坚持二、三产业同时推动经济增长”和“优先发展现代制造业，优先发展现代服务业”的发展策略。2000 年，上海第三产业的比重首次超过了 50%，2013 年的比重达到了 62.2%，经济发展对投资、房地产、重化工业、加工型劳动密集型产业的依赖减弱，消费对经济增长的贡献率超过了 70%，科技创新能力明显提高。不断优化的产业结构为自由贸易试验区的成立提供了良好的经济基础。此外，上海高校林立，科研院所繁多，培养了大量的高精尖人才，多元、开放的文化传统和良好的文化氛围为各类人才在上海的成长和发展提供了宽容适宜的环境，也为自由贸易试验区的试点提供了良好的人力资源基础。第二，上海有较为成熟的监管制度和管理经验。上海有中国第一个保税区上海外高桥保税区，第一个保税港区上海洋山保税港区，第一个综合保税区管理委员会，多次成为我国对外开放的排头兵，一些在全国范围内得到采纳和推广的做法和经验最早就是由上海实践和总结出来的。第三，上海有较好的区位优势。上海港目前是中国吞吐量最大、运营水平最高的综合性枢纽港口，位于全国最为繁忙的长江航道入海口，拥有深浅配套、功能齐全的码头泊位和相应的装卸设备、堆存设施，以及适应现代船舶大型化趋势的深水航道。上海在港口运营、管理和业务上不断创新，已经具备集装箱、散货、油品、杂货等全面航运功能，与国际著名大港和自由贸易园区有着密切的联系。此外，上海地处长三角，该地区区位条件优越、经济基础雄厚、体制较为完善、科教文化发达，已经成为全国发展基础最好、体制环境最优、整体竞争力最强的地区之一。根据《长三角区域规划》，长江三角洲地区将形成以上海为核心的"一核九带"的空间格局，这将为上海的建设提供广阔的经济腹地，也有利于发挥上海对长三角地区的辐射和带动作用，从而推进长三角地区经济一体化的快速有序发展。

上海自由贸易试验区自成立以来，着力推进供给侧结构性改革，率先改革探索与国际投资贸易通行规则相衔接的制度体系和开放型经济新体制，率先改革探索发挥市场配置资源决定性作用的制度体系和地方政府治理体制，一批制度创新系统集成成果已逐步在全国复制推广，发挥了先行先试、示范引领、服务全国的作用，实现了预期目标。经梳理，《中国（上海）自由贸易试验区总体方案》和《进一步深化中国（上海）自由贸易试验区改革开放方案》中明确的219项任务、上海自主改革的290项任务，合计509项任务中，超过80%已经落实或取得阶段性成果，总体上进展顺利，但同时也存在着一些问题，如开放试验和制度创新与高标准投资贸易规则仍有较大差距、金融开放创新尚需不断深化、服务业开放限制仍然偏多、符合国际惯例的税制改革需要加快推进、基于开放创新的风险防控体系需要进一步完善、制度创新的系统集成度有待提高等。这些问题在广东、福建、天津等地的自由贸易试验区的实践中也或多或少存在着，因此，自由贸易试验区的制度建设还需要不断完善。

在这一过程中，有必要加强对国际经济合作规则的学习、理解和应用。如前所述，中国自由贸易试验区的设立有着复杂而深刻的国际背景，它不仅是国内改革的试验田，同时也是中国进一步深化改革开放、进行国际经济合作的窗口，承担着将国内规则与国际规则进行接轨的重要使命。自改革开放以来，尤其是加入 WTO 以后，我国修订和完善了一系列的政策法规，对促进社会经济发展和进行国际经济合作起到了重要和积极的作用，但与其他国家相比，尤其是与不断变化发展的国际经贸规则相比，我国现有的法律法规仍然存在着一些不足，因而有必要在借鉴国际经验的基础上予以完善。考虑到客观因素的限制，在自由贸易试验区内先行尝试再考虑逐步推广无疑是一种较为稳妥的举措，例如在国际经贸活动中逐渐占据主流地位的负面清单制度便是率先在上海自由贸易试验区内实行再推广到第二批三个自由贸易试验区中的。相关的实践经验为我国以负面清单为基础与美国和欧盟开展双边投资协定谈判准备了良好的条件。

第一章 经济全球化中的贸易和投资

第一节 国际多边贸易与世界贸易组织

一、世界贸易组织的历史和前景

（一）关贸总协定与世界贸易组织的成立

《关税与贸易总协定》是世界上第一个政府间缔结的有关关税和贸易规则的多边国际协定。二战后，各国试图在国际贸易领域创立一种多边体制，以协调各国管制国际贸易的国内法规范，并为此召开了联合国贸易和就业会议。1947年，与会国家通过了《哈瓦那宪章》，决定成立国际贸易组织。由于《哈瓦那宪章》的生效有待各国立法机关的批准，为了使关税减让的成果尽快得以落实，1947年10月，以美国为首的23个国家将《哈瓦那宪章》的第四章《商业政策》分离出来，冠以“关税与贸易总协定”的名义，并在日内瓦签署了《临时适用议定书》，决定从1948年6月30日起开始“临时适用”，直至《哈瓦那宪章》生效为止。但由于美国国会迟迟未能批准《哈瓦那宪章》，建立国际贸易组织的想法就此夭折，起初只是作为临时应急作用的关贸总协定，担负起调整战后国际贸易秩序的重大历史责任，直到 1995 年世界贸易组织成立，历时 47 年之久。

《关税与贸易总协定》分为序言和四大部分，共 38 条，另有若干附件。第一部分包括第一条和第二条，规定了缔约各方在关税和贸易方面相互提供无条件的最惠国待遇和关税减让事项。第二部分从第三条到第二十三条，规定了取消数量限制以及允许采取的例外和紧急措施。第三部分从第二十四条到第三十五条，规定了协定的接受、生效、减让的停止或撤销以及退出等程序。第四部分从第三十六条到第三十八条，规定了缔约国中发展中国家的贸易和发展问题，这一部分是后加的，于 1966 年开始生效。直至世界贸易组织成立为止，GATT 一共进行了八轮多边贸易谈判，要求削减关税和非关税壁垒、提高市场准入、增强规则透明度等，它推动经济全球化渗透到世界的各个角落。

关贸总协定的前七轮谈判大幅度降低了各缔约方的关税水平，促进了国际贸易的发展。但从 20 世纪 70 年代开始，贸易保护主义有所抬头，为了遏制这种趋势、避免贸易战的发生，1986 年关贸总协定各缔约方同意启动乌拉圭回合的谈判，以制止贸易保护主义，消除贸易扭曲现象，建立更加开放持久、生命力强的多边贸易体制。

乌拉圭回合的谈判设置了 15 项议题，不仅包括传统的货物贸易问题，还涉及服务贸易、知识产权保护、与贸易有关的投资措施以及环境等新议题。由于 GATT 以调整货物贸易为主，许多非货物贸易的重要议题很难在总协定的框架下进行谈判，因此各缔约方普遍认为有必要在关贸总协定的基础上建立一个正式的国际经贸组织来协调、监督和执行乌拉圭回合的谈判成果。

经磋商，1990 年 12 月，在乌拉圭回合布鲁塞尔部长级会议上，贸易谈判委员会提议起草一个组织性协议。经过两年多的修改和各方的讨价还价后，1993 年 11 月，各方原则上形成了建立多边贸易组织的协定。1994 年 4 月 15 日，在摩洛哥的马拉喀什召开的关贸总协定部长级会议上，乌拉圭回合谈判的各项议题都获得了通过，并采取“一揽子”的方式（无保留例外）加以接受。经过104个参加方政府代表签署，协定于1995年1月1日生效，世界贸易组织也同时正式成立。世界贸易组织是全球性、独立于联合国的永久性国际组织，被称为“经济联合国”，负责管理世界经济和贸易的秩序，在调解成员方的争端方面具有最高的权威性。

（二）多哈回合谈判

世界贸易组织从成立时起，就把启动新一轮谈判、进一步完善多边贸易体制作为重要的使命。2001年11月，在卡塔尔多哈举行的第四次WTO部长级会议正式决定启动谈判。多哈回合谈判的宗旨是促进世界贸易组织成员削减贸易壁垒，通过更公平的贸易环境来促进全球特别是较贫穷国家的经济发展。该轮谈判确定了八个议题，分别是农业、非农业产品的市场准入、服务、知识产权、规则、争端解决、贸易与环境以及贸易与发展问题。

多哈回合启动后的谈判进程一波三折。2003年在墨西哥坎昆召开的WTO第五次部长级会议就无果而终。此后，经广大成员共同努力，各方于2004年7月达成《多哈框架协议》，对农业、非农业产品的市场准入、贸易与发展、服务贸易、贸易便利化等问题确定了谈判框架，其中的关键在于削减农业补贴、削减农产品进口关税以及降低工业品进口关税等三个部分。根据这一协议，发达成员方同意在具体时限内取消所有形式的农业出口补贴，对扭曲农业贸易的国内支持方面进行实质性的削减。作为补偿，发展中成员方同意降低工业品的进口关税和其他壁垒，进一步开放非农业产品市场，降低市场准入门槛；对一些极度贫穷的成员方，协议允许他们继续在一些关键领域实行贸易保护政策，同时，还增加了对最不发达成员和新成员的待遇安排上的灵活度。但这一协议只设定指导原则和基本内容，不包含具体的减让数字。2006年7月，美国、欧盟、日本、澳大利亚、巴西、印度就农业与非农业产品市场准入问题展开的谈判未能达成协议，WTO宣告终止多哈回合谈判。

2007年，WTO在日内瓦总部召开全体成员大使会议，与会大使一致同意恢复多哈回合谈判，随后的多年时间里谈判一波三折，与核心议题有关的谈判几乎没有进展，直到2013年在印度尼西亚巴厘岛召开的WTO第九次部长级会议上，才就多哈回合早期收获协议达成了一致，使人们重拾对多哈回合谈判和多边贸易体制的信心。会议发表了《巴厘部长宣言》，其中包括了十份文件，内容涵盖简化海关及口岸通关程序、允许发展中国家在粮食安全问题上具有更多选择权、协助最不发达国家发展贸易等。

然而，在不到两年的时间里，《巴厘部长宣言》带来的积极影响就消失殆尽，多哈谈判的前景依然没有改观。很多成员认为，应该在非洲内罗毕举行的世贸组织部长级会议上让多哈谈判寿终正寝。美国、日本、欧盟等国家和地区希望在内罗毕会议上以不做任何实质贡献为代价结束多哈谈判，力推以农业出口竞争、最不发达国家议题、规则和服务透明度作为内罗毕多哈成果。印度、巴西等发展中成员则认为，不管多哈谈判在内罗毕会议上达成何种协议，多哈回合谈判不能终结，必须继续进行直至谈判授权落实。肯尼亚、乌干达等非洲国家也表示，非洲国家没有愚蠢到会不惜一切代价换取内罗毕会议成功，更不会因此放弃多哈回合，即便是最不发达国家议题协议，也必须给最不发达国家带来实实在在的利益。①

最终，2015 年 12 月 16 日，世贸组织成员在内罗毕第十届部长级会议上达成了包括《内罗毕部长宣言》《农业出口竞争决定》等在内的“一揽子协议”。根据协议，农产品出口补贴正式退出历史舞台。全面取消农产品出口补贴，有利于为广大发展中成员创建更加公平的国际竞争环境，缩小中国与相关国家在农业政策工具上的差距。不过，相对于 2001 年多哈回合谈判启动以来世贸组织部长级会议都会重申多哈回合授权、继续推动谈判，此次部长级会议前所未有地出现了“成员立场分歧、各自表述立场”的局面。中国、印度等多数发展中成员主张继续按多哈授权推动具体议题谈判，但美国、欧盟等发达成员要求通过新方法推动具体议题谈判，而且不承诺停留在多哈谈判框架内。主要成员的这种分歧给多哈回合谈判未来的前景蒙上了阴影。②

---

① 雷蒙《内罗毕会议：拯救多哈回合，还是埋葬多哈回合?》，《WTO 经济导刊》2015 年第 10 期。

② 雷蒙《内罗毕会议翻开 WTO 历史新篇章》，《WTO 经济导刊》2016 年第 1 期。

多哈回合的谈判陷入僵局，反映了各国之间错综复杂的利益关系以及彼此间激烈的博弈角逐，这既是因为发达国家操纵谈判的时代结束了，也是因为发展中成员占据主导地位的多边局面还未形成，更是因为发展中成员之间也存在着经济利益冲突与政治利益联合的对立统一。[①] 多边贸易谈判的复杂性和长期性使不少国家转而投向了区域贸易体制，导致多边贸易体制缺乏继续前进的领导者和推动力，这又进一步加深了多边贸易谈判的难度。

二、世界贸易组织的原则和制度

（一）世界贸易组织的组织机构

世界贸易组织的常设机构有部长级会议、总理事会、理事会、委员会和秘书处。

部长级会议是世界贸易组织的最高权力机构，由全体成员方的代表组成，负责履行世贸组织的职能，至少每两年召开一次会议。它的权力主要包括：对世贸组织的各项协定做出修改和权威性的解释、对成员方之间发生的争议或其贸易政策是否与世贸组织规定一致做出裁决或提出修改的意见、在特定情况下豁免某个成员的义务、批准世贸组织的新成员或观察员。

在部长级会议休会期间，其职能由总理事会代为行使。总理事会也是由全体成员代表组成，负责处理世贸组织的日常事务，监督和指导各项协定以及部长级会议所做决定的执行情况，并履行争端解决机制和贸易政策审议机构的职责。总理事会定期召开会议，一般每两个月召开一次。

世贸组织在总理事会下设立了三个理事会，分别是货物贸易理事会、服务贸易理事会和与贸易有关的知识产权理事会，它们在总理事会的指导下分别负责管理、监督相关协议的实施，并负责行使相关协议规定的职能以及总理事会赋予的其他职能。总理事会下还设有五个专门委员会，负责处理三个

---

① 雷蒙《内罗毕会议前景未卜　多哈谈判命悬一线》，《WTO 经济导刊》2015 年第 12 期。

理事会的共性事务和其他事务。专门委员会包括贸易和发展委员会、贸易和环境委员会、国际收支限制委员会、区域贸易协议委员会，以及预算、财务和行政委员会。此外，根据《关于民用航空器贸易协议》和《政府采购协议》的规定，世贸组织还设立了民用航空器贸易委员会和政府采购委员会，负责监督实施相应的诸边协议。这两个委员会不是总理事会的附属机构，但在世贸组织的框架内运行，并定期向总理事会报告其活动。

世贸组织还设立了秘书处，秘书处由总干事负责。部长级会议任命总干事并明确规定其权力、职责、服务条件和任期，总干事任命副总干事和秘书处工作人员并按部长级会议通过的规则确定他们的职责。总干事、副总干事和秘书处工作人员必须独立行使各自承担的职责，不得寻求或接受部长级会议以外的任何政府或其他权力机构的指示或指挥，以保持世贸组织作为一个国际组织的独立性。

除以上常设机构外，世贸组织还根据需要设立了一些临时机构，即所谓的工作组，例如加入世贸组织工作组、服务贸易理事会下的专业服务工作组、《服务贸易总协定》规则工作组等。工作组的任务是研究和报告有关专门事项并最终提交相关理事会做出决定。

（二）世界贸易组织的法律体系

围绕世界贸易组织制订的各种法律规范，作为一个整体构成现代国际法律秩序的一个新的体系。[①] 该体系由《建立世界贸易组织协定》和它的四个附件组成。四个附件包括 13 个多边货物贸易协议、服务贸易总协定和与贸易有关的知识产权协议（此三项构成附件一）、贸易争端解决规则和程序谅解（构成附件二）、贸易政策审议机制（附件三）以及四个诸边协议（构成附件四）。

《建立世界贸易组织协定》是世界贸易组织法律体系的总章程，其主要内容包括：世界贸易组织的宗旨与原则，世界贸易组织的活动范围，世界贸易组织的职能，世界贸易组织的结构，世界贸易组织的决策规则，世界贸易组织的成员资格，世界贸易组织的法律地位，世界贸易组织的财政预算与会费

---

① 曾令良《论世界贸易组织的法律体系》，《法学评论》1996 年第 2 期。

分配，世界贸易组织与其他国际组织的关系，世界贸易组织章程的修正、接受、生效和保存。

货物贸易领域中，在关税贸易壁垒方面，乌拉圭回合对《1947 年关税与贸易总协定》进行了继承、修正和增补，形成了新的《1994 年关税与贸易总协定》。在非关税贸易壁垒方面，乌拉圭回合以单列的协定形式，或强化过去多边贸易谈判达成的协议，或制订新的守则。此外，在特定货物贸易领域以及与货物贸易相关的领域，世界贸易组织还制定了若干相关协议。

服务贸易领域中，服务贸易的原则、规则、规章、制度主要规定在了《服务贸易总协定》中，此外，《关于服务贸易与环境的决定》《关于自然人流动谈判的决定》《关于金融服务的决定》《关于海运服务谈判的决定》《关于基础电信谈判的决定》《关于职业服务的决定》和《关于金融服务承诺的谅解书》，也都是世界贸易组织的服务贸易法的重要组成部分。

与上述组织法、货物贸易法和服务贸易法中的各项协定不同，诸边贸易协定不属于一揽子接受的范畴，其生效与接受遵从其自身的规定。诸边贸易协定涉及民用航空器、政府采购、奶制品和牛肉等四个领域。这些协定中除个别条款进行了调整或修改外，基本上保持了东京回合四个守则的原样。尽管诸边贸易协定在接受方式上没有与《建立世界贸易组织协定》和多边贸易协定挂钩，但它们同样构成世界贸易组织法律体系的组成部分。

（三）世界贸易组织的基本原则

世界贸易组织的基本原则可以概括为非歧视原则、公开透明原则、自由贸易原则和公平贸易原则四大类。

非歧视原则是世界贸易组织及其法律制度的一项基本原则，是各国间平等进行贸易的重要保证，也是避免贸易歧视、贸易摩擦的重要基础，是国际法上国家主权平等原则在国际贸易关系中的具体体现。它要求世界贸易组织的成员之间应在非歧视的基础上进行贸易，任何成员都不得对其他成员方的进出口产品或服务或知识产权给予差别待遇。非歧视原则具体表现为国民待遇原则和最惠国待遇原则，前者指的是对其他成员方的产品、服务和服务提供者以及知识产权的拥有者所提供的待遇不低于本国同类产品、服务和服务提供者以及知识产权拥有者所享有的待遇，后者指的是某一成员方在货物贸易、服务贸易、知识产权领域中给予任何一方的优惠待遇应当立即和无条件地给予其他成员方。

公开透明原则指的是缔约方有效实施的关于影响进出口货物销售、运输、保险、加工、装配、检验、仓储、展览、混合或使用的法令律例，一般援引的司法判例和行政决定，以及一缔约方政府或政府机构与另一缔约方政府或政府机构之间缔结的影响国际贸易政策的规定，必须迅速地公布并及时地通知世界贸易组织。这是非歧视待遇原则实施的重要保障，如果不公布有关的贸易措施，成员方很难保证提供稳定的、可预见的贸易环境，其他成员方也难以监督其履行世界贸易组织的义务情况，世界贸易组织一系列的协议就难以得到充分和有效的实施。

自由贸易原则是指在世贸组织框架下，通过多边贸易谈判，实质性削减关税和减少其他贸易壁垒，扩大成员方之间的货物和服务贸易。自由贸易原则包含五个要点：一是以共同规则为基础。成员方根据世贸组织的协议，有规则地实行贸易自由化。二是以多边谈判为手段。成员方通过参加多边贸易谈判，并根据在谈判中做出的承诺，逐步推进贸易自由化。货物贸易方面体现在逐步削减关税和减少非关税贸易壁垒，服务贸易方面则更多地体现在不断增加开放的服务部门，减少对服务提供方式的限制。三是以争端解决为保障。世贸组织的争端解决机制具有强制性，如某成员被诉违反承诺，并经争端解决机制裁决败诉，该成员方就应执行有关裁决，否则，世贸组织可以授权申诉方采取贸易报复措施。四是以贸易救济措施为“安全阀”。成员方可通过援用有关例外条款或采取保障措施等贸易救济措施，消除或减轻贸易自由化带来的负面影响。五是以过渡期方式体现差别待遇。世贸组织承认不同成员之间经济发展水平的差异，通常允许发展中成员履行义务有更长的过渡期。

公平竞争原则是指在世贸组织框架下，成员方应避免采取扭曲市场竞争的措施，纠正不公平贸易行为，在货物贸易、服务贸易和与贸易有关的知识产权领域，创造和维护公开、公平、公正的市场环境。公平竞争原则包含三个要点：一是公平竞争原则体现在货物贸易领域、服务贸易领域和与贸易有关的知识产权领域；二是公平竞争原则既涉及成员方的政府行为，也涉及成员方的企业行为；三是公平竞争原则要求成员维护产品、服务或服务提供者在本国市场的公平竞争，不论他们来自本国或其他任何成员方。公平竞争原则的落实重点其实在于政府职能的转变，因为贸易自由化就是要充分发挥市场机制优化配置社会资源的基础性作用，推动更加频繁的国际贸易，实现充分的国际竞争，达到全球经济福利最大化的目的。因此，世界贸易组织的公平竞争原则限定了各国国际贸易策略必然要遵循强化市场功能、弱化政府职能、改善市场竞争环境的发展方向。

（四）《1994 年关税与贸易总协定》

《1994 年关税与贸易总协定》的内容包括四个部分：第一，世界贸易组织成立前的《1947 年关税与贸易总协定》及其业已生效的各项更正、修正或修改的法律文件。第二，世界贸易组织成立之前根据 GATT1947 生效的法律文件，如涉及关税减让的各项议定书和证明书，加入议定书，根据 GATT1947 第二十五条给予的、在世界贸易组织成立之前仍然有效的关于豁免的决定，GATT1947 缔约方全体做出的其他决定。第三，乌拉圭回合就 GATT 有关条款达成的六个谅解协议。第四，《1994 年关税与贸易总协定马拉喀什议定书》，该议定书主要规定各方实施关税减让的方法和步骤，除非减让表中另有规定，否则每一成员方同意的关税削减应分五次按均等税率进行，第一次削减应在《建立世界贸易组织协定》生效之日实施，每下一次削减应在每下一年的 1 月 1 日实施，最终削减税率应不迟于《建立世界贸易组织协定》生效之日后四年实施。

GATT1994 的规则体现了市场开放和适度保护相统一的基本理念。市场开放和适度保护的统一，使 GATT 具有很强的灵活性，能够满足调整复杂的国际贸易关系的需要。GATT1994 规定在关税、数量限制、出口补贴和国家专营贸易这四种限制贸易的手段中，禁止使用后三种，只允许使用关税作为限制贸易的唯一合法方式，然后通过互惠的多边谈判逐步降低关税来实现贸易的自由化。关税是海关对进出口货物征收的税种，关税的存在，提高了国内市场上相同货物的价格，消费者需要支付更高的费用，生产商和销售商从中获益，而国家也可以因此增加财政收入。与其他限制贸易的手段相比，关税具有透明、可计算的特点，在各方的谈判中更容易达成共识，因此成为唯一一种限制贸易的措施。禁止数量限制的规则体现在 GATT1994 第十一条中，该条第一款规定，任何成员不得对任何其他成员方产品的进口或向其他成员方出口的产品设立或维持除关税、国内税或其他费用外的禁止或限制，无论此类禁止或限制是否通过配额、进出口许可证还是其他措施来实施。和关税相比，数量限制通常具有扭曲贸易的作用，并且数量限制的管理可能存在不透明的情况，在数量的分配上更容易产生问题，因此禁止使用数量限制成为 GATT 体制的基石之一。但缔约方多年来并没有完全遵守这一义务，GATT 早期，农产品行业的数量限制就得以维持，在纺织品和服装行业，数量限制依据《多种纤维协定》而存在；通过乌拉圭回合的谈判，逐步取消数量限制成为大多数成员方的共识，并达成了取消数量限制的《农业协定》和《纺织品和服装协定》。GATT1994 第十六条对补贴问题做了一般性的规定，《补贴和反补贴措施协定》则为补贴和反补贴问题确立了一套系统、严谨、具体和明确的规则，在此基础上各方同意对出口补贴予以禁止，对影响国际贸易的任何补贴加以不同程度的限制。解释 GATT1994 第十七条的相关谅解协议将“国营贸易企业”定义为被授予包括法定或宪法权力在内的专有权、特殊权利或特权的政府和非政府企业，在行使这些权利时，它们通过购买或销售的行为影响进出口的水平或方向。“国营贸易企业”可能利用垄断地位歧视性地对待不同国家的产品，进行非商业化的运作，对国内产品给予比进口产品更优惠的待遇等，因此 GATT1994 第十七条以及相关谅解协议要求：每一缔约成员方应向货物贸易理事会提交关于“国营贸易企业”的通知，以便明确评价它们的经营方式和经营活动对国际贸易产生的影响；“国营贸易企业”在涉及进出口的购买和销售中，应遵循非歧视待遇的一般原则，并按照商业原则进行运作，给予其他缔约方的企业充分的竞争机会。

GATT1994 允许适度保护的规则包括第六、十二、十八、十九、二十、二十一、二十五、二十八条等，这些条款允许缔约方在特定情况下停止履行协定规定的正常义务，对某一或某些特定产业提供适度的保护。例如第六条规定，倾销产品使国内相同产业受到实质性损害时可以征收反倾销税，补贴使国内相同产业受到实质性损害时可以征收反补贴税；第十九条规定，正常定价的进口产品数量大量增加使国内相同产业受到严重损害时可实施数量限制或终止减让；第十八条规定，发展中国家基于经济发展的目的，为促进特定产业的建立和发展，可以暂时偏离 WTO 的义务，修改或撤销关税减让或实施数量限制；第二十条规定，基于健康、安全、防止自然资源用尽等需要可以实施数量限制或终止减让等。这些例外和免责条款既是一种保险机制，又发挥着安全阀的作用，它们为政府提供了在必要时违背特定自由化承诺的途径，如果没有这些条款，各国政府很可能不会愿意签署大量减少保护的贸易协定。

互惠是 GATT 通过多边谈判实现贸易自由化的基本方法。一般来说，两个分别在不同的产品上是主要供应国的成员就市场准入通过谈判达成关税减让的协议，各自从对方获取大致相当的贸易机会，该减让或承诺通过最惠国待遇原则自动适用于其他成员；为避免“搭便车”，做出减让或承诺的两个国家又可以要求其他获益的成员做出大致相当的减让或承诺，如此反复多次最终达成所有成员间的互惠减让和承诺。当新的成员方加入时，缔约方也会要求它做出减让或承诺，作为享受缔约方之前谈判达成的成果的条件。如果某个成员违反了 GATT 的规则或有关减让的承诺，就会打破预期的权利义务的平衡，受到损害的缔约方可以启动争端解决机制，要求裁定违反义务的情形的存在、撤销违规措施以恢复被破坏的权利和义务的平衡。

（五）《服务贸易总协定》

GATT1947 的中心是货物的关税，服务贸易在当时还没有引起重视，但随着科技的发展、跨国公司的涌现、信息交流的加强，服务贸易日益成为国际贸易中举足轻重的组成部分，服务贸易壁垒对世界经济的阻碍也日益显现，消除贸易壁垒、实现服务贸易自由化开始受到各国的关注。1986 年开始的乌拉圭回合谈判将服务贸易列为一大议题，目标是以服务贸易自由化为宗旨，制定各方普遍遵守的国际服务贸易规则。历经七年的谈判，1993 年年底各方终于就 GATS 的内容达成一致，并于 1994 年正式签署。由于 GATS 本身是各方利益相互平衡和妥协的产物，又由于谈判时间紧迫、议题宽泛，因此GATS只是一个框架协议，还有许多具体问题留待部门领域谈判加以解决。

GATS的条款由序言和六个部分以及关于自然人流动、空运、海运、金融、电信等问题的8个附件组成，涉及商业、通讯、建筑、销售、教育、环境、金融、卫生、旅游、娱乐、运输、其他等12个部门160多个分部门。GATS的第一部分是“范围和定义”，但其中没有对什么是服务贸易做出明确的定义，只是规定了四种服务贸易的提供方式：跨境提供、境外消费、商业存在和自然人流动，这四种方式构成了GATS的基础。GATS的第二部分是“一般义务和纪律”，它规定了各成员方必须遵守的普遍义务和原则，包括最惠国待遇、透明度原则、经济一体化、紧急保障措施等，这些义务是强制性的，各成员国必须遵守，否则将承担相应的法律责任。第三部分是“具体承诺”，包括市场准入和国民待遇。第十六条规定：“对于通过第一条确认的服务提供方式实现的市场准入，每一成员对任何其他成员的服务和服务提供者给予的待遇，不得低于其在具体承诺减让表中同意和列明的条款、限制和条件。在做出市场准入承诺的部门，除非在其减让表中另有列明，否则一成员不得在其一地区或在其全部领土内维持或采取按如下定义的措施：（a）无论是以数量配额、垄断、专营服务提供者的形式，还是以经济需求测试要求的形式，限制服务提供者的数量；（b）以数量配额或经济需求测试要求的形式限制服务交易或资产总值；（c）以数量配额或经济需求测试要求的形式，限制服务业务总数或以指定数量单位表示的服务产出总量；（d）以数量配额或经济需求测试要求的形式，限制特定服务部门或服务提供者可雇用的、提供具体服务所必需且直接有关的自然人总数；（e）限制或要求服务提供者通过特定类型法律实体或合营企业提供服务的措施；以及（f）以限制外国股权最高百分比或限制单个或总体外国投资总额的方式限制外国资本的参与。”第十七条规定：“对于列入减让表的部门，在遵守其中所列任何条件和资格的前提下，每一成员在影响服务提供的所有措施方面给予任何其他成员的服务和服务提供者的待遇，不得低于其给予本国同类服务和服务提供者的待遇。一成员可通过对任何其他成员的服务或服务提供者给予与其本国同类服务或服务提供者的待遇形式上相同或不同的待遇，满足第一款的要求。如形式上相同或不同的待遇改变竞争条件，与任何其他成员的同类服务或服务提供者相比，有利于该成员的服务或服务提供者，则此类待遇应被视为较为不利的待遇。”第十八条规定：“各成员可就影响服务贸易，但根据第十六条或第十七条不需列入减让表的措施，包括有关资格、标准或许可事项的措施，进行谈判并做出承诺。此类承诺应列入一成员的减让表中。”第四部分的标题为“逐步自由化”，规定的是有关具体承诺表的问题。第二十条规定：“每一成员应在减让表中列出其根据本协定第三部分做出的具体承诺。对于做出此类承诺的部门，每一减让表应列明：(a) 市场准入的条款、限制和条件；(b) 国民待遇的条件和资格；(c) 与附加承诺有关的承诺；(d) 在适当时，实施此类承诺的时限；以及 (e) 此类承诺生效的日期。”第二十一条规定：“一成员可依照本条的规定，在减让表中的任何承诺生效满三年后修改或撤销该项承诺。在本协定项下的利益因为对承诺的修改或撤销而受到影响的成员可以请求与该成员进行谈判，以期就必要的补偿性调整达成协议。在此类谈判和协定中，有关成员应努力维持互利承诺的总体水平，使其不低于在此类谈判之前具体承诺减让表中规定的对贸易的有利水平。”第五部分“机构条款”规定了争议解决的方式，第六部分“最后条款”规定了利益的拒绝给予以及一些概念的定义。

（六）《与贸易有关的投资措施协议》(TRIMs)

二战后，尤其是 20 世纪 70 年代之后，以跨国公司为主体的投资活动日益兴盛，直接投资数额和累计存量不断增加，对各国经济和国际贸易活动产生了十分重要的影响。美国是全球最大的投资来源国，它很早就想把有关国际投资的问题纳入关贸总协定的多边框架中，直到 1986 年 6 月，把投资问题纳入乌拉圭回合多边谈判的建议得到通过，并在埃斯特角城《部长宣言》中明确授权审查投资措施对贸易所产生的影响。该宣言规定，“谈判应审议投资措施对贸易产生限制和扭曲以致影响有关条款的适用情况，并进一步拟定可能需要的任何规定，以免给贸易带来不利的影响”，可见，与贸易不相关的措施不在关贸总协定的管辖范围内。TRIMs 协议的序言部分阐明了该协议的宗旨：期望促进世界贸易的扩展和逐步自由化，并便利跨国投资，以便在确保自由竞争的同时，促进所有贸易伙伴尤其是发展中国家成员的经济增长。TRIMs 协议的正文部分包括九个条文。第一条规定“本协议仅适用于与贸易有关的投资措施”，但并没有对此给出定义。第二条规定，在不妨碍由 GATT1994 所规定的其他权利和义务的前提下，任一成员方不得实施任何与该协定第三条（国民待遇）或第十一条（取消数量限制）各项规定不相符的投资措施。第三条为例外条款，规定 GATT1994 项下的所有例外均应适用于该协议的规定。第四条规定，发展中国家根据 GATT1994 第十八条（关于维持国际收支平衡）及其相关谅解协议，以及《关于收支平衡的贸易措施的 1979 年宣言》规定的范围和方式，有权暂时背离 TRIMs 协议第二条所规定的义务。第五条共五款，规定了各成员方取消与贸易有关的投资措施的具体期限、步骤和方法。第六条是有关透明度的规定。第七条规定，应设立一个对世界贸易组织所有成员方开放的“与贸易有关的投资措施委员会”，监督协议的运行和执行，并且每年向货物贸易理事会汇报。第八条规定，GATT1994 第二十二条和第二十三条对争端解决的规定同样适用于 TRIMs 协议下的磋商和争端解决。第九条规定，在《建立世界贸易组织协定》生效后的五年内，货物贸易理事会应审查 TRIMs 协议的运行情况，并在适当时候向部长会议提交文本的修改建议。TRIMs 协议的附录为解释性清单，采用概括性和列举的方式，规定了与 GATT1994 第三条第四款和第十一条第一款不符的五项措施：要求企业购买或使用国内原产品或来源于国内任何渠道的产品，无论对特定产品、产品的数量或价值，或其数量或价值在当地生产中所占比重是否有具体说明；将企业购买或使用进口产品限制在与该企业出口当地产品的数量或价值相关的数量上；一般地限制企业用于当地生产或与当地生产相关的产品的进口，或将其限制在企业出口在当地生产中所占数量和价值的数量上；通过将该企业的外汇使用权限制在与其创汇额相关联的数量上，限制企业用于当地生产或与当地生产相关的产品的进口；限制企业产品的出口或出口销售，不论这种限制对特定产品、产品数量或价值，或其数量或价值在当地生产中所占比重是否有具体说明。

TRIMs 协议的制定促进了世界多边贸易法律体制的完善，实现了投资领域国际立法的重大突破，加快了贸易与投资自由化的进程，也完善了解决主权国家之间投资争议的法律机制，因此具有重要的法律意义。但它的缺陷同样也是明显的：它只涉及与贸易有关的投资措施，但在知识产权和服务贸易领域，同样也存在大量的国际投资问题，即便是在货物贸易领域，TRIMs 协议也只规定了国民待遇和数量限制的问题，因此不够全面。协议虽然只有短短的九条，却有很大的弹性，例如第二条中提到的“GATT1994 规定的其他权利和义务”以及解释性清单中提到的“好处”的含义都十分模糊，一旦发生争议，很大程度上依赖于专家组的解释，这使它在实践中缺乏必要的可操作性和确定性。它在某种程度上是对原有 GATT 规则的重申，没有重大的突破，更谈不上是一部完善的国际投资法典。

（七）《与贸易有关的知识产权协议》(TRIPS)

在 TRIPS 谈判前，知识产权的国际保护主要是通过世界知识产权组织（WIPO）管理的一系列条约来实现的，其中包括《保护工业产权巴黎公约》和《保护文学和艺术作品伯尔尼公约》等。但 WIPO 的条约在某些情况下没有为知识产权的保护设定充分的实质性标准，也没有提供充分的实施义务的机制，也未能充分保护发达国家在以技术为基础的产业以及创意产业上的利益，因而从 20 世纪 70 年代开始，发达国家对此表达了越来越强烈的关注，并希望就知识产权的保护形成新的国际规则。1987 年，在乌拉圭回合的谈判中，美国代表提出，有关知识产权规范的谈判不能把世界知识产权组织的各项协定和世界版权公约作为唯一的基础，还应当通过乌拉圭回合的谈判在确立更有效且统一的原则方面达成一致。美国的这一立场得到了欧共体、加拿大、澳大利亚、新西兰等发达国家的支持，虽然多数发展中国家并不愿意接受美国的提议，但发达国家通过在其他领域做出妥协，并以贸易制裁和暗示将解散 GATT 相威胁，最终使发展中国家转向了美国的立场。经过数年谈判，各缔约方就《与贸易有关的知识产权协议》达成共识，协议于 1995 年 7 月 1 日生效。协议共有七个部分，73 个条款，内容涉及知识产权的各个领域，不仅在很多方面超过了已有国际公约的水平，而且把 GATT 中关于有形商品贸易的基本原则和一些具体规定引入了知识产权保护领域，强化了执行措施和争端解决机制，特别是对过渡安排做了严格的规定，并通过设置不准保留条款来达到强制执行的目的。TRIPS 协议明确了国民待遇原则和最惠国待遇原则，还规定了知识产权的最低保护标准、争端解决的机制和规则。与当时已有的知识产权公约相比，TRIPS 协议对各成员方的知识产权保护提出了更高的要求，为世界贸易的发展起到了较好的保障作用，同时也对各国知识产权国内法的修改和完善产生了积极的影响。

三、世界贸易组织的争端解决机制

GATT 时期缔约方之间贸易争端的解决方法主要规定在 GATT1947 第二十二条和第二十三条。第二十二条规定的是磋商机制，指每一个缔约方对另一缔约方提出的影响协定运用的任何事项，均应给予积极的考虑并提供充分的磋商机会。如果磋商不能解决问题，其中任何一方可以请求全体缔约方共同介入。第二十三条规定：如果某一缔约方认为，由于（一）另一缔约方未履行其协定义务，或（二）另一缔约方实施了某些措施，或（三）存在其他情况，从而使本协定项下的直接或间接利益丧失或减损，或 GATT 目标的实现受到阻碍，那么该缔约方为了得到满意的调整，可以与该另一缔约方进行书面交涉或者建议，该缔约方应对提出的交涉或建议予以积极的考虑。如果不能得到前述满意的调整，缔约方全体应进行迅速调查并提出适当建议或做出裁决。如果缔约方全体认为情况足够严重并且有理由采取行动，可以授权中止实施减让或其他义务，被报复的缔约方有权退出 GATT。由于第二十二条和第二十三条的内容显得过于简单，缺乏可操作性，在随后的时间里，GATT 全体缔约方又通过了一系列的补充性文件，对其进行不断的完善。

但 GATT 时期的争端解决机制是分散的、不统一的。缔约方可以根据自身利益对争端解决机制和机构进行选择，往往更倾向于通过外交谈判、双边协商来解决问题，因此实力成为争端解决的基础。而且 GATT 的争端解决机制并没有统一的程序性规则，会导致案件程序的拖沓。最重要的是，由于 GATT 的决策程序奉行缔约方全体一致的做法，这经常导致专家组的设立、专家组成员的确定长期得不到解决。特别是专家组的报告很容易受到案件败诉方的否决而被封锁，导致案件的久拖不决。1990 到 1995 年，29 个专家组报告中有 12 个未能获得通过。这种软弱无力、缺乏效力的争端解决机制引起很多成员尤其是美国的不满，因此乌拉圭回合谈判中，改进 GATT 的争端解决机制成为谈判的重点。①

乌拉圭回合达成的《关于争端解决规则与程序的谅解》规定，《建立世界贸易组织协定》附录一中所列的 20 个协定的争端均适用争端解决机制，这就将货物贸易、服务贸易、知识产权保护、投资措施等争端都纳入了统一的解决机制，避免了挑选机构以及规则不统一的现象，使世贸组织建立起统一的、以规则为基础的争端解决机制。并且这种争端解决机制对成员之间的争端具有强制管辖权，使纠纷能够得到集中处理，避免了双边或单边的争端解决以及贸易战的发生。WTO 的争端解决机制还对案件每个步骤规定了明确的时间限制，使成员国不再能够拖延时间。原则上专家组审理环节 12 个月结案，如果上诉，则 15 个月结案，这大大提高了争端解决机制的运作效率。另外，“反向一致”通过报告的革命性做法，强化了 WTO 争端解决机制的效力，杜绝了败诉方封锁专家组和上诉机构报告的可能，更加有利于胜诉方，也使 WTO 的争端解决机制更加独立、更加司法化，避免了不必要的政治、外交干扰。成员方因此也乐于将争端诉诸争端解决机制，这又进一步提升了它的地位和影响力。截至 2014 年年底，WTO 成员诉诸 WTO 争端解决机制的案件共 488 起，其中 1997 年、2002 年和 2012 年分别达到了 50 起、37 起和 27 起，形成了三个小高峰。无论是起诉还是被诉，美国和欧盟的数量都位居前列。从 1994 年到 2004 年这 20 年里，美国提出申诉 107 项，被诉 123 项，欧盟提出申诉 95 项，被诉 80 项。从专家组涉案主题来看，有关反倾销、反补贴和保障措施的争议是最主要的，分别达到了 104 项、79 项和 45 项，除此以外，

① 张玉卿《张玉卿 WTO 案例精选：WTO 热点问题荟萃》，中国商务出版社，2015 年，第 1—3 页。

国民待遇、数量限制、关税减让、TRIPS 等议题引发的争议也不在少数。[①]由此可见，“两反一保”尤其是反倾销和反补贴仍然是最主要的国际贸易争端。

但 WTO 的争端解决机制并不是完美无缺的。对于弱小成员来说，它们的利益还不能完全实现。一方面它们缺少足够的信息和资源，对争端解决机制也不够了解，另一方面就算胜诉了，但由于实力相差太大也难以维护其贸易利益。安提瓜和巴布达对美国博彩服务案的胜诉、厄瓜多尔对欧盟香蕉案的胜诉，都说明了这个问题。而且，专家组和上诉机构的程序原则上是保密的，各方的辩论、对问题的回答等文件都不会公开，不少案件都是在当事方之间私了，其具体的内容是什么、是否符合世界贸易组织的规定，都无人知晓。最后，争端解决机制本身对裁决结果的执行还缺少力度，不少成员拖延甚至变换手法拒绝执行最后的裁定，而 WTO 对此常常无计可施。

所以 1994 年各国在签署《建立世界贸易组织协定》时，就通过了《关于实施与审议〈关于争端解决规则与程序的谅解〉的决定》，提出应“提请部长级会议在《建立世界贸易组织协定》生效后四年内，完成对世界贸易组织下争端解决规则和程序的全面审议，并在完成审议后的第一次会议上就是否继续、修改或终止此类争端解决的规则和程序做出决定”。1997 年这一工作启动，最终却不了了之。2001 年开启的多哈回合谈判提出“就《争端解决谅解》的改进和澄清进行谈判，谈判必须建立在原有提案的基础上，在 2003 年 5 月前就《争端解决谅解》的改进和澄清达成一致意见，并采取相应步骤确保结果尽快付诸实施”。谈判的内容包括磋商程序的改善和强化、专家组程序的改进、专家组的中期评审、上诉机构权限、执行监督程序的改进、报复以及透明度问题等。然而谈判未能按期完成，并一直延续至今。究其原因：第一，虽然争端解决机制的谈判在“授权上”一直是在一揽子谈判结果之外，但 2003 年之后越来越和多哈回合的主要议题捆绑在一起，受多哈回合前景不明的影响，成员各方对完成争端解决机制的谈判也越来越缺乏动力。第二，由

---

① 龚柏华《WTO 二十周年：争端解决与中国》，《上海国资》2016 年第 7 期。

于争端解决机制的程序法特点，各成员依据自己的经验教训行事，导致利益需求和优先关注差别很大、谈判焦点分散，使谈判具有高挑战性和对抗性，难以寻找折中的谈判路线。第三，谈判的紧迫性不足。各方普遍认为争端解决机制在实践中的运行效果还不错，思想上没有抓紧完成谈判的意识。第四，发达国家与发展中国家存在集团性的利益冲突和内部矛盾，相互之间不愿意妥协。第五，争端解决机制的谈判不在多哈回合一揽子谈判结果之内，从利益上割裂了它与其他议题的联系，各方之间进行利益交换的空间和筹码不多。①

四、世界贸易组织与中国

1986 年 7 月 11 日，中国提出复关申请，2001 年 11 月 10 日，在卡塔尔多哈举行的世界贸易组织第四次部长级会议上中国被正式批准加入世界贸易组织，2001 年 12 月 11 日，中国最终成为世界贸易组织成员。中国之所以要加入世界贸易组织，有多方面因素的考虑。

第一，“入世”可以为中国提供稳定的贸易环境、减少与其他国家的谈判成本。世贸组织成员所享有的权利是通过八轮艰苦的谈判达成的。如果不通过世贸组织，而是由中国和世贸组织 142 个成员通过双边谈判分别就互惠措施做出安排的话，其成本是难以想象的。加入世贸组织后，中国可以享受缔约方 40 年来经过八轮谈判达成的所有有关关税减让和市场开放的成果，这极大地降低了中国谈判的成本，同时也为中国提供了一个确定的、稳定的贸易环境。

第二，“入世”有利于发展中国和其他国家的合作。由于中国“入世”前和其他国家经贸往来较少，相互缺乏交流的经验，并且因为长期实行计划经济，经济体制之间的差异也导致和潜在的贸易伙伴之间缺乏信任，从而影响

① 纪文华《WTO 多哈回合争端解决机制谈判及内容概析——以专家组程序为例》，《上海对外经贸大学学报》2010 年第 1 期。

了相互的贸易合作。加入世贸组织有助于加强中国市场的吸引力，给予外国投资者更大的信心。一方面，世贸组织为相互交流提供了场所，另一方面，世贸组织的相关制度也对中国的贸易行为做出了有效约束，从而能够为其他国家提供关于中国未来贸易行为的预期。通过全面、深入的贸易谈判，中国和有关国家就各自的贸易政策和态度有一个比较深入的了解，有利于在自身决策中减少误判，降低贸易摩擦发生的可能性。同时，通过谈判，其他成员也可以了解到中国“入世”的决心以及愿意承担世贸组织各项义务的意愿，从而有助于其他国家在贸易和投资时增加对中国的信任，从而增加贸易合作的机会。中国“入世”协议规定：“中国承诺只执行已公布的，且其他 WTO 成员、个人和企业可容易获得的有关或影响货物贸易、服务贸易、TRIPS 或外汇管制的法律、法规及其他措施”，同时需设立官方刊物公布所有有关或影响贸易和投资的法律法规和措施。世贸组织的通报制度和贸易政策审议机制也能够向有关国家提供中国外贸的政策和行动信息。通过这些措施和规定，其他国家能够及时了解和自身投资及贸易利益相关的中国政策和措施，有助于减少他国对中国改变政策、违背协议的担心，使相关国家建立起对中国贸易行为的稳定预期，从而避免由于不信任而造成误判，甚至否定合作。而且世贸组织争端解决机制的自动程序和强制执行，保证了国家由于别国的“违法”行为受到利益侵害时能够获得国际机制的救济，也在一定程度上减缓了国家间经贸往来的不确定性。

第三，世贸组织通过把各国的贸易政策和成员之间的贸易关系纳入多边机制，有助于防止成员之间的政治关系影响贸易合作。中国“入世”谈判花费时间长，一是因为中国的外贸政策和经济体制与世贸组织的要求相去甚远，另一方面也是因为谈判受到了政治环境的影响。中国“入世”谈判过程中，中美谈判是最为复杂和重要的部分。20 世纪 80 年代中后期，中美外交关系较为友好，在良好的政治关系的影响下，双方在中国复关问题上的双边谈判也比较顺利，从 1986 年 11 月到 1989 年 5 月，中美共举行了五轮磋商，然而 1989 年政治风波却使中国“入世”谈判陷入停滞。1984 年 4 月关贸总协定中国工作组就已经完成了对中国外贸制度的审议，但在政治风波发生之后，美国和一些成员方把拖延、阻挠中国复关当作制裁中国的一部分，要求重新审议中国的外贸制度，美国也改变了之前同意中国享有发展中国家待遇的态度，在和中国的双边谈判中要求中国原则上作为发达国家加入。围绕这个问题，中美之间进行了长时间激烈的交锋，大大延缓了中国“入世”的步伐。中国“入世”以后，中国和其他成员之间的经贸关系被置于世贸组织的管理之下，不受国内立法和国内政策的影响，政治关系对经济关系的制约明显削弱。在中日关系中，虽然日本首相多次参拜靖国神社以及钓鱼岛事件严重影响了双方政治往来，但双边经贸关系却保持了平稳的上升势头。这种“政冷经热”现象的产生，虽然有双边贸易互补的原因，和世贸组织的护持也是分不开的。

第四，加入世贸组织有助于我国建设社会主义市场经济目标的实现。2001 年中国“入世”之际，市场经济改革已经取得了一定的成就，社会主义市场经济体制初步建立，但继续改革也面临着阻力。加入世贸组织能够从外部为中国的市场经济改革提供动力，为改革设置一条界线，使其没有倒退的可能。加入世贸组织，实际上是以这样一个开放性的行动倒逼国内改革和开放的机制，清理了很多和国际通行规则不相一致的法律法规，在新的基础上建立了一整套符合世贸组织规范的法律法规，使中国的市场经济体制建立在一个法治的基础上。世贸组织规定，“每一成员应当保证其法律、规则和行政程序，与所附各协议中的义务相一致”，中国在“入世”时就按照加入议定书的要求，对与世贸组织法规冲突或不符的法律法规进行清理。从 2001 年到 2011 年的十年间，中央政府共清理法律法规和部门规章 2300 多件，地方政府共清理地方性政策和法规 19 万多件。对外贸法规的清理，一方面使中国的对外贸易活动有法可依，改变了过去主要依靠行政部门指导和规定的做法，另一方面也使中国在一些自身研究不足的法律领域确立了法治基础。而且从 1986 年中国申请复关开始，关贸总协定中国工作小组就对我国外贸体制进行了评审，根据评审意见，中国逐步以关贸总协定的规则为参照，对中国的宏观调控体制和经贸政策进行了一系列的改革和调整，使中国从整体上构建起与国际通行规则相衔接的管理体制和运行机制。转变政府职能，减少对经济的过多行政干预，这些都是建立社会主义市场经济的必经之路。

历经关贸总协定中国工作小组 18 次正式会议，中国加入 WTO 的法律文件终于在 2001 年 9 月 17 日获得工作组正式通过。工作组最后提交总理事会的一揽子文件包括工作组报告书、部长会议决议草案、中国加入 WTO 议定书草案及九个附件。工作组在报告书中建议所有这些文件由总理事会一并通过，在文件通过后，由中国签署加入议定书。中国加入 WTO 议定书的正文包括序言和三个部分，分别是总则、承诺表及最后条款。总则中共涉及 18 个议题，即一般原则、贸易制度的实施、非歧视、特殊贸易安排、贸易权、"国营贸易"、非关税措施、进出口许可程序、价格控制、补贴、对进出口产品征收的税费、农业、技术性贸易壁垒、卫生和植物检疫措施、确定补贴和倾销时的价格可比性、特定产品过渡性保障机制、WTO 成员的保留、过渡性审议机制。承诺表主要是确认了关于货物贸易和服务贸易的两个承诺表的法律地位，明确了承诺的起始实施期。最后条款规定了议定书的签字、生效、登记以及文本效力的问题。根据 WTO 协定的规定，中国的"入世"议定书和 WTO 协定的其他组成部分一样，都是 WTO 法律体系不可或缺的一部分，对中国以及 WTO 的其他成员有着同样的法律约束力。

在加入世界贸易组织时，一些国家认为中国不符合市场经济国家的标准，因而在"入世"法律文本的条款中对中国进行了限制。《中国加入世界贸易组织议定书》第十五条"确定补贴和倾销时的价格可比性"规定：（a）（ⅰ），如果中国生产者在被调查后能够证明该产业在制造、生产和销售该产品方面具备市场经济条件，那么 WTO 进口成员须使用中国本地商品价格或成本作为参考、进行价格比对。（a）（ⅱ），如果中国生产者在被调查后无法明确证明该产业在制造、生产和销售该产品方面具备市场经济条件，那么 WTO 进口成员可以使用不依据与中国国内价格或成本进行严格比较的方法。……（d）一旦中国根据该 WTO 进口成员的国内法证实其是一个市场经济体，则（a）项的规定即应终止，但截至加入之日，该 WTO 进口成员的国内法中须包含有关市场经济的标准。无论如何，（a）项（ⅱ）目的规定应在加入之日后 15 年终止。也就是说，在加入世界贸易组织 15 年后，即 2016 年，世贸组织其他成员国将不能再要求中国企业自证其在生产、销售某产品时具备市场经济条件。这对于长期以来深受反倾销调查中“替代国价格”困扰的中国企业无疑十分有利。从该条也可以看出，只有该成员在中国“入世”前就已经制定了反倾销与非市场经济地位的相关规定，才可以在中国“入世”后对华反倾销中利用“非市场经济地位”这一点，而中国是否符合“市场经济地位”标准同样需要根据有关成员的国内法加以判定。例如欧盟2009年第1225号条例规定，市场经济地位须满足以下五个条件：第一，企业一切关于价格、成本和投入（例如原材料、技术和劳动力、产量、销量和投资）的决定，都是以市场上供需关系的信号作为指引，且没有显著的国家干预，其主要投入的成本在本质上反映了市场价值；第二，企业有一个适用于多种目的的、明确且符合国际会计标准的记账准则和独立审计；第三，生产成本和企业的财务状况不会被非市场经济体制遗留下的影响所扭曲，特别是在有关资产折旧、其他资产减记、易货贸易以及通过债务清偿支付等方面；第四，企业有破产法及财产法可循，保证企业在法律上的确定性和经营上的稳定性；第五，汇率按市场价格进行兑换。在美国，1988年综合贸易与竞争法首次引入了“非市场经济”的概念。根据该法律，“非市场经济国家”是指不以成本或价格结构的市场原则运转的、产品在国内的销售不反映产品的公平价值的国家。非市场经济国家由美国商务部判定。由于该定义比较抽象，是否属于市场经济，在实践中一般根据美国法典19U.S.C-1677（18）提供的六个方面来判定：第一，该国货币的可兑换性；第二，对劳工和雇主之间可自由议定工资率的允许程度；第三，对外国公司开办企业或进行其他投资的允许程度；第四，生产的政府控制或政府所有程度；第五，对资源配置以及在企业价格、产量决策方面的政府控制程度；第六，还应考虑的其他因素。除此以外，有类似规定的国家还包括巴西、埃及、印度、以色列、韩国、马来西亚、墨西哥、秘鲁、新加坡、南非、泰国、土耳其等。从某种意义上说，让这些经济体承认中国的市场经济地位才是最重要的。然而，2016年美国财政部一位高级官员在第八轮中美战略与经济对话吹风会上，回避直接回答美国是否支持中国获得市场经济地位的问题，而强调中国在一些领域有必要进一步推进改革。在欧洲，2016年5月，欧洲议会全体会议以压倒性票数通过一项非立法性决议，表示拒绝承认中国市场经济地位，并呼吁欧盟采取反倾销措施。

关于 2016 年中国市场经济地位的问题，中外学者进行了大量的讨论，得出的结论也大相径庭。有观点认为 2016 年后只要某 WTO 成员方不承认中国的市场经济地位，相对于该成员方中国就是非市场经济国家，① 也有观点认为 2016 年后中国自然获得市场经济地位。② 值得注意的是，2016 年 12 月 12 日，中国就美国、欧盟对华反倾销“替代国”做法，先后提出世贸组织争端解决机制下的磋商请求，正式启动世贸组织争端解决程序。中国政府早前要求 WTO 成员在条款到期后自动承认中国的市场经济地位，但如今却不提市场经济地位，改为抗议他国对华采取的具体贸易手段，这似乎反映了官方的态度正向着更加务实的方向转变。

加入世界贸易组织十多年来，中国走出了一条以开放促发展、促改革的道路，实现了从世界贸易组织“新成员”向“参与方”到“推动者”的角色转变，正在成为一个被各方认可的“成熟的”“负责任”的世贸组织成员。十多年来，中国全面参与了世贸组织的事务，在多哈回合的谈判中发挥了建设性的作用，提出了 100 多项推动谈判进展的提案，参与多边贸易规则的制定和完善，认真开展贸易政策审议，回答世贸组织成员关于中国贸易政策措施的问题 3000 多个，同时利用世贸组织的争端解决机制，妥善处理与其他成员的贸易纠纷，维护中国企业的合法利益。中国全面履行了加入世贸组织的各项承诺，关税、非关税、服务贸易的开放，国内法律法规的清理工作都与“入世”承诺以及世贸组织的规则相一致。在这个过程中，中国加快了市场化进程，建立起了更加完善、透明、可预见、开放的贸易体制，商业环境更加开放、更加规范，对非歧视原则、透明度原则、自由贸易原则、公平竞争原则，以及对市场经济意识、法制精神和知识产权保护的认识和重视程度都达到了前所未有的高度，这对政府职能的转变、民众观念的革新产生了深远的影响。

---

① 刘敬东《“市场经济地位”之国际法辨析——〈加入议定书〉与中国“市场经济地位”》，《国际经济法学刊》2015 年第 1 期。

② 朱兆敏《论世界贸易组织与中国的市场经济地位》，《法学》2015 年第 9 期。

具体到争端解决机制领域，截至2015年年底，中国在WTO争端解决机制下提起和被诉的争端案件共有47起，其中提起争端案件13起，2015年新增1起，即针对欧盟影响部分禽肉产品关税减让措施提起的诉讼（DS492）；被诉34起，2015年新增2起，起诉方均为美国，分别为2015年2月11日针对中国示范基地和公共服务平台项目相关措施提起的诉讼（DS489），以及2015年12月8日针对中国国产飞机的关税措施提起的诉讼（DS501）。在中国提起的13起争端案件中，被诉方为美国的9起，被诉方为欧盟及其成员国的4起；在中国被诉的34起争端案件中，美国提起17起，欧盟提起7起，墨西哥提起4起，加拿大提起3起，日本提起2起，危地马拉提起1起。总体来看，中国在WTO争端解决机制下的作为仍主要体现为与美国和欧盟的博弈。①

截至2016年4月22日，中国已执行的败诉案共16起，分别是“汽车零部件案”（DS339、DS340、DS342）、“知识产权案”（DS362）、“音像制品案”（DS363）、“原材料案”（DS394、DS395、DS398）、“电子支付案”（DS413）、“取向电工钢案”（DS414）、“X射线设备案”（DS425）、“白羽肉鸡案”（DS427）、“稀土案”（DS431、DS432、DS433）、“汽车案”（DS440）。分析中国败诉的原因，国内相关立法存有缺陷与之有密切的联系。这种国内法上的缺陷有时是由于出台贸易政策的机构之间缺乏协调而导致的。此外，由于中央与地方之间缺乏协调，有些地方政府部门甚至出台已被裁决违反WTO规则的政策。对此，国务院办公厅于2014年6月颁发了《关于进一步加强贸易政策合规工作的通知》，要求高度重视贸易政策合规工作，不断提高国际贸易规则意识。举证不足是中国在WTO败诉的又一原因。在“稀土案”中，中国在援引GATT第二十条一般例外时应当承担主要的举证责任，但中国通过出口限制措施保护人类健康、环境和资源的实际成果少之又少，还在采掘、生产和贸易等环节制定了诸多不协调甚至自相矛盾的政策，弱化了中方立场。程序缺陷也是中国败诉率高的原因之一。近年来，中国在WTO遭遇的反倾

① 罗蓉《2015年WTO争端案件情况综述》，《中国贸易救济》2016年第2期。

销、反补贴诉讼越来越多，起诉方在这些案件中的指控主要针对调查机关行政决定中的程序问题，这在“取向电工钢案”中表现得尤为明显。最后，中国承担的“超 WTO 义务”也使中国更容易遭遇败诉的风险。相对于美国、欧盟等其他成员，中国在履行 WTO 裁决时的态度是认真努力的，但中国多数执行案件涉及多项法律法规和部门规章的立、改、废，或者涉及敏感行业和敏感领域，执行难度较大，使一些起诉方对中国的执行结果表示不满，指责中国只是在“纸面遵守”裁决。①

第二节　国际直接投资的规则与制度

一、国际直接投资的现状和趋势

国际投资是国际资本流动的重要形式，也是国际经济合作的重要方式，按投资形式和性质的不同，可以分为国际直接投资和国际间接投资。二者的区别在于投资者对所投资的企业有无控制权或经营管理权。随着经济全球化的日益加快，各国之间的经济联系日益紧密。国际投资以资本为纽带实现一体化的生产，成为推动经济全球化的重要力量。在国际投资的过程中，跨国公司的作用不断增强。它从全球化的视角出发，将投资东道国与母国的比较优势相结合并充分利用，合理配置生产和营销的各个环节，实现了结构的优化和重组，以此谋求利益的最大化。对投资东道国和投资者母国来说，一方面东道国引进外资和技术，可以弥补建设资金的不足，填补技术空缺，提高技术和管理水平，而且还可以促进东道国实现产业结构升级，通过竞争提高

① 谭观福《WTO 争端解决中国败诉案执行法律问题探析》，《上海对外经贸大学学报》2016 年第 4 期。

企业的素质，扩大产品出口，增加外汇收入；另一方面，国际投资行为可以增加母国的税收，跨国公司利润的汇回也提高了母国国民的收入水平。因此各国都希望通过发展国际投资刺激国内经济的活跃，促进本国经济的发展。

改革开放以来，中国对外直接投资连续13年快速增长，2015年创下了1456.7亿美元的历史新高，占到全球流量份额的9.9%，同比增长18.3%，金额仅次于美国（2999.6亿美元），首次位列世界第二，并超过同期中国实际使用外资（1356亿美元），实现资本项下净输出。截至2015年年底，中国有2.02万家境内投资者在国（境）外设立3.08万家对外直接投资企业，分布在全球188个国家（地区）；中国对外直接投资存量达到10978.6亿美元，占全球外国直接投资流出存量的份额由2002年的0.4%提升至4.4%，排名由第二十五位上升至第八位。① 2015年中国外资流入量增长了6%，达1356亿美元，排名世界第三，居于美国和中国香港之后，但由于中国香港的外资统计中包含大量的过境投资，实际规模并没有统计数字显示的那么大，因此，中国实际的全球排名是第二名，仅次于美国。在外资流入量增加的同时，外国直接投资的行业和区域结构也在继续优化，质量也有所提高。这具体表现在中西部地区占比提高，服务业吸引外资比重提升，外资持续向资本和技术密集型行业（如先进制造业）和高附加值领域（如高端服务业）倾斜。联合国贸易和发展会议的调查显示：中国仍是最具吸引力的投资目的地之一。2016年1—7月，中国绿地投资增长了4.3%，跨境并购增长了17.8%，全年利用外资持续了良好的增长势头。2016—2018年，中国吸引外资有望保持平稳增长，并进一步向高技术服务业和高端服务业（如高端商业服务及研发）集中，质量将继续提高。

随着国际投资的迅速增长，全球也出现了自由化、便利化和规范化的发展趋势。根据联合国贸易和发展会议在《1998年世界投资报告》中的界定，投资自由化指的是减少或消除政府对跨国公司实行的限制或鼓励措施，为企

① 国新办举行发布会介绍《2015年度中国对外直接投资统计公报》相关情况。http://www.gov.cn/xinwen/2016-09/22/content_5110783.htm.

业提供平等待遇，废除歧视性、造成市场扭曲的做法，确保市场的正常运行。投资自由化嵌套在各国的投资政策中，投资政策的改变将导致投资自由化水平的变化；各国的投资政策不仅包括国内关于外商直接投资的政策和对外直接投资的政策，还包括各国同其他国家签订的各类包含投资内容的协定。广义的投资自由化既包括东道国降低外商直接投资的投资壁垒，也包括母国放松对外直接投资的限制；狭义的投资自由化则只包括前者。投资自由化趋势的产生，一方面反映了发展中国家大量引进外资的需要，另一方面也是发达国家不断施压、要求发展中国家开放投资市场的结果。当全球化使世界融为统一市场时，各国经济皆无法脱离国际社会而孤立运作，因此对共同的竞争与发展规则提出了需求；为了确保各国的市场主体皆平等地享有企业自由，各国政府也不得不在国内政策上实现转型，并促成从以管理制约为目标向以经济自由化为目标的调整。从这个视角思考，国际投资自由化在一定程度上是现代意义上融合发展中国家与发达国家要求的共同愿景。① 从各国投资政策来看，总体上都是向着更加开放的方向发展。例如，中国不仅向外资开放银行卡结算业务、放松对外资投资房地产市场的限制，而且还允许外资设立独资电子商务企业并指定北京“试点”开放特定服务业；重新修订了《外商投资产业指导目录》，与 2011 年的目录相比，限制类由 79 条减少到 38 条，禁止类由 38 条减少到 36 条，尤其是制造业的开放力度更大。印度也采取了各种自由化措施，如外资投资保险和养老基金市场的持股比例从 26％提高到 49％、允许外资百分之百参股医疗器械制造业等。2015 年 11 月，印度还实施了一项 FDI（外商直接投资）全面自由化战略，放松了农业、民航、建筑、国防、制造业和采矿业等 15 个部门对外资的管制。此外，巴西全面放松了保健行业的外商投资管制；马尔代夫首次允许外资拥有土地所有权；缅甸通过了新的采矿法，为外资提供了更加有利的投资环境，同时还允许外国投资者在与当地企业合资的前提下从事农产品和医疗产品的进口和贸易活动；越南

---

① 张建《国际投资自由化的法理要义与缔约实践》，《菏泽学院学报》2016 年第 4 期。

开始允许外国投资者购买机场以及提供部分地面服务，最高股权比例为30%，同时也放松了对外资购买房产的限制。投资自由化的另一个表现是私有化。2015年发达国家在私有化方面最为活跃，尤其是在诸如交通和通信等基础设施服务领域。例如，法国出售了空间卫星发射公司（CNES）；希腊与外国投资者签订了转让14个地区机场的私有化协议；意大利出售了意大利邮政公司38.2%的股份，对国家邮政服务进行了部分私有化；日本邮政也首次公开发行股票；西班牙对其国家航空管理公司（AENA）49%的股份实行了私有化；乌克兰则在透明和竞争的基础上对其约300家国有企业进行了私有化。大量研究把东道国与他国签订双边投资协定作为东道国投资自由化的衡量指标，认为东道国与他国签订双边投资协定，降低了他国投资者在东道国投资的风险和成本，东道国签订的投资协定数量越多、投资协定内容标准越高，东道国的投资自由化程度就越高。

投资便利化指的是在国际直接投资活动中，简化并协调投资者所遇到的各种程序、减少投资者遇到的障碍和限制、减少对投资者的权利限制、方便与投资相关的劳务人员签证、减少贪污腐败和行政效率低下引起的交易成本、提供融资便利、完善信息服务体系以及协调国际投资政策等。国际直接投资活动涉及投资东道国、投资者母国以及投资者，他们的意愿反映了投资便利化的必要性。通过便利化措施，跨国公司可以有效降低自身成本、提高生产效率、更为便利地在全球范围内实现资源的合理配置，东道国可以更加有力地吸引外国投资，投资者的母国也可以因为海外投资的增加而获得好处。2008年5月，APEC（亚洲太平洋经济合作组织，简称“亚太经合组织”）在秘鲁召开的高官会上，就2008—2010年实施投资便利化行动计划达成共识。这项行动计划旨在降低针对国际投资者的贸易障碍，并鼓励亚太地区内的投资。APEC所指的投资便利化行动计划是政府采取的一系列旨在吸引外国投资，并在投资周期的全部阶段上使其管理有效性和效率达到最大化的行动或做法。该行动计划同时指出，投资便利化涵盖了众多内容，其核心内容就是在利益最大化的基础上，使投资活动能够有效率地进行，而其最重要的原则就是透明度、简约性以及可预测性。APEC投资便利化行动计划的主要目标集中于四大方面：加强地区经济一体化、提高成员方的竞争力和经济增长的可持续性、在 APEC 范围内扩大繁荣和就业机会，以及为最终实现茂物目标而准备。具体而言，一是要提高与投资有关的政策制定和管理中的开放性和透明度，以提高工商业企业信心，帮助其商业决策；二是要提高投资环境的稳定性、财产安全性以及对投资的保护，以期降低投资的非商业风险，提振工商业界对国内法律体系的信心，提高中小企业的融资能力并提供公正的争端解决渠道；三是要提高与投资有关的政策的可预测性和一致性，以减少商业成本并提高竞争力，简化商业交易环节并树立商业信心，同时缩小腐败范围；四是要提高投资相关手续的效率和有效性，通过简化投资规章制度，加速投资审批过程，减少商业成本，营造更具吸引力的投资环境；五是要建立建设性的利益攸关者关系，通过建立政府与投资方咨询和对话机制及其他措施，以加强公、私部门间的伙伴关系，并确保争端的迅速解决；六是要利用新科技改善投资环境，以提高电子商务的安全性、降低商业成本并鼓励工商界对新科技及相关人员培训等进行投资；七是要对投资政策实施监督和评估机制；八是要加强国际合作，包括通过双边和多边自由贸易协定的形式鼓励投资便利化等。① 这些年来，很多国家都实施了投资促进或便利化政策，其中一项政策就是实施新的投资法。如智利出台了新的《外商投资框架法》，设立了外商投资促进机构，并为外国投资者进入外汇市场、自由汇出资本和收入、免受歧视等提供担保；埃及则修改了投资法，设立了庭外论坛以友好解决投资者和国家之间的争端，并为特定行业和地区的投资提供激励；缅甸也通过了新的投资法，整合并替代了《2012 年外国投资法》和《2013 年市民投资法》，其目的之一就是加快投资审批速度。还有些国家出台了各种激励措施。如，印度尼西亚增加了作为创新产业享受税收优惠的经济部门；韩国允许外资小企业在开业头两年雇佣非韩国籍雇员；俄罗斯为特定产业最低投资额超过 7.5 亿卢布的外国投资设立了特殊投资合同程序，给外国投资者提供包括

---

① 沈铭辉《APEC 投资便利化进程——基于投资便利化行动计划》，《国际经济合作》2009 年第 4 期。

融资激励在内的各种支持措施；美国也给投资房地产的外国投资者降低了税收，使他们能够享受和美国投资者同样的税收待遇。①

随着国际直接投资在国际经济交往中的作用日趋凸现，世界各国也逐渐提高了对投资环境的重视程度。政府对外国投资的政策这一软环境因素所发挥的作用更加明显。然而实际状况是，跨国投资活动的主体与地区不平衡性十分明显，各国投资法规又标准不一，结果导致了投资领域冲突不断，严重损害了投资利益。因此，更好地发挥东道国的区位优势，为国际投资活动的顺利开展创造一个稳定有序的规范框架就成为一项紧迫任务，世界各国也纷纷加快了投资规范化的进程。② 投资规范化的进程始于二战结束，为投资活动制定适用的多边规则成为当时各国努力的目标。联合国《哈瓦那宪章》曾提出建立多边投资规范的主张，但最终以失败告终。各国继而转向双边层面，并在双边投资规则的制定方面取得了一定成效。尽管如此，建立多边规范的努力始终没有停止过，从双边到区域，再逐步拓展至多边领域，这一思路已经被国际社会普遍接受。在综合性多边投资协定出现之前，双边的以及区域性的投资协定成为规范国际投资行为的最主要的规范。根据《2016 年世界投资报告》，2015 年，各国缔结了 31 个新的投资协定，使全球国际投资协定总数达到了 3304 项。截至 2016 年 5 月底，近 150 个经济体正围绕至少 57 个新的国际投资协定进行谈判。尽管每年新增国际投资协定数量持续下降，但由于协定涉及更多国家，因而其经济和政治影响力反而有所增强。

近年来，国际社会围绕国际投资协定体系进行着激烈的辩论。同时，很多国家通过制订新的投资协定范本或商议新的投资协定，试图制订新一代国际投资规则。2014 年，至少有 50 个国家或地区在重审或修订其国际投资协定范本。这表明对国际投资协定体系进行改革已成为各方的共识，国际投资协定体系的改革势在必行。联合国贸易和发展会议在《2015 年世界投资报告》

① 竺彩华、李诺《全球投资政策发展趋势与构建一带一路投资合作条约网络》，《国际贸易》2016 年第 9 期。

② 叶茂《国际直接投资规范化特征与趋势》，《求索》2005 年第 9 期。

中以专题的形式提出了改革国际投资体制的行动方案。

该机构认为，国际投资协定体制改革需要解决当前面临的五大问题：(1)确保国家出于公共利益对外资进行适当监管的权利。国际投资协定在为外国投资创造良好的投资环境的同时，也不可避免地给缔约国国内政策带来一定的限制。国际社会（包括发达国家以及发展中国家）对后者可能带来的风险日益关注，要求在投资者保护与确保国家公正政策空间之间实现适度的平衡。(2) 改革投资争端解决机制，以解决目前国际投资争端解决机制的合法性危机。21 世纪以来，投资者-国家争端案件大幅增加。截至 2014 年年底，投资者-国家争端解决机制（ISDS）受理案件累计达 608 起，涉及 99 个国家。发展中国家是诉讼的主要对象，发达国家所占的比例也在上升。ISDS 已裁决案件总数达到 405 件，裁决的平均赔偿金额高达 11 亿美元，单一案件最高赔偿金额更是达到 50 亿美元，给被诉发展中国家带来巨大的财政负担。同时，ISDS 在仲裁过程中对协定文本做出的扩大化的，有时甚至是前后矛盾的解释，招致国际社会的广泛批评，要求改革投资争端解决机制的呼声高涨。(3) 有效加强国际投资协定的投资促进及便利化功能，以促进国际投资。签订国际投资协定的初衷是为了更好地吸引外资并从中受益。但传统的国际投资协定很少包含积极促进吸引外资和对外投资的条款，而仅仅是通过保护外国投资“间接地”促进投资。国际投资体制改革的一项任务是强化国际投资协定促进及便利投资的功能，使其更好地为可持续发展做出贡献。(4) 确保负责任投资，使外国投资为东道国带来最大的效益，同时将其负面影响降至最低。传统的国际投资协定在提供投资者保护的同时，很少对投资者应尽的义务做出规定。国际投资体制改革的目标之一即是确保负责任的投资行为，促进外国投资为东道国带来最大的利益，同时避免各国为吸引外资竞相降低环境、社会及其他标准。(5) 增强国际投资协定体系的协调一致性，特别是消除当前国际投资体系内部存在的诸多空白、重叠及相互矛盾之处。当前国际投资体制由数千个双边、区域以及诸边投资协定组成，各协定之间缺乏一致性、连续性，存在着诸多重叠、缺陷和冲突，使这一体系的运转日益难以为继，急切需要改革。

针对上述问题，《2015年世界投资报告》在国别、双边、地区以及多边层面，为国际投资协定体制的改革提出了一整套可供选择的政策方案。其核心是对国际投资协定的相关核心条款、ISDS以及国际投资多边机制等进行改革。有关的政策选择包括：(1) 在确保国家公共政策空间方面，对最惠国待遇、公正公平待遇、间接征收以及其他一些条款（如投资者定义）做出更详细的阐述、界定或限制，或以例外的形式对有关政策领域做出保留。(2) 在改革国际投资争端解决机制方面，在保持ISDS基本框架不变的情况下，对现有争端解决及仲裁机制进行改革，如改进ISDS仲裁程序、限制投资者对该机制不合理的使用、建立常设上诉机制、引入其他争端解决机制等。此外，也可以探索建立新的争端解决机制以取代目前的机制，如建立国际投资法庭或国家间争端解决机制等。(3) 在促进国际投资方面，在国际投资协定中增加吸引外资和对外投资促进条款（包括东道国及母国投资促进条款），或增加缔约方联合促进国际投资的条款（如建立外国投资监察员制度等），以更好地促进外国投资。(4) 在确保负责任投资方面，在国际投资协定中引入投资者责任条款，如要求投资者遵守当地法律以及企业社会责任方面的条款。这有助于改变传统投资协定仅单方面强调对投资者保护的问题。此外，国际投资协定可引入缔约方"不降低有关标准"（如环境、社会标准）以及履行国际通行做法等条款，以确保投资质量。(5) 在加强国际投资体系内部协调性方面，可以利用区域协定等方式对国际投资协定体系进行整合，同时更好地协调国际投资协定与其他国际法以及国际投资协定与国内政策的关系。总体上看，决策者需要在改革以及投资者保护之间寻求适当的平衡。

各国已就改革的必要性建立了共识，确定了改革的领域和方法，审查了各自的国际投资政策以及国际投资协定体系，制定了新的投资协定范本，并开始就签订新的国际投资协定进行谈判。如今，国际投资协定体制改革正在进入第二阶段。在这一阶段，各国将继续签订新的高标准的投资协定，同时也将梳理、修订或重新谈判现有的数量庞大的国际投资协定，提高这些协定的质量和水平。各方将更加重视区域投资政策及规则的协调与整合，着手解决当前国际投资体制日益碎片化的倾向，新一代国际投资规则将逐步形成。

二、国际直接投资规则的类型

（一）多边投资规则

构建一个具有法律约束力的全面的多边国际投资协定，规定国际投资相关的问题，集中协调缔约方之间的投资关系，处理投资争端，是国际社会一直追求的目标。发展中国家的外资立法和政策日趋自由化，对外资的管理态度不同程度地从限制到逐步开放，这为普遍性国际投资规则的产生奠定了一定的国内法基础。众多区域性国际投资条约和双边投资条约不断涌现，其中不少条约确立了高标准的投资保护、投资准入和争端解决规则，这为在未来的普遍性国际投资条约中纳入高标准投资规则创造了先例和积累了经验。

国际投资的发展必然会对国际投资的国际法制提出更高的要求，因为普遍性国际投资实体规则的缺乏会增加投资成本和风险，对资本输入国、资本输出国和国际投资者都不利。但是各国国内立法存在着诸多差异，其相互协同的速度过慢，双边条约仅限于“双边”，在构建国际投资法的普遍规则方面发挥的作用不仅有限，而且耗时费力。WTO 协定附件中的一系列与投资有关的协议要么局限于解决投资自由化的某个方面的问题，要么只是间接地涉及投资自由化。因此，发达国家普遍认为，只有制定一个综合性的和具有普遍约束力的国际投资条约才能适应全球经济一体化的需要。1995 年，经济合作与发展组织启动了建立多边投资协定的谈判，并拿出了一份多边投资协定的草案。但草案迟迟未能获得各国的同意，最重要的原因是发达国家在一系列问题上的立场和观点未能达成一致，而尚待解决的南北矛盾也是多边投资立法进一步向前推进的瓶颈。1998 年，谈判最终宣告终止。

到目前为止，全球范围内仍然没有出现一个全面的实体性的多边投资协定。调整国际投资的普遍性实体法律规范之所以难以确立，主要基于以下三个方面的原因：第一，各国对于什么是管理国际直接投资的最佳方法一直存在着严重分歧。第二，依据习惯国际法，国家有管理外资的排他性权利，一个约束国家外资管辖权的国际条约的产生需要艰苦谈判和尊重各国自愿的原则。第三，南北经济差距的存在和不断扩大，使得两类国家对于普遍性国际投资条约的价值取向、实施条件、规则的制订机构和场所、对外资管辖权进行约束的范围和程度等基本问题存在较大分歧。①

现有的多边投资协定主要集中在一些具体的国际投资法律领域，如《关于解决国家和他国国民之间投资争端公约》《多边投资担保机构公约》《服务贸易总协定》《与贸易有关的投资措施协议》等等。

《关于解决国家和他国国民之间投资争端公约》是由世界银行主持签订的，于1966年10月生效。中国于1993年批准加入该公约。根据公约建立的“解决投资争端国际中心”（ICSID），总部设在华盛顿，专门负责解决东道国和外国投资者之间的投资争端，其宗旨就是提供调解和仲裁的便利。根据《2016年世界投资报告》统计，截至2016年1月1日，公开的ICSID诉讼案件总数已达696起，有107个国家涉及一个或多个ISDS诉讼。2015年，投资者共提起了70起诉讼，是历年来最多的一次，且发达国家作为东道国涉案比例提高，达到了40%。依照公约第十八条规定，ICSID具有完全的国际法上的人格，这意味着其具有缔结合同的能力、取得和处理动产与不动产的能力以及起诉的能力。公约还规定，为了使ICSID能够履行其职责，ICSID及其财产和资产在各缔约国领土内享有豁免权和特权。ICSID管辖适用于缔约国（缔约国向ICSID指定的该国的任何组成部分或机构）和另一缔约国国民之间直接因投资而产生并经双方书面同意提交给中心的任何法律争端。当双方表示同意后，任何一方不得单方面撤销其同意。同时，依照公约第二十六条、第二十七条的规定，ICSID的管辖具有排他性，既排除任何其他救济方法，也排除外交保护。在ICSID管辖范围内，国际投资争端有调解和仲裁两种解决方法。希望采取调解或仲裁程序的缔约国或缔约国国民，应首先向ICSID的秘书长提出书面申请，ICSID会在接受申请后90日内组成调解委员会或仲裁庭进行调解或仲裁。仲裁裁决对双方具有约束力。

---

① 刘笋《从多边投资协议草案看国际投资多边法制的走向》，《比较法研究》2003年第2期。

《多边投资担保机构公约》也是在世界银行的主持下缔结的，于1988年生效。根据该公约成立的“多边投资担保机构”（MIGA），旨在为外国投资者在发展中国家的投资提供政治风险担保，以促进资本的国际流动。中国于1988年加入该公约。根据2016年MIGA的年度报告，2016财政年度，MIGA提供了创纪录的42.58亿美元的新担保，其总担保余额达到了142亿美元。MIGA是世界银行下属的分支机构，同时又是独立法人。这使得它在合格投资项目审查上，很少将政治性作为参考因素，能够突破各国政治利益的局限，更好地为资金的国际性流动创造条件。MIGA主要承保的险别包括货币汇兑险、征收及类似措施险、违约险、战争和内乱险四种险别。此外，应投资者和东道国的联合申请，经董事会特别多数票通过，MIGA的承保范围可以扩大到上述风险以外的其他特定的非商业性风险。MIGA为国际投资的政治风险提供了安全保障，特别是为那些尚未建立海外投资担保机构的资本输出国（主要是发展中国家）提供了海外投资担保的便利和保障机制，同时对其他投资担保机构的业务起到了补充作用，有效地弥补了各国和区域性海外投资保险机构的不足。

《服务贸易总协定》首次将服务贸易纳入世界多边贸易体制中，包括除政府服务采购外的所有服务贸易。国际服务贸易的方式包括跨境交付、境外消费、自然人流动和商业存在，其中商业存在实际上就是一种经由在东道国设立外商投资企业或分支机构的方式向当地提供服务的一种国际服务贸易方式。虽然商业存在较双边投资保护协定及一些区域自由贸易协定中以“资产”为基础界定的“投资”定义狭窄，但它揭示了服务贸易与国际投资的密切关系，因此，《服务贸易总协定》也可以看作是一个有关服务业跨国投资的专门性多边投资协定。一般认为，GATS中与国际投资关系最为密切的规定是其第三部分中关于市场准入（第十六条）和国民待遇（第十七条）的规定。市场准入问题是指是否允许外国服务或服务提供者进入本国市场，这一问题从国际投资法上看，实际上是一国的服务业或服务市场领域是否对外开放问题。依据GATS第十六条规定，在市场准入方面，每一个成员对任何其他成员的服务和服务提供者给予的待遇不得低于其在具体承诺减让表中所同意和列明的条款、限制和条件。同时，对于做出市场准入承诺的服务部门，除非在减让表中已做例外规定，否则不得在其某一地区或其全部领土内维持或采取六种限制性措施。这六种限制措施中的前四种主要是关于数量限制的措施，与国际投资关系不大，后两种则与国际投资密切相关，即：（1）限制或要求服务提供者通过特定的法人实体或合营企业才可提供服务；（2）对参加的外国资本限定其最高持股比例或对个人的或累计的外国资本投资额予以限制。从以上规定可以看出，GATS 第十六条并未对市场准入给予定义，而是采用了肯定式清单（具体减让表）与否定式清单（限制措施的禁止）相结合的灵活解决方法，从而更好地协调了发达国家与发展中国家的利益。关于国民待遇，GATS 第十七条第一款规定，对于列入具体承诺减让表的部门，在遵守其中所列任何条件和资格的前提下，每一缔约方在影响服务提供的所有措施方面给予任何其他方的服务和服务提供者的待遇，不得低于其给予本国同类服务和服务提供者的待遇。第二、三款进一步规定：一缔约方可通过对任何其他方的服务或服务提供者给予与其本国同类服务或服务提供者的待遇形式上相同或不同的待遇，满足第五款的要求。如形式上相同或不同的待遇改变竞争条件，与任何其他缔约方的同类服务或服务提供者相比，有利于该缔约方的服务或服务提供者，则此类待遇应被视为较为不利的待遇。由此可知，GATS 规定的国民待遇是一种有限制的国民待遇，仅适用于具体承诺减让表的部门，而不是普遍适用于所有服务或服务提供者。并且，国民待遇仅涉及外国服务进入后的待遇。因此，商业存在服务的待遇实质上就是对外国直接投资的待遇。

《与贸易有关的投资措施协议》的宗旨在于促进投资的自由化，制定避免对贸易造成不利影响的规则，促进世界贸易的扩大和逐步自由化，并便利国际投资，以便在确保自由竞争的同时，提高所有贸易伙伴，尤其是发展中国家成员的经济增长水平。它的附件为解释性清单，采用概括性与列举性相结合的方法，列举了与 GATT1994 第三条第四款和第十一条第一款不符的五项措施。尽管《与贸易有关的投资措施协议》将特定范围的投资规范纳入新的多边贸易法律之中，但严格地说，它并不是一部纯粹的投资协议，其性质介于投资与贸易之间。它是多边贸易谈判的产物，其目的在于规范与贸易有关的投资措施，以维护与促进贸易的自由化。它的适用范围仅限于与贸易有关的特定投资措施，相当一部分投资领域的重大法律问题并未涉及，也没有涉及与服务贸易有关的投资措施，更未触及会对贸易产生重大扭曲作用的限制性商业惯例。它所利用的管制手段也都是国民待遇、禁止数量限制、透明度等处理国际贸易关系的法律原则。在世界贸易组织法律体系中，《与贸易有关的投资措施协议》与 GATT1994 是两个平行的法律文件，两者之间并无隶属关系，但从渊源上讲，前者源于后者，并以后者为其母体。《与贸易有关的投资措施协议》将 GATT1994 的一些原则融入其条文中，并在一些条文中直接指明适用后者的相关条文，可以说《与贸易有关的投资措施协议》无法脱离 GATT1994 而单独发挥作用。作为各缔约方相互妥协的产物，《与贸易有关的投资措施协议》对一些矛盾尖锐、难以协调的敏感问题采取回避的方法，使得一些重要条款含义模糊、过于抽象，以至连其所规范的“与贸易有关的投资措施”本身都没有一个明确的定义，对于诸如怎样才算对贸易造成“限制”“扭曲”，怎样才称得上具有“损害作用”等敏感问题没有进行必要的解释，这使它缺乏应有的可操作性，在实践中难以执行，并留下了不少隐患。为缓和各缔约方的矛盾，该协议在规定国民待遇、取消数量限制及透明度要求等原则的同时，又制定了较多的例外规定，使协议中存在较多的灰色区域，这为一些缔约方滥用例外规定、逃避履行协议义务提供了可乘之机。该协议没能改变大国主宰一切的局面，对发展中国家具有较大的负面影响。①

（二）双边投资规则

作为调整国际投资关系最重要的国际法渊源，双边投资协定经历了相对漫长的发展过程。其最早可以追溯到 18 世纪末美国、日本以及其他一些国家签订的友好通商航海条约。这类条约是在相互友好的政治前提下针对通商航海等事宜全面规定两国间经济、贸易关系的一种贸易条约，用于确立两国间

① 丁伟《〈与贸易有关的投资措施协议〉评介》，《华东政法大学学报》1999 年第 2 期。

的友好关系和商务交往关系，消除缔约国之间有关国际商品和资本流通的种种限制性的规定以及对外国人的歧视性待遇。因而它涉及的内容非常广泛，包括外国人的出入境、居留、诉讼、财产的取得和使用、公司的设立和经营、外汇与关税及行政管理、船舶和航运待遇等，相关规定也较为抽象和原则，其重点在于保护商人而不是投资者。所以在对国际投资的法律保护上，此类条约存在着明显的缺陷：它重在确立国家间的政治友好关系，并不是以保护国际投资为首要内容；所涉内容宽泛，只能是宣言式的，不能预先创设有利于外国投资的法律环境；一些内容较为滞后，不能适应跨国公司兴起以及跨国投资发展的需要。因此，20 世纪六七十年代之后，西方国家不再对外推行友好通商航海条约。

二战后，为了实施复兴欧洲经济的马歇尔计划，美国率先启动了海外投资保险制度，其他国家纷纷效仿。为配合投资保险制度的实施，以美国为代表的一些国家开始大量签订投资保证协定，重点在于对国际投资活动中的政治风险提供保证，特别是与本国的海外投资保险制度相结合，为其提供国际法上的前提和保障。这类协定又被称为美式投资协定，它的内容主要是程序性的，包括：（1）承保范围。规定能够获得政府保证的政治风险的类别，通常是指与缔约国一方国内法所批准的投资活动相关的、由缔约国他方的海外投资保险机构所承保的政治风险。（2）代位求偿权。缔约一方的海外投资保险机构根据承保合同向投资者支付政治风险损失赔偿后，有权取代该投资者的地位并获得相应的所有权和请求权，实行代位求偿。（3）争端的解决。规定缔约国之间因条约的解释、履行产生争议的解决途径和程序等。

1959 年，联邦德国与巴基斯坦和多米尼加签订了最早的两个双边投资保护协定，20 世纪 60 年代以后，瑞士、英国、法国、荷兰、比利时等国也相继签订了类似的条约。这些条约既包含了友好通商航海条约的某些条款，也包含了美式投资保证协定的某些内容，具有更强的技术性和非政治性，因而也更容易被发展中国家所接受，因其最初起源于德国，所以又被称为德式投资协定。最初，双边投资保护协定只涵盖跨国投资的保护问题，如受保护的外国投资、外国投资者以及外国投资的地域、外资准入、外资待遇标准、外资本金和收益的汇兑、征收和国有化以及类似措施的保证、特许协议的效力、战乱的损害赔偿、代位求偿以及投资争端的解决等。近年来，双边投资保护协定涉及的领域有进一步扩大的趋势，主要是增加了放松外资准入、消除限制性投资措施等有关投资自由化的内容。20世纪80年代以来，为了发展民族经济，许多发展中国家利用外资的政策发生了改变，由原来的限制外资逐步转向鼓励吸收外资，这就要求加强对外资的法律保护，从而使双边投资保护协定的数量猛增。2015年，全球国际投资协定总数达到了3304项，其中绝大多数都属于双边投资协定。

（三）区域性投资规则

区域投资协定指的是区域性国际组织框架内的以协调缔约国间的投资活动为目的的多边投资条约，它是随着区域一体化的兴起和不断深入而出现的。区域经济一体化，是世界经济不断发展的方向，是壮大经济的必经之路，发展中国家和发达国家都踊跃地加入到了一体化发展的行列中。区域经济一体化是经济全球化进程的过渡阶段，也是经济全球化的结果。与没有进行合作的成员比较，区域合作的成员之间享受着巨大的优惠。区域贸易的形成与深化，促进了区域间的贸易和投资合作；区域合作的加强，在另一方面也促进了经济全球化。

它主要包括两种表现形式：第一种是专门调整区域性国际直接投资关系的协议，如中国、日本、韩国于2012年签署的《中华人民共和国政府、日本国政府及大韩民国政府关于促进、便利及保护投资的协定》以及中国与东南亚国家联盟于2009年签署的《中国-东盟全面经济合作框架协议投资协议》。第二种是贸易协定或经济合作协议中包含的投资条款，中国近年来与新西兰、智利、秘鲁等国签署的自由贸易协定中都以专章的形式对国际投资进行了规定，将投资和贸易、劳工、环境保护等问题联系起来处理。此外，还有涉及一般性投资原则的区域性国际文件，包括各种地区性或非全球性组织所做出的声明、文件、原则，乃至草案。它们虽然没有法律约束力甚至停留在起草阶段，但对于区域层面外国直接投资立法具有重要推动作用。亚太经合组织的《非约束性投资原则》即是其中的典型。该投资原则于1994年通过，涉及内容非常广泛，包括透明度、非歧视原则、国民待遇、投资鼓励措施、履行要求、征收和赔偿、资本和利润的汇出和可兑换、争议解决、人员的进入和逗留、避免双重征税、投资者的行为以及清除对资本输出的障碍等。该原则遵循了“开放的地区主义”的精神，体现了全面执行乌拉圭回合《与贸易有关的投资措施协议》的要求，并且与亚太经合组织经济体适用的双边、多边及其他国际协定相一致，但其内容与其他投资规则相比并不是那么具体和严格，仅仅带有建议性和指导性，主要靠各成员自愿遵守和执行。

区域投资协定比双边投资协定有着更高的追求目标。如果说双边投资协定主要是为了保护在东道国的外国直接投资并且给予投资非歧视性待遇，那么区域投资协定除了实现这些目标以外还将消除外国直接投资准入和开业所受到的限制，以及将国民待遇原则延伸到外国直接投资准入和开业阶段作为其最终所要追求的重要目标。区域投资协定有着更加广泛的调整范围，它不仅包含了双边投资协定的基本内容，还广泛涉及技术转让、竞争、环境保护、劳工关系和就业等问题。然而，区域投资协定与双边投资协定相比，虽然在一定程度上能减少不同双边投资协定的冲突，促进双边投资协定的相互协同，促进区域经济一体化的进程，但是区域投资协定仍然局限于区域内的有限范围，缔约国有限，影响范围有限，要真正适应全球经济一体化的要求，仍然需要出台一个综合性、全面的国际多边投资协定。而且，由于不同地区的区域投资协定没有遵循一个统一的模式，因而区域投资协定呈现出来的种种差异不能完全消除双边投资协定所具有的局限性。作为投资者一方，他们还需要适应不同地区事实上存在的有关投资的不同规定，难以减少在投资准入、开业和经营过程中的实际成本投入。而作为东道国一方，因为各区域间经济社会文化发展差异造成的在投资规则上的不统一，它们也会继续维持一种无序竞争状态以吸引外国直接投资。此外，大部分的区域投资协定是在自由化程度较高的发达国家的主导下制订的，其标准更多的是以发达国家之间的国际投资状况为参考。发展中国家签订的区域投资协定的数量非常有限。

晚近的区域投资规则在走向自由化的同时，并没有充分考虑发展中国家成员的利益，总体上偏向于保护投资者而忽视对东道国外资管辖权应有的尊重。不过总的来说，区域投资规则对推动多边投资规则的形成具有积极的意义。首先，区域投资规则可以促进区域内成员方国内投资立法的趋同。成员方必须针对区域投资规则的要求，对国内投资立法做出相应的补充、修改与废止，以履行国际义务。同时，区域投资规则也为区域内成员间双边投资协定的签订提供了范例，一定程度上能够减少不同双边投资协定间的差异。投资法由最初的国内单边调整，到网状发展的双边调整，再过渡到区域性的多边调整，最终实现世界性的多边调整，这是符合投资领域国际法制建设的发展规律的。其次，区域投资规则可以为多边投资规则的制定积累经验。制定多边投资规则的一大难点在于如何在反映国际投资自由化要求的同时，又实现对各国利益的协调。南北双方在多大程度上能做出妥协、达成共识是制定多边投资规则的关键。区域投资规则的形成可以成为未来多边投资立法的实验场，其投资条款谈判过程中所遇到的问题、解决的问题，以及解决问题所使用的方法都能够成为未来发展中国家与发达国家多边立法谈判的重要参照物，其立法实践能从正反两方面为未来多边投资立法提供难得的经验和教训。①

三、国际直接投资规则的功能

国际投资协定主要的功能在于对投资者的海外投资提供保护。二战前，国际投资唯一的外在保护是国际习惯法，它规定东道国有义务按照一套设定的国际标准对待跨国投资。但这种保护被证明是不充分的，因为这套国际标准具有不确定性，往往会引起争议，一些发展中国家在对待跨国投资时也达不到国际标准的要求。而缔结国际协定将习惯法上的义务确定下来，具有了更强的约束力，如果违反将直接承担国际义务和责任，从而形成了一定的威慑。相对于在多方主体之间谋求平衡的多边投资协定来说，构成当今国际投资法律体系网络的双边投资协定因其缔约国只有两方，从而更易于在平等互

---

① 郭鸣《区域投资规则若干法律问题研究》，武汉大学硕士论文，2004年。

利的基础上顾及双方国家的利益而达成一致，因而成为保护投资的最为重要的国际法制度。实践中，一些国家没有统一的外资立法，对东道国和投资国的权利和义务的调整是通过散落的法律法规来实现的，在有关外资待遇、外资征收及国有化问题上规定得较为模糊，甚至没有规定，使投资者对投资环境产生疑虑，甚至打消了前去投资的念头；而国际投资规则的存在既可以加强或保证国内法的效力，也可以弥补国内法的不足，从而与国内投资法相辅相成，共同为东道国创设良好的投资环境。很多国际投资协定中规定，缔约任何一方应恪守就缔约另一方投资者在其境内投资所做的承诺，这一“保护伞”条款把外国投资者从东道国政府那里得到的承诺置于国际投资协定的保护之下，一旦东道国违反承诺，不仅要承担合同项下的违约责任，更有可能被追究因协定而承担的国际义务。从投资仲裁庭的实践来看，这一条款的存在有利于保护投资者的利益，同时也大大增加了东道国的被诉风险。

保护投资的目的还是在于吸引和促进更多的外国投资。投资协定可以为投资者提供一个明确、稳定和透明的投资法律框架，即使发生争端，投资者也可绕过东道国而直接寻求国际救济，因此理论上来说投资协定保护功能的增强会促进外国投资规模增长。研究者们对这一问题给予了较多的关注。较早的研究并不认为投资协定对缔约国间的投资流动存在积极的作用。Hallward Driemeier 利用 1980—2000 年间 20 个 OECD（经济合作与发展组织）国家流向 31 个发展中国家的 FDI 数据检验了双边投资协定对 FDI 流动的影响，结果显示双边投资协定几乎没有对发展中国家吸引 FDI 产生影响，同时还发现双边投资协定与东道国的制度环境是补充关系而不是替代关系。最近的一些研究开始越来越多地支持双边投资协定对 FDI 流动具有显著积极的影响。Busse 等利用 1978—2004 年 83 个发展中国家吸引来自 28 个发达国家 FDI 的流量数据检验了双边投资协定对发展中国家吸引 FDI 的影响，结果表明双边投资协定对发展中国家吸引 FDI 有着显著积极的影响，同时还发现双边投资协定与东道国的制度环境是替代关系。Montero-Castaño A 和 M Vilà 在对双边投资协定对跨国投资影响进行理论分析的基础上，利用德国海外企业的有关数据从微观的角度考察了双边投资协定对海外投资的影响，结果发现，双边投资协定对缔约国的海外投资有着显著且积极的影响。太平、刘宏兵以引力模型为基础，利用1990—2011年40个与中国签订双边投资协定国家的面板数据，实证检验了双边投资协定对中国吸引外资的影响，结果表明双边投资协定对中国吸引外资有着显著积极的影响，同时研究还发现中国与发达国家签订的双边投资协定对中国吸引外资的促进效果更好。① 宗芳宇等基于中国上市公司2003—2009年对外直接投资的数据分析了双边投资协定对中国企业海外直接投资活动的影响，结果显示：双边投资协定能够促进中国企业到缔约国投资，而且双边投资协定能够替补东道国对中国企业海外投资保护的制度缺位，这种作用在制度环境较差的东道国更加明显。② 邓新明、许洋以2003—2012年中国对71个国家（地区）的对外直接投资面板数据为基础考察了双边投资协定对中国对外直接投资的影响，结果发现：当东道国制度质量在门槛值以下时，双边投资协定的促进作用是显著的；当东道国的制度质量跨越门槛值之后，双边投资协定的促进作用变得不显著。③ 当然，也有一些学者研究认为双边投资协定对中国对外直接投资没有产生明显影响。董有德、赵星星以跨国公司知识-资本模型为基础，利用2003—2011年71个国家的相关面板数据检验了双边投资协定对中国对外直接投资的影响，结果发现双边投资协定并没有对中国对外直接投资产生显著影响。④ 杨宏恩等考虑到投资条约之间存在的异质性，即不同缔约国缔结的双边投资协定的文本内容不同以及不同时期缔结的双边投资协定的文本内容不同，对中国与109个国家在2003—2013年的相关双边数据，以投资协定异质性为视角，通过实证模型研究了双边投资协定对中国对外直接投资的影响，发现中国与发达国家缔结

---

① 太平、刘宏兵《签订双边投资协定对中国吸收FDI影响的实证分析》，《对外经济贸易大学学报》2014年第4期。

② 宗芳宇、路江涌、武常岐《双边投资协定、制度环境和企业对外直接投资区位选择》，《经济研究》2012年第5期。

③ 邓新明、许洋《双边投资协定对中国对外直接投资的影响——基于制度环境门槛效应的分析》，《世界经济研究》2015年第3期。

④ 董有德、赵星星《自由贸易协定能够促进我国企业的对外直接投资吗——基于跨国公司知识-资本模型的经验研究》，《国际经贸探索》2014年第3期。

的双边投资协定对中国对发达国家的投资的影响不明显，而中国与发展中国家缔结的双边投资协定对中国对发展中国家的投资却有着显著的积极影响。中国缔结的双边投资协定没有对作为投资东道国的发达国家的制度环境产生显著影响，对作为投资东道国的发展中国家的制度环境具有显著的替代作用，其中的重要原因是，发达国家国内制度环境相对完善，双边投资协定发挥作用的空间较小，而发展中国家国内制度环境较差，双边投资协定可以很好弥补东道国的制度缺陷，在很大程度上发挥保护进而激励外资企业投资的作用。发展中国家与发达国家之间缔结双边投资协定能够明显促进发达国家对发展中国家的投资，却难以促进发展中国家对发达国家的投资。发达国家的跨国公司对发展中国家投资最需要的是利益保护，发展中国家的跨国公司对发达国家投资最需要的是准入便利。因而，为了促进发展中国家对发达国家的投资，就要改变发达国家对外资的准入限制，尤其是隐性限制。①

四、国际直接投资规则的内容

（一）受保护的投资和投资者

国际投资协定中规定了各种促进和保护投资的实体性条款和程序性条款，而这些条款无不以对“投资”的定义作为中心和出发点。对“投资”的定义反映了资本输出国和资本输入国希望保护和限制的资本流动的种类和范围，也决定了投资者可以在多大程度上受到协定的保护。此外，根据《关于解决国家和他国国民之间投资争端公约》第二十五条第一款的规定，只有“直接因投资产生的法律争端”才可以提交到解决投资争端国际中心进行裁决，因此判断一项交易是否属于“投资”对于投资者和东道国来说具有重要的意义。

在缔约实践中，基于“财产”的定义模式较多地为世界各国所采用。这种模式将“投资”定义为一方投资者在另一方领土内所投入的“各种财产”，

① 杨宏恩、孟庆强、王晶等《双边投资协定对中国对外直接投资的影响：基于投资协定异质性的视角》，《管理世界》2016 年第 4 期。

并以“包括但不限于”的方式尽可能进行列举。如 2009 年中国和马耳他双边投资协定中规定：“投资一词系指缔约一方投资者依照缔约另一方的法律和法规在缔约另一方领土内所投入的各种财产，包括但不限于：（一）动产、不动产及抵押、优先受偿权、用益物权、保证或质押等类似权利；（二）公司的股份、债券、股票或其他形式的参股；（三）金钱请求权或任何其他与投资相关的具有经济价值的履行请求权；（四）知识产权，特别是著作权、专利、商标、商号、工艺流程、专有技术和商誉以及其他类似权利；（五）法律或法律允许依合同授予的特许经营权或商业特许权，包括勘探、耕作、提炼或开发自然资源的特许权。作为投资的财产发生任何符合投资所在的缔约方的法律法规的形式上的变化，不影响其作为投资的性质。”某些国际投资协定还以企业为基础对“投资”进行定义。当投资协定中规定了准入阶段的待遇和保护时，这样的定义模式较为有利，因为企业的设立并不仅仅是资产如货物或服务的交易，还包括了其他众多的行为。此外，东道国的法律法规很多都是针对“企业”进行规定的，在投资协定中以企业为基础对投资进行定义，也有利于国内法规的实施和适用。最后，以企业为基础对投资进行定义，使投资者在利益受到侵害时不仅可以自己的名义提出诉求，也可以企业的名义主张利益，而这可能会对损害赔偿的数额产生一定的影响。例如墨西哥双边投资协定范本规定：“投资一词指：（a）企业；（b）企业股票；（c）企业债券，其条件是该企业是投资者的附属机构或该债券最初到期日为三年以上，但不包括缔约方或国营企业的债券，无论其最初到期日如何；（d）对企业的贷款，其条件是该企业是投资者的附属机构或该债券最初到期日为三年以上，但不包括对缔约方或国营企业的贷款，无论其最初到期日如何；（e）使所有人能分享企业收益的企业股权；（f）使所有人能分享企业终止时不属第（c）或（d）项的债务担保或贷款的资产；（g）用于经济利益或其他商业目的的或为此预期而取得的不动产或其他财产，有形或无形的资产；（h）在缔约一方领土的资本承诺或其他资源对该领土经济活动产生的利益，如根据涉及在该缔约方领土的投资者资产投入的合同，或酬金实质上取决于企业的生产、收入或利润的合同。”

各国签订国际投资协定一般基于两项假设，即外国投资有助于促进经济发展以及良好的立法有助于吸引和鼓励外国投资。因此大多数的国际投资协定都采用了较为宽泛的投资定义，从而尽可能地为投资者提供便利和保护。但是过度的自由反而可能产生负面的影响，过于开放的投资定义增加了东道国被诉的风险，加重了它的负担，并进而会影响东道国经济的发展。从近几年投资协定的缔约趋势来看，基于财产和企业的混合定义模式正被越来越多地接受，2012 年美国投资协定范本和欧盟加拿大经济贸易协定是其中典型的代表。2012 年美国投资协定范本中的“投资”指的是投资者直接或间接地所有或控制的具有投资特征的每一项财产。这些特征包括资本或其他资源的投入、获得收入或利润的期望以及对风险的承担。投资的形式包括：(a) 企业；(b) 企业的股份、股票或其他形式的股权参与；(c) 债券、无担保债券，其他债务凭证和贷款；(d) 期货、期权和其他衍生品；(e) 交钥匙合同、建筑建设工程合同、管理合同、生产合同、特许权合同、收入分成合同和其他类似合同；(f) 知识产权；(g) 根据国内相关法律授予的执照、授权、许可及类似的权利；(h) 其他有形或无形的动产或不动产，以及相关的权利，如租赁、抵押、留置和质押。从该定义可以看出，美国对投资的定义附加了两项额外的要素。第一个要素是该财产由投资者“直接或间接”地所有或控制，这大幅度地扩张了协定所包含的投资范围，根据这样的规定，投资者通过股权安排等方法进行的交易也有可能被认定为投资；第二个要素是要求投资必须具有投资特征，这些特征包括投资者的投入、获得利益的期望以及对风险的承担等。该范本所定义的“投资”较为全面地覆盖了所有的投资类型，同时也以封闭清单的模式囊括了所有它承认的具体的投资类型，在提供开放性的同时也确保了稳定性，很有可能会引领未来投资协定中投资定义的发展趋势。

多数投资协定对“投资者”的定义都是相同的，它指的是：(1) 根据缔约国的有关法律被认定为本国公民的自然人。(2) 根据缔约国法律组建或组织、在该缔约国有办公场所并从事实际经济活动的法人实体，其中包括有限公司、股份公司、商业协会以及其他组织等。(3) 根据一国法律组建，并直接或间接由缔约国公民或者在该缔约国有办公场所并从事实际经济活动的法人实体控制的法人实体。大部分投资协定对“自然人”和“法人实体”这两种投资者进行了区分。“自然人”是指直接投资成立私人企业或者在东道国募集投资资本的个人。有些投资协定还进一步涵盖了在有关缔约国具有永久居留权或住所的个人，但是这种情况并不普遍。投资协定中所指的“法人实体”包括各种形式的公司。大部分协定都涉及各种形式的公司，而“公司”是指根据有关法律组建或组织的实体，无论其组建目的是否为盈利，由私人还是政府拥有或控制。公司包括股份公司、信托公司、合伙企业、个人独资、分支机构、合资企业、协会或其他组织。某个公司要被缔约国承认的最基本的条件是，该公司是根据其母国法律组建而成的，母国为协定缔约国。这就在公司和投资协定的某一缔约国之间建立了直接联系。在一些协定中，具备这个条件就足够了。但在瑞士的投资协定范本和其他一些投资协定中，公司还必须把总部设在该国并实际从事经济活动。该条件的设定是为了至少能在某种程度上防止公司为了从协定条款中受益而在缔约国设立一个简单的皮包公司。①

国别及国际投资政策经常需要区别对待内资企业与外资企业，以及来自不同国家的外资企业。其中最常见的情况包括：对外资企业的准入限制以及最大持股权的限制，对外资企业经营活动的限制及业绩要求，投资鼓励措施以及投资者保护。出台这些政策措施基本出于以下目的：国家安全的考虑，保护本土资产特别是战略资产，促进产业发展及公平竞争，社会、文化及政治考虑，以及区域一体化政策需要等。在国家政策层面，限制外资企业的最大持股权的投资政策相当普遍。80％的国家至少在一个产业对外资设有股权限制（发达国家为90％，发展中国家为76％）。总体而言，服务业，特别是传媒、交通运输、通信、公共设施、金融以及商业服务业，对外资的股权限制相对更多，采矿业以及农业也往往对外资的所有权设限。在国际投资政策

① 詹晓宁、葛顺奇《国际投资协定：“投资”和“投资者”的范围与定义》，《国际经济合作》2003年第1期。

层面，双边及区域投资协定一般都对来自协定成员方及非协定成员方的企业区别对待，换言之，协定在投资者保护及其他方面提供的优惠理论上仅限于协定成员方企业。但在国际投资所有权结构日益复杂、投资者“国籍”日益模糊，以及所有权和控制权背离更加普遍的情况下，以上政策和法规（包括对外资的所有权限制）在执行和操作中的效果大打折扣。

联合国贸发组织全球跨国企业海外分支机构数据库的数据显示，全球跨国企业超过40%的海外分支机构是由其母公司（最终所有人）通过复杂的跨境股权结构所持有，贸发组织跨国经营指数排名前100位的大型跨国企业在50多个国家拥有500多家分支机构，内部所有权架构平均多达7个层级，平均每家在离岸金融及投资中心拥有近70个实体。在复杂的所有权结构下，外资企业直接所有者与最终所有者的国籍可能不同。首先，约30%的外资子公司或分支机构由跨国公司通过东道国当地子公司间接持有。其次，超过10%的分支机构由跨国公司在第三国的子公司持有，即经过第三国的中转投资。最后，约1%的“外资企业”实际上最终由本国实体所有，即本国公司通过海外子公司以“外资”的形式在本国设立子公司，也就是所谓的返程投资。跨国企业通过冗长复杂的跨境所有权链条、第三地控股以及交叉持股、循环持股等手段，可以用远低于50%的少数股权控制海外实体，形成“事实上的控制”。在大多数情况下，跨国公司内部股权结构是在企业发展的过程中，随着业务的扩大自然形成的。但在某些情况下，跨国企业内部复杂的股权结构也可能是企业有意识地设计的结果，其中最为常见的是出于企业治理和风险管理的需要，以及海外上市、融资、税收及其他政策的考虑。还有一些跨国企业通过第三地特别是离岸金融、投资中心进行海外投资和返程投资，以实现避税的目的。无论跨国企业复杂的所有权结构的形成是出于何种原因，这一现象对国内及国际投资政策以及外资监管都提出了挑战。在外国投资者“国籍”日益模糊的情况下，很多基于企业所有权的措施（如对外资企业的准入限制以及最大持股权的限制，对外资企业经营活动的限制以及投资鼓励措施等）的执行难度加大、成本上升。而跨国企业通过第三国间接持股的模式及壳公司进行海外投资，可能扩大国际投资协定的覆盖范围。例如，2010年至

2015 年公布的投资者-国家争端案件中，约 30％的案件都是由非协定成员方最终所有者通过其设在某一协定成员方的实体提出。此外，在大约四分之一的争端案件中，申诉一方在协定成员方并无实质性经营活动。

针对上述挑战，联合国贸发组织建议采取以下措施加以应对：一是提高信息披露要求，更好地掌握投资的最终所有者。二是重新评估基于所有权的国内及国际投资政策的作用及效果，在可行的情况下可考虑使用其他政策，如竞争、税收、产业发展政策等，代替对外资企业股权进行限制的政策。三是在国际投资协定中引入新的条款，如“利益拒绝条款”“实质性商业活动条款”等，防止外国投资者利用壳公司或复杂的所有权结构滥用国际协定给予外国投资者的权利。此外，也可考虑在协定中收紧对外国投资及外国投资者的定义。四是加强国际协调，特别是在有关“实际控制”、构成实质性商业活动的标准等问题上形成共识，并在甄别投资最终所有者等问题上加强合作。同时，加强对投资、税收政策等方面的协调，鼓励并推动跨国企业采取更简单、透明的所有权结构。无论最终采取什么政策手段，投资政策决策者都需要在投资自由化及监管之间寻求适度平衡。①

（二）投资和投资者的待遇

国际投资法上给予投资和投资者的待遇一般包括最惠国待遇、国民待遇以及公平公正待遇。

“最惠国待遇”的萌芽产生于 13 世纪，1226 年神圣罗马帝国皇帝腓特烈二世在其缔结的一项条约中最早使用了具有最惠国待遇性质的条款，将原先给予比萨、热内亚的权利同样给予马赛市。这也许可以认为是最惠国待遇的雏形，体现了城邦经济交往中的“机会均等”，其适用范围也仅限于贸易领域。随着各国商贸往来不断加强，至 15、16 世纪，最惠国待遇条款已频繁出现在有关商贸交往的国际条约中，但此时的最惠国待遇条款中所指的“最惠”待遇只限于给予与该条款中明文规定的若干国家的待遇相同的待遇。到 17 世

① 钱志清、许娜《全球直接投资趋势及投资者“国籍”带来的政策挑战——解读联合国贸发组织〈2016 年世界投资报告〉》，《国际经济合作》2016 年第 7 期。

纪，现代意义上的最惠国待遇条款真正形成，其标准开始指称与授予国给予任何第三国的待遇相同的待遇。最惠国待遇条款作为维护各国商人在东道国市场公平竞争的法律手段，经过几个世纪的发展，其适用范围业已从国际贸易领域扩展至国际投资领域。最惠国待遇条款在国际投资领域的应用，为促进外国投资者间的公平竞争，创造良好的外商投资法律环境做出了贡献。在现代国际投资实践中，东道国为了吸引更多的外资，发展本国经济，通常会在签订双边投资协定的时候承诺缔约方将会遵守其对另一缔约方国民或公司所做出的任何承诺。相对弱势一方的投资者，就会利用双边投资协定中的相关条款将争端尽可能国际化，而双边投资协定中的最惠国待遇条款为投资者将争端国际化提供了一种可能路径。2000 年的墨菲兹尼诉西班牙案让人们开始思考：最惠国待遇条款是否可以适用于程序问题，尤其是争端解决程序。在实践中，不同的投资争端仲裁庭给出了不同的回答。墨菲兹尼诉西班牙案中，仲裁庭认为："尽管事实上基础条约没有明确表明争端解决在最惠国条款的适用范围之内，但是争端解决安排与对外国投资者的保护之间，有解不开的关联，如果第三方条约中包含的争端解决条款对外国投资者权益的保护，比基础条约的规定更为有利，那么此类条款的适用可及于最惠国条款的受益者。"从而开启了将最惠国待遇适用于程序性问题的先河。随后的西门子诉阿根廷案的裁决也重申了这一点。但普拉玛诉保加利亚案的裁决却给出了相反的结论，仲裁庭认为："基础条约中最惠国条款的适用，不应全部或部分地涉及另一条约中有关争端解决的程序性问题，除非基础条约中的最惠国条款明确表示其缔约双方有此种意图。"最惠国待遇条款的扩展适用，使东道国陷入了一种不利的境地，因为投资者可以将母国与东道国之间的投资协定与第三方协定混合搭配，避免其中对己不利的地方，仅选用有利于自己的部分，从而给东道国带来极大的不确定性，并面临着承担更高义务的风险。① 有鉴于此，越来越多的国家选择在条约中明文对此进行规定，如英国投资协定范本

① 刘颖、封筠《国际投资争端中最惠国待遇条款适用范围的扩展——由实体性问题向程序性问题的转变》，《法学评论》2013 年第 4 期。

中明确表明可以将最惠国待遇条款适用于争端解决机制，而美国投资协定范本则做出了相反的规定。

最惠国待遇从来不是绝对的，作为一项外资待遇原则，它存在着各种各样的例外，主要包括：(1) 公共秩序例外。缔约一方基于维护本国国家安全、公共秩序、国民健康和道德的需要，可以不对缔约另一方投资者的投资实行最惠国待遇。(2) 关联国家例外。缔约一方给予关联国家的优惠待遇不得视为违反对缔约另一方投资者的最惠国待遇，所谓的关联国家通常指的是关税同盟、经济同盟、共同市场等。(3) 双重征税协定例外。不少国际投资协定规定，给予最惠国待遇并不阻止缔约一方根据避免双重征税协定以及其他有关税收问题的协议，而给予第三国投资者特殊的优惠。(4) 知识产权条约例外。一些国际投资协定规定，给予最惠国待遇并不阻止缔约一方根据有关国际知识产权条约的规定给予第三国投资者更高的保护。(5) 同类协定的例外。在最惠国待遇下，缔约一方投资者得到的不是不低于缔约另一方给予所有第三国投资者的待遇，而只是不低于同该缔约国另一方订有同类协定的第三国投资者所享有的待遇。

国民待遇指的是东道国对外国投资者实行的待遇不低于其已给予或将给予本国投资者的待遇。1804 年公布施行的《法国民法典》第十一条规定："外国人，如其本国和法国订有条约允许法国人在其国内享有某些民事权利者，在法国也享有同样的民事权利。"自此以后，国民待遇逐渐被引入一些双边协定，成为国与国之间在贸易往来中彼此给予对方相应待遇的基本条款。20 世纪 30 年代，美国与数十个国家签订了友好通商航海条约，国民待遇是其中的必备条款。这些双边协定为日后布雷顿森林体系的建立奠定了广泛的社会基础，国民待遇也成为影响至今的多边贸易体制的基石。随着经济全球化的推进，国民待遇由贸易领域延伸至投资领域，从晚近开始被广泛纳入双边投资保护协定之中，成为投资自由化规则的核心内容。① 国民待遇和最惠国待遇是

① 胡加祥《国际投资准入前国民待遇法律问题探析——兼论上海自贸区负面清单》，《上海交通大学学报》(哲学社会科学版) 2014 年第 1 期。

相互联系的两项外资待遇标准，首先，它们都是相对待遇标准，即外国投资者实际得到的待遇水平分别取决于东道国给予本国投资者和第三国投资者的待遇水平；其次，在国际投资条约中，国民待遇标准和最惠国待遇标准往往一同加以规定，并以更为优惠者为准。

国民待遇在外国投资领域主要体现在“准入”和“营运”两个阶段。准入阶段的国民待遇指的是在企业设立、取得、扩大等阶段给予外国投资者及其投资不低于本国投资者及其投资的待遇，即给予外资和内资包括“准入权”和“设业权”在内的国民待遇。当然，这并不意味外资与内资在准入领域没有任何区别。任何一个国家都会在给予准入前国民待遇的同时，公布一份限制外资准入的清单，只有在这份清单列举的领域之外，外资才与内资享有同等的准入权，这份清单被称为“负面清单”。“准入前国民待遇＋负面清单”模式最早是在《北美自由贸易协定》中提出的，凡是针对贸易、投资的与国民待遇、最惠国待遇不符的管理措施、业绩要求、高管要求等方面的管理措施均以清单方式明确列出。目前，准入前国民待遇的概念已经逐渐成形，但负面清单并没有一个统一标准。由于经济水平和现实国情各不相同，各国很难制定一个统一的负面清单模板。然而负面清单直接关系到东道国的开放程度和对外资的吸引力。负面清单内容过长，会让外国投资者感到东道国没有诚意，对东道国失去投资热情；负面清单过短，东道国则担心所面临的风险，因为负面清单一旦公布，东道国在实施相关措施时就会受到约束，否则将承担国际责任。因此，只有在一国经济发展到一定程度时，才会承诺给予外资准入前的国民待遇。

从我国的缔约实践来看，到目前为止给予的都是准入后的国民待遇。在我国缔结双边投资协定的初期即 20 世纪 80 年代，包含国民待遇的协定只有两个，即 1986 年中国和英国的协定以及 1988 年中国和日本的协定。这一方面是因为我国当时主要作为资本输入国，贸然接受国民待遇原则将对我国国内经济发展形成较大的压力；另一方面也是因为我国尚未形成良好的市场经济体制，国内存在全民、集体、个人三种所有制经济，三者权利义务不同、适用的法律法规也不一致，在实践中会给国民待遇的执行带来一定的困难。

20 世纪 90 年代在国际投资自由化趋势的影响下，我国对外缔结的双边投资协定数量大幅度增加，包含国民待遇条款的协定也随之增多。进入 21 世纪后，我国缔结协定的速度有所放缓，但质量得到大幅度提升，国民待遇条款也得到广泛的采用。2000 年以来，我国缔结了 30 项双边投资协定或议定书，其中包含国民待遇条款的协定高达 25 项。究其原因，首先是受到我国加入 WTO 的影响，其次是因为我国社会主义市场经济体制已经形成，最后是因为我国经济实力不断提升，从以往的资本输入国正逐渐成为主要的资本输出国，在双边投资协定中加入国民待遇条款有利于促进和保护我国的对外投资。如今，我国正在谈判的中美和中欧双边投资协定已经基本确定了准入前国民待遇加负面清单的立场，这将是对中国传统的外资审批与监管体制的一个巨大的突破，同时也必然会对其他国家（特别是发达国家与发展中国家）之间的投资协定产生重要的外溢与示范效应。不过，在当前的情况下，中国按照美国双边投资协定范本完全接受准入前国民待遇加负面清单模式还面临着相当大的政治经济挑战与困难，同时也有许多技术性细节问题有待解决。①

公平公正待遇标准是一项独立的、总的待遇标准。虽然国民待遇、最惠国待遇可以成为公平公正待遇的判断标准，但相互之间并不是等同关系。在国民待遇、最惠国待遇这两种相对待遇标准下，如果东道国对本国投资者和第三国投资者的待遇水平本身就很低，那么对外国投资者的待遇水平相应的也不会高，这个时候可能就需要通过公平公正待遇进行矫正；也只有在公平公正待遇对国民待遇和最惠国待遇起到补充和修正作用的时候，它的独立性才得到体现，因此它被看作是一种绝对的待遇标准。

在国际上，有关学说和实践对公平公正待遇的概念和范围一直存有分歧。有意见认为公平公正待遇是习惯国际法最低待遇标准的一部分，这主要得到美国、加拿大的条约实践，北美自由贸易协定的有关案例，某些国际组织文件以及某些学者意见的支持。另一种意见则认为公平公正待遇是包括所有渊

① 盛斌、纪然《国际投资协议中国民待遇原则与清单管理模式的比较研究及对中国的启示》，《国际商务研究》2015 年第 1 期。

源在内的国际法的一部分，即公平公正待遇的含义不限于习惯国际法，还应考虑一般法律原则、现代条约以及其他公约的义务。还有意见认为公平公正待遇是一个独立的条约标准。① 由于没有统一的认定标准，常常需要在个案中基于特定事实确定其具体内涵，这就给了仲裁庭非常大的自由裁量权。近年来国际投资仲裁庭的有关案例对公平公正待遇的解释认为，东道国有义务给予和维持实现投资者预期所必要的稳定的和可预见的法律和商业环境，其行为应始终如一并且透明，不能背离投资者的基本预期，否则就应对投资者的损失承担赔偿责任。显然，与传统的国际最低待遇标准比较起来，这样的解释不仅提高了公平公正待遇的标准，使投资者向东道国索赔的门槛更低，而且赋予了国际仲裁庭更大的自由裁量空间。这强化了对投资者的保护，但对东道国来说，其合理性是值得怀疑的。因此，公平公正待遇条款在缔约和仲裁实践中引起了激烈争议并饱受诟病，许多国家和地区纷纷改革公平公正待遇条款，限定公平公正待遇条款的义务范围，限制仲裁庭的自由裁量权。但迄今为止，各国改革公平公正待遇条款表述方式、限制公平公正待遇条款宽泛解释的条约实践并没有取得预期的效果。②

在我国签署的双边投资协定中，公平公正待遇条款有不同的形式和类型，但既没有明确公平公正待遇条款与其他投资待遇条款的关系，也没有明确公平公正待遇条款的适用标准和具体内容，也缺乏公平公正待遇条款解释方法的规定，随着中国继续吸引外资和更多中国企业“走出去”，公平公正待遇条款极有可能成为涉及中国政府或中国公民的投资争端中的争议焦点，迫切需要对其进行改革和完善。③

（三）征收以及征收的补偿

征收是指国家基于社会公共利益对外国投资者的财产实行剥夺的行为，

---

① 余劲松、梁丹妮《公平公正待遇的最新发展动向及我国的对策》，《法学家》2007年第6期。

② 王彦志《公平与公正待遇条款改革的困境与出路——RDC v. Guatemala案裁决引起的反思》，《国际经济法学刊》2014年第1期。

③ 乔慧娟《公平与公正待遇：中外双边投资协定的缔约现状和风险防范》，《理论导刊》2014年第5期。

可以区分为两种类型：一种是“直接征收”，指东道国政府公开地、一次性地将外资收归国有的行为；另一种是“间接征收”，指东道国政府采取干预外国投资者行使财产权的各种措施，从而导致其失去实质效用的行为。在相当长的一段时间里，征收是发达国家投资者在发展中国家面临的头号政治风险，同时也是发达国家与发展中国家在有关国际投资法律保护方面最有争议的一个问题。近年来，间接征收认定问题已取代传统的直接征收补偿标准问题，成为国际社会关注和讨论的热点。

在国际投资法律实践中，对于间接征收的认定可能涉及的要素主要有二：一是东道国政府的“行为效果”，即东道国政府采取的管理措施在多大程度上损害了外国投资者的财产权；二是东道国政府的“行为性质/目的”，即东道国政府采取的管理措施对于维护或促进社会公共利益的意义到底有多大。关于如何选择以上要素构建认定间接征收的法律框架，国际投资仲裁实践存在着严重分歧，具体表现为“单一效果标准”“单一性质标准”与“兼采效果和性质标准”三者之争。“单一效果标准”认为，只要东道国政府采取的管理措施实质性地损害了外国投资者的财产权，不管出于维护多大的公共利益之需要，一概构成间接征收；“单一性质标准”主张，只要东道国政府采取的管理措施具有维护社会公共利益之目的，不管对外国投资者的财产权造成多大的损害，均不能被视为间接征收；而“兼采效果和性质标准”走的是中间道路，要求同时顾及上述两方面的因素，即使东道国政府采取的管理措施实质性地损害了外国投资者的财产权，但只要其所维护的公共利益足够强烈，仍不应被认定为间接征收。目前，在国际投资法律实践中主张“兼采效果和性质标准”者有不断增加的趋势，但固守“单一效果标准”的做法却远未消失，不少仲裁庭仍然依据这一标准来做出裁决。也正是因为国际仲裁庭过度放宽间接征收认定标准的做法使一些国家倍感压力，它们不得不修正以往偏向“单一效果标准”的立场，转而在立法中采取认同“兼采效果和性质标准”的做法。①

我国签订的投资协定中大多有关于征收的规定。例如中国和瑞典双边投资协定第三条第一款规定："缔约任何一方对缔约另一方投资者在其境内的投资，只有为了公共利益，按照适当的法律程序，并给予补偿，方可实行征收或国有化，或采取任何类似的其他措施。"这里的"采取任何类似的其他措施"其实指的就是间接征收。但这样的规定非常简单，不仅定义模糊，而且没有规定间接征收的认定标准和方法，更没有规定不构成间接征收的例外，从而隐含着发生间接征收纠纷的法律风险，而我国签订的投资协定中普遍存在这种情况。近年来这种现象有所改观，中国和印度双边投资协定第一次对间接征收的含义及认定做了明确规定。中印双边投资协定议定书规定："关于对第五条中征收的解释，缔约双方确认以下共识：（一）除了通过正式移转所有权或直接没收的形式进行的直接征收或国有化外，征收措施包括一方为达到使投资者的投资陷于实质上无法产生收益或不能产生回报之境地，但不涉及正式移转所有权或直接没收，而有意采取的一项或一系列措施。（二）在某一特定情形下确定一方的一项或一系列措施是否构成上述第一款所指的措施，需进行以事实为依据、个案进行的审查，并考虑包括以下在内的各因素：1. 该措施或该一系列措施的经济影响，但仅仅有一方的一项或一系列措施对于投资的经济价值有负面影响这一事实不足以推断已经发生了征收或国有化；2. 该措施在范围或适用上歧视某一方或某一投资者或某一企业的程度；3. 该措施或该一系列措施违背明显、合理、以投资为依据的预期之程度；4. 该措施或该一系列措施的性质和目的，是否为了善意的公共利益目标而采取，以及在该等措施和征收目的之间是否存在合理的联系。"这样的规定还存在于我国与哥伦比亚、加拿大签订的双边投资协定，与日本和韩国签订的三边投资协定，以及与新西兰、秘鲁、智利分别签订的自由贸易协定中的投资章节或关于投资的补充协定中，但它们仍然存在着间接征收的定义及认定标准不

① 徐崇利《利益平衡与对外资间接征收的认定及补偿》，《环球法律评论》2008 年第 6 期。

一、间接征收的例外规定不一等问题，这也是未来进一步完善我国投资协定所要进行的工作。①

对于征收的补偿在历史上曾经是国际投资法的核心议题，发达国家和发展中国家围绕着征收的补偿标准展开了激烈的讨论。发达国家主张“充分、及时、有效”的补偿，而发展中国家只愿意给予“适当”的补偿，不过近年来有关这个问题的讨论已逐渐偃旗息鼓，“充分、及时、有效”的补偿标准得到越来越多的国家的接受。从现行的国际投资法律与实践来看，仲裁庭对于征收的补偿，普遍采取的是一种“要么全有，要么全无”的做法。换言之，如果没有将东道国政府的管理措施认定为征收，就无须向外国投资者承担任何补偿责任；反之，一旦将东道国政府的管理措施认定为征收，则无论情形如何，均需按照“赫尔公式”，向外国投资者支付全部或充分的损害赔偿。对于直接征收来说，这样的做法无可厚非。然而，对于间接征收来说，东道国政府采取管理措施的目的不是为了将外国投资者的财产收归己有，以获得物质上的收入，而只是管理行为产生的“外部性”及于外国投资者，间接地损害了外国投资者的财产权。因此，对于间接征收，不能一概要求东道国政府对外国投资者支付全部补偿，而是应区分不同的情形，分别予以确定。首先，对于不构成间接征收的东道国管制行为，东道国免于承担任何损害赔偿责任；其次，若东道国行为构成间接征收，则应区分间接征收的合法与否，并对合法或非法的间接征收适用不同的赔偿标准；最后，对于免于赔偿的间接征收而言，当东道国行为超过必要限度给投资者造成过分损害时，东道国需要承担相应的赔偿责任。②

无论是采用“充分”的补偿标准，还是“部分”的补偿标准，都有一个对补偿数额如何估算的问题。补偿标准本身并不能决定补偿的数额，在国际投资的法律和实践中，对“充分”“全部”或“充足”补偿标准，乃至对“适

---

① 王小林《国际投资间接征收的中国关切》，《北方法学》2015 年第 2 期。

② 朱明新《国际投资法中间接征收的损害赔偿研究》，《武大国际法评论》2012 年第 1 期。

当”“合适”“公正”“公平”“合理”或“公正与公平”补偿标准的解释，一般都会参照被征收投资财产的“市场价值”“公平的市场价值”“实际价值”“真实价值”“公平价值”或“价值”等来确定补偿的数额。其中最经常采用的“市场价值”一般指的是，假设把被征收的投资财产置于公开的流动市场上，由不受限制的卖方和买方进行连续交易所达成的成交价格。具体而言，在实际的征收案中，需要根据不同的情况采取多种多样的估算方法，包括账面价值的方法、重置价值的方法、清算价值的方法、实际投资的方法、现金流量折现的方法、比较价值的方法、可选择价值的方法等。在实践中，对于被征收投资财产的价值应采取何种估算方法，取决于多种因素，其中最主要的因素是被征收投资财产的性质。在被征收的是单件有形资产（动产或不动产）的情形下，大多数的估价方法几乎都可适用。然而，这种只征收外国投资者单件有形财产的情形在实践中很少发生，加上被征收的单件有形资产价值毕竟有限，补偿额一般不会很高，且可使用的各种估价方法多，计算的结果比较客观，以及因外商投资企业仍然存在，征收单件资产一般也不会影响其获利能力等原因，故对被征收单件有形资产的估价，东道国政府与外国投资者之间一般少有争议。在东道国政府所征收的是外商投资的整个企业的情形下，则需要进一步判定该企业是否具有“持续经营价值”。外商投资企业如果属于“非持续经营企业”，因其已不再具有盈利的能力，实际上只是各种单件有形财产的简单相加，对其价值的估算，不会产生太大的争议。而“持续经营企业”的价值问题常常是引发争议的焦点。在这种情形下，东道国政府征收的是整个企业，其本身的价值非单件有形财产可比，更重要的是，“持续经营企业”的价值涉及是否应包括预期收益及商誉等无形资产的问题，如果包括，又该如何估价。对于这一问题，发展中国家与发达国家及其海外投资者之间存在着严重的立场对立和观点分歧。发展中国家常常坚持采用账面价值的估算方法，而发达国家则主张现金流量的估算方法。在仲裁庭的实际裁决中，并没有统一、固定的判断方法，仲裁庭有可能根据案件的具体情况做出自己的判断。在使用现金流量估算方法的时候，外国投资者可能获得的赔偿额数目惊人，为了平衡东道国的利益，仲裁庭还可能出于公平的考虑，对赔偿额进行折扣处理，这种做法的合法性当然也一直存在着争议。[①]

（四）转移

投资协定中，“转移”既可以指外国投资者的财产转移到东道国境内，也可以指东道国境内的外国投资者财产转移到东道国境外，也就是所谓的“转出”和“转入”。具体而言，“转出”指的是缔约一方应允许另一缔约方的投资人转回与投资有关的资本，包括投资人在正常经营过程中发生的转移和缔约一方基于其他投资保护义务而向投资人做出的赔偿的转移这两个方面。这一义务几乎可见于所有的投资协定文本中。而“转入”则是指缔约一方应保证另一缔约方的投资人与投资有关的资本的进入。对于“转入”问题的规定，在投资协定中并不常见，以往绝大多数的协定均不涉及这一义务。

外国直接投资资本的流入，会在宏观层面上对经济政策、汇率、币值等产生重大影响，尤其会对银行、证券业造成冲击。从经济管理的角度出发，外资的流入可能导致经济过热，使支出相对于产出而言得到增加，同时增加了货币升值的压力，经常项目的平衡也面临困难。由于货币升值，进口增长的速度加快，而出口并不能相应增长，经常项目很容易出现赤字。正是由于外资流动的巨大影响，尤其是金融危机的前车之鉴，各国在对待与投资有关的资本转移问题时通常在态度上都有所保留。在没有承担“自由转入”义务的情况下，东道国在必要的时候可以利用外汇管制等手段，调控试图进入本国的潜在投资，在维护国家经济安全和金融安全方面享有更多的主动权。

在投资协定中合理地规定可转移财产清单对于缔约国及缔约国投资人事先避免争议、事后保护自身权益具有重要意义。一般来说可转移的财产分为两类，一是投资人正常经营过程中发生的与投资有关的资本，二是缔约一方基于其他投资保护义务而向投资人做出的赔偿，常见的具体项目包括：（1）投资收益，一般包括利润、股息、利息、资本收益、特许权使用金，以及其他费用或实物收益。（2）投资的全部或部分变卖或清算所得。（3）合同项下的支付。（4）外籍雇员的收入或其他所得。（5）投资资本和为维持或扩大投

① 徐崇利《外资征收中的补偿额估算》，《国际经济法学刊》2006 年第 1 期。

资所需的追加款项。(6) 东道国对投资的征收所做的赔偿。(7) 投资者由于战乱或民间纷争遭受损失而获得的赔偿。(8) 因争议解决而产生的赔偿等。

投资协定中规定的转移对象既包括货币形式的资本，也包括物质形式的资本。但毫无疑问的是，在国际投资中，资本流动最主要的形式是货币，要实现资本的自由转移，最基本的要求是转移货币的可兑换性，这又涉及币种和汇率两个方面的问题。

币种问题，即应以哪种货币进行转移的问题。大多数投资条约规定应以“可自由兑换的货币”或“可自由使用的货币”进行转移，但通常没有对什么是“可自由兑换”或“可自由使用”的货币给出定义。为避免这种不确定性，一些投资协定直接采用国际货币基金组织对“可自由使用的货币”的定义。根据《国际货币基金协定》，“可自由使用的货币”是指被广泛用于国际交易的支付并在外汇市场上交易的货币，一般指的是美元、日元、英镑和欧元。当然，也有一些投资协定对币种有不同的规定，包括投资时使用的可兑换货币或缔约双方同意的其他可兑换货币、当事双方同意的货币、投资者本国货币或其他可兑换货币、初始投资时的可兑换货币或缔约双方同意的其他可兑换货币、投资者与东道国同意的可自由兑换货币、初始投资所用货币或任何其他可自由兑换货币、投资者接受或投资进行时所用货币、初始投资所用的可兑换货币或投资者与有关缔约方同意的任何其他可兑换货币，以及尽量尊重投资者所选择货币等。

关于以何种汇率进行转移的问题，大多数投资协定都规定应以转移日的市场汇率为准。但也有一些协定对汇率问题做出了其他方式的规定，如转移日东道国的官方汇率、转移时实际使用或通行的或有效的汇率等。有的协定，如中国与比利时-卢森堡经济联盟投资协定还要求，“在任何情况下，适用的汇率应是公平的”，如果缔约双方在与第三国的货币兑换方面适用了较该汇率更为优惠的汇率标准，即构成不公平，根据最惠国待遇原则，应当适用更优惠的汇率。一般而言，征收和战乱损失补偿、投资及其收益的转移适用同一兑换率，但由于各国汇率制度的不同，其间可能也有所区别。如中国与比利时-卢森堡经济联盟投资协定还规定，中国投资者在该联盟境内的投资收益

（含无须财产权的提成费或使用费）转移需根据申请转移相关的业务类别来确定兑换率。

除了承担国内法和投资协定规定的实体性义务外，东道国还应为资本转移提供便利。东道国可以为资本转移设置一定的限制条件，既包括实质性的，也包括程序性的。关于东道国对与投资有关的资本转移所做的程序要求，投资协定中一般会规定一个较为明确的标准，即“不迟疑的转移”。这是指从另一缔约方的投资者正式提出转移要求之日到转移实际完成之日的时间必须在合理范围内或符合条文中所做的明确规定。我国签订的投资协定中，除早期缔结的协定以外，大部分协定均明确要求投资及收益的转移不应有不适当的迟延，一些协定对转移所需的时间还做出了十分细致的规定。如中国和意大利投资协定就要求转移须遵循国际财政金融惯例正常所需的时间，且“一般不超过 6 个月”。有些协定将投资及收益的转移和征收、战乱损失补偿及投资者本国政府或其机构因代位所取得款项的转移所需的时间一并予以规定，要求转移须在履行手续一般所需的时间内完成。如中国和奥地利投资协定中规定，无论是征收和战乱损失补偿还是投资和收益的转移，自投资者提出转移申请之日起，不得超过 3 个月。中国与西班牙、韩国的投资协定则明确规定以 6 个月为实施转移的最长期限。①

（五）代位权

海外投资保险代位权是指在海外投资发生政治风险后，由海外投资保险机构向海外投资者（被保险人）支付或承诺支付保险金，从而代位取得海外投资者向东道国政府索赔的权利。海外投资保险代位权是一种债权的移转，与一般保险代位权并没有本质区别。当保险事故的发生是由第三人的侵权或者违约造成时，被保险人就获得了对第三人的赔偿请求权；而被保险人获得保险金后，就将其对第三人的赔偿请求权转让给保险人，以此避免双重索赔。在这种转让过程中，债的客体和内容并没有改变，只是原来的被保险人与第

---

① 程璐《双边投资保护协定中的资本转移自由规则研究》，西南政法大学硕士论文，2008 年。

三人的债权债务关系转化成了保险人与第三人的债权债务关系。保险人对第三人的权利只能限于被保险人对第三人的权利，而第三人用于对抗被保险人的抗辩同样可以用于对抗保险人。这些一般保险代位权的基本原理同样适用于海外投资保险代位权。中国和罗马尼亚签订的投资协定的第六条就规定："如果缔约一方根据其对在缔约另一方领土内的某项投资所做的保证向其投资者支付了款项，缔约另一方应承认缔约一方对该投资者的权利和义务的代位。缔约一方代位所取得的权利和承担的义务，不得超过被保证的投资者的权利和义务。"但是，由于海外投资保险是一种政府保证或国家保险，相对于一般私人保险而言，具有保险机构的国家性、承保风险的政治性和运行方式的国际性等特点，这决定了海外投资保险代位权与一般私人保险代位权相比还有一些不同之处。

其一，代位权客体的受禁性。一般而言，海外投资的政治风险主要来自东道国政府的具体行政行为和其颁布的国有化或征收法令，或禁止汇兑的命令等。因此，海外投资保险代位权所指向的权利和财产，通常情况下处于东道国的禁令或命令的控制之下，其他任何国家或法人都不可对其自由地主张权利。而一般私人保险由于只承保非政治性的自然风险和意外风险，保险机构行使代位权的客体没有处于国家的禁令之下，且是可以自由流通与转让的财产或权利。其二，代位权行使对象的主权性。海外投资保险代位权行使的对象不是普通的民商事主体，而是一个主权国家。依据国际法的基本原理，主权国家及其财产享有管辖和执行豁免权。也就是说，即便是代表投资者母国的海外投资保险机构要求直接行使代位权也存在着一系列的法律障碍，不可能像一般私人保险代位权那样通过诉讼或仲裁的方式实现。这一特点决定了海外投资保险代位权运行方式的复杂性和间接性，从而对海外投资保险立法模式的选择和设计提出了更高的要求。其三，代位权行使依据的复杂性。海外投资保险是一种具有涉外因素的国内法上的制度，其目的是保护本国的海外投资和投资者的利益，并且海外投资保险关系的主体（保险人和被保险人）都为具有内国国籍的法人或自然人。从国际私法的角度看，海外投资保险代位权应该依据国内海外投资保险法获得，关于海外投资保险事故发生的争议也只能适用国内法。但是，由于代位权行使的对象是东道国这一主权国家，依据国际法一般原理显然不能依据一国国内法向另一个主权国家主张权利，这就使海外投资保险代位权的行使必须寻求国际法上的依据。但迄今为止，国际社会尚未形成有关海外投资保险的多边立法，更没有关于国内海外投资保险代位权的国际法规定。20 世纪 80 年代世界银行根据《多边投资担保机构公约》组建了一个承担海外投资保险的多边国际机构，也只是规定了该机构的保险代位权而已。在海外投资保险实践中，各国更倾向于通过缔结双边投资保护协定来规定代位权条款，约定两国行使代位权的范围、程序和方式。

双边投资保护协定中的代位权条款实质上是国家间有关代位权方面的“合意”，根据“条约必须信守”的国际法原则，对缔约双方都具有约束力。就东道国而言，签订这种双边投资保护协定是出于引进外资和国际礼让的需要，它在一定程度上是对本国管理外资主权的自我限制，是对本国拥有的代位抗辩权的放弃。而就海外投资保险机构而言，这种双边投资保护协定中的代位权条款使其拥有的海外投资保险代位权得以顺利实现。因此，国际双边投资保护协定在海外投资保险代位权的运行中起着十分重要的作用，它是代位权行使的依据和运行的中介，是海外投资保险立法的重要一环。①

（六）争端解决

投资争端可以分为两类，一是缔约国之间的争议，二是投资者与东道国之间的争议。对于前者，通常应尽可能通过外交途径协商解决，如果该争议在一段时间内未能友好解决，根据缔约任何一方的要求，应将争议提交专设仲裁庭解决。仲裁庭应自行决定其程序，按照投资协定以及缔约双方都承认的国际法原则做出裁决。仲裁庭的裁决应以多数票做出。裁决是终局的，对缔约双方均有拘束力。应缔约任何一方的请求，仲裁庭应对其所做的裁决进行解释。

---

① 梁开银《论海外投资保险代位权及其实现——兼论我国海外投资保险立法模式之选择》，《法商研究》2006 年第 3 期。

对于后者，一般也有多种解决方式。例如在中国签订的投资协定中常常规定，一旦发生争议，应尽可能由争议双方当事人通过磋商友好解决，其中包括调解程序的应用。如果在一段时间内未能解决问题，投资者可选择将该争端提交缔约另一方国家的有管辖权的法院，或依据 1965 年 3 月 18 日在华盛顿签署的《关于解决国家和他国国民之间投资争端公约》（又称《华盛顿公约》）设立的“解决投资争端国际中心”（ICSID），或依据联合国国际贸易法委员会仲裁规则设立的专设仲裁庭，或经争议双方同意的任何其他仲裁机构或专设仲裁庭进行解决。其中由 ICSID 解决投资争议在实践中是十分常见并且重要的一种方式。

对跨国投资争端，作为东道国的发展中国家一般主张通过“当地救济”的方式（东道国行政、司法或仲裁程序）加以解决，其根据主要是对外国投资活动的国民待遇原则、属地管辖原则、最密切联系原则以及外国投资者默示同意论等。然而，完全诉诸“当地救济”解决投资争端，往往难以为发达国家的投资者及其母国接受，其借口主要是发展中国家法制不健全、司法缺乏独立性、东道国法院及其他机构没有解决此类投资争端的能力以及在争端解决过程中偏袒本国政府等。因而发达国家常常主张投资争端可通过外国法院诉讼加以解决。在实践中，外国法院通常会按照“长臂管辖”的规则来获得管辖权，毫无疑问，这将受到东道国政府的抵制，也无法跨越国家主权豁免的障碍；外国法院的执意管辖，甚至还可能会引起国家之间的外交争端，恶化投资环境。于是，通过国际仲裁的方式解决投资争端成为两方都能够接受的选择。ICSID 通过为东道国与外国投资者之间的投资争端提供专门的仲裁和调解便利，有力促进了私人资本的跨国流动。在国际投资协定中，尤其是双边投资协定中，也常常明确规定了 ICSID 的管辖权。实际上，在现代投资条约兴起之前的习惯国际法时代，基于争端发生后的仲裁协定或者通过争端发生前的特许协议仲裁条款，由设在东道国以外的仲裁机构，尤其是临时专设仲裁庭解决投资者与东道国之间的投资争端，是最普遍的国际投资争端解决方式。在一定程度上，通过合同约定国际仲裁，使合同得以国际化，的确实现了投资者与东道国都能够接受的比较中立化的投资争端解决。但是，传统合同约定的国际仲裁却仍然存在着许多局限。仲裁条款本身的效力、争议的可仲裁性、仲裁庭的管辖范围、东道国对于仲裁程序的干预、仲裁裁决的承认与执行等等，在学说和判例上，都存在着广泛的争议。在东道国政府的不合作和干预下，通过合同约定国际仲裁解决投资争端的效力和效果都有所不足。《华盛顿公约》和其他投资协定中的仲裁条款使投资争端的解决更加有效地实现了国际化和国际法化。①

自 1966 年《华盛顿公约》生效以来，尽管有越来越多的国家加入公约，但在 20 世纪 90 年代以前，ICSID 受理的案件数目却很少。自 1972 年受理第一起案件至 1980 年，总共才受理 9 起案件，从 1981 年到 1990 年也不过受理案件 17 起。这主要是因为当时的外国直接投资总体流量较少。在 1985 年之前，全球外国直接投资流量平均每年不超过 700 亿美元，此后全球投资流量尽管开始增加，但在 1985 年至 1992 年期间，平均每年也不超过 2000 亿美元，而且，在 1990 年以前，资本主要是在发达国家之间流动。进入 90 年代后，随着新自由主义和经济全球化的兴起，包括拉美国家在内的发展中国家开始大量吸引和促进外国直接投资，全球对外直接投资流量迅速扩大，流向发展中国家的投资数量也大幅增加。与此同时，提交 ICSID 以及其他仲裁机构解决投资争端的具体案件也大量增加。自 1968 年印度尼西亚与荷兰双边投资协定首次规定 ICSID 仲裁条款以来，绝大多数投资协定都规定了 ICSID 或者其他类似的投资仲裁条款。根据学说与判例实践，ICSID 等投资仲裁条款相当于投资协定缔约国向投资者发出的一揽子单边要约，只要投资者根据投资协定提起 ICSID 或者其他投资仲裁请求，即构成了同意提交仲裁的合意。

提交仲裁除了需要投资者与东道国的合意外，还需要符合《华盛顿公约》中规定的实质性条件，即只有当事方和争端性质适格，才能将案件提交 ICSID 仲裁。首先，争端的当事方必须适格。争端一方当事人必须是缔约国或其任何下属机构或代理机构，当事另一方必须是另一缔约国的国民（自然

① 王彦志《国际投资争端解决的法律化：成就与挑战》，《当代法学》2011 年第 3 期。

人或法人)。对于法人投资者，判断其为争端当事国以外的“另一缔约国国民”的标准有二：一是具有争端当事国以外的其他缔约国国籍的法人，具体是指该法人的住所地或登记地在其他缔约国；二是虽具有争端当事国国籍，但由于外来控制等原因，经争端当事国同意视为“另一缔约国国民”的法人。《华盛顿公约》第二十五条还规定，ICSID 的管辖权适用于“直接因投资而产生的任何法律争端”，但是对于何为“法律争端”，该公约未做任何说明。一般认为，这指的是“关于法律权利或义务的存在或其范围，或是关于因违反法律义务而给予赔偿的性质或限度”的争端。公约允许缔约国对提交 ICSID 管辖的投资争端范围进行保留。在实践中保留的方式有二：一是积极的列举，即规定仅将某一类或某几类投资争端提交仲裁管辖；二是消极的排除，即明确宣布某一类或某几类投资争端不提交管辖。我国在批准加入该公约时，曾声明只同意将关于征收或国有化赔偿额的争端提交管辖，但在我国缔结投资协定的实践中，可以提交仲裁的事项范围实际上已经扩大到了“因投资而产生的任何法律争端”。

投资者与国家争端解决机制允许私人投资者依据条约对东道国提起仲裁，避开了国内法院的审查，实现了投资争端解决的去政治化，减少了投资风险，增强了投资法律的确定性，是一套高效、中立的争端解决机制。但它同样也存在着不少问题，例如对东道国国家主权和公共利益的侵犯、透明度的缺失、仲裁结果不一致、成本高昂等，因此近年来要求对其进行改革的呼声不绝于耳。一些国家考虑参照世界贸易组织的模式，为投资仲裁设立上诉机制，也有一些国家主张取消仲裁制度、设立投资法院来解决争端。

2015 年 7 月，欧洲议会通过了有关跨大西洋贸易与投资伙伴关系协定(TTIP)谈判建议的决议，呼吁用新的争端解决系统代替现有机制，使案件以透明的方式、由独立的专业法官通过公众听证进行解决，并设立上诉机制使司法决定的连续性得到保证。2015 年 9 月 16 日，欧盟委员会公布了《TTIP 投资保护和投资法庭系统(投资章节)》提议草案，正式提出建立常设投资法庭和上诉机制。除此之外，欧盟对投资仲裁机制的改革建议还包括以下几点：第一，提高透明度。联合国国际贸易法委员会(UNCITRAL)和联合国大会分别于2013年12月和2014年12月通过了《联合国国际贸易法委员会投资人与国家间基于条约仲裁透明度规则》和《联合国投资人与国家间基于条约仲裁透明度公约》。2015年1月，欧盟委员会发布消息称，联合国关于透明度的规则将适用于欧盟和欧盟成员国所有现行有效投资协定，在其未来的缔约活动中也将以此为谈判标准。第二，利用制度设计防止滥用争端解决机制。为平衡投资者和东道国的权利和义务，防止投资者滥诉从而侵犯国家主权，欧盟做出了一系列的改革，具体包括缩小仲裁庭管辖的范围，限定可适用仲裁程序的事项，对于明显缺乏法律依据的仲裁请求被诉方可在开庭前提出反对意见，避免重复起诉和裁决冲突，禁止投资者提起投资仲裁的同时在国内法院或其他仲裁机构提起同一诉讼，规定败诉方支付所有的费用以减少滥诉情况的发生等。第三，规定详细的仲裁庭组成规则并制定仲裁员行为准则。如设立常设仲裁员名单，提高仲裁员的资质要求，设定仲裁员应当遵守的行为准则等。① 作为世界上最重要的经济体之一，欧盟的改革措施对投资协定未来的发展无疑会产生重要的影响，对中国的缔约实践也具有丰富的启示意义。

五、中国缔结国际投资协定的实践

自20世纪80年代签署第一个双边投资协定以来，我国已成为签订双边投资协定数量仅次于德国的国家，已经生效的协定有100多项。按照协定的内容，可以将我国的缔约实践大概分为三个阶段：第一个阶段为80年代，这一时期我国缔结的国际投资协定条款较少、内容简单，主要起到宣示性的作用，缺少实际的应用价值。第二个阶段为90年代中后期，随着国内市场经济体制改革的成果日益显现，我国加快了与其他国家缔结投资协定的步伐，内容也逐渐完善，国民待遇、争端解决等条款开始出现。第三个阶段为进入21

---

① 张熠星《投资者-东道国争端解决机制发展的新趋势——TTIP形成中的欧盟模式及中国应对》，《现代管理科学》2016年第3期。

世纪后，我国缔结协定的速度有所放缓，但质量得到大幅度提升。究其原因，一是受到我国加入 WTO 的影响，二是我国社会主义市场经济体制已经形成，三是我国经济实力不断提升，从以往的资本输入国正逐渐成为主要的资本输出国，提高缔约水平有利于促进和保护我国的对外投资。如今我国的缔约实践正向着更高水平的阶段发展，已经签署的中国和加拿大双边投资协定便是一例。该协定的谈判自 1994 年启动，正式磋商 22 轮，前后历时 18 年，终于在 2012 年 2 月就所有条款达成一致。它也是中国目前缔结内容最为广泛的一个双边投资协定，仅中文文本汉字就多达 17572 个，其中投资者与东道国争端解决程序（第三部分）所占篇幅超过 38%，体现了英美法系对程序问题的重视，也增强了该协定的实用性。在实体内容上该协定也有诸多亮点，例如：将“可持续发展原则”明确写入协定的前言中；将“出版、发行、展览、销售书籍、杂志、报纸、音像制品，广播、电影、电视及网络服务”等文化产业纳入一般例外，不适用协定的规定；将最惠国待遇扩展到投资准入阶段，但不适用于争端解决机制，也不适用于 1994 年 1 月 1 日前生效的双边或多边国际协定给予的待遇，排除了中国投资者利用北美自由贸易协定的机会；在投资准入上，是否对外资设置审批制由双方相关法律决定，依据双方国家安全审查制度，某个投资项目实施与否，不适用争端解决机制，实际上排除了投资准入阶段的国民待遇；将“可变利益实体”（VIE）结构项下的权益划入投资的范畴等。中加协定是作为发展中国家的中国首次以资本输出国角色与一个“北方”国家签署的双边投资协定，尽管该协定有些许遗憾之处，但总体而言，仍是晚近中国对外签署的双边投资协定中值得赞赏的一部。中加协定以及中国近年与墨西哥、哥伦比亚签署的双边投资协定都明显受到美国双边投资协定范本的影响，其中的许多篇章、结构、句式、用语如出一辙，这对正在进行的中美双边投资协定的谈判具有重要的启示意义。中加协定的签署有利于推动中美投资协定谈判的进行，并很可能会促进全球化的投资规则早日形成。

作为世界上最大的两个经济体，且分别是最大的发达国家和最大的发展中国家，中美开展双边投资协定谈判具有重要的意义。自 2008 年启动以来，谈判取得了一定的进展。2013 年 7 月 11 日，在第五轮中美战略与经济对话过程中，中方宣布以“准入前国民待遇和负面清单”为基础与美方进行投资协定的实质性谈判，这是中国首次表态将在国际投资协定中采用负面清单，一旦实现将对中国乃至世界经济产生重大的影响。正因如此，双方迟迟未能在这一问题上达成共识。截至 2016 年 11 月底，谈判已进行 31 轮，在负面清单问题上双方仍存在一定的分歧。随着美国大选结束和美国对外政策可能发生变化，中美是否能够顺利达成投资协定目前还处于不确定之中。

此外，2013 年 11 月 21 日，在北京举办的第十六届中欧峰会上，中国和欧盟宣布启动双边投资协定谈判。2009 年生效的《里斯本条约》将外商直接投资纳入欧盟的专属职权范围中，中欧投资协定是欧盟单独谈判的第一部投资协定，生效后将统一中国与欧盟各成员国分别签署的投资协定。这些协定大多数缔结于 20 世纪，已经不适应现有的投资水平、各国的经济现状、其国内利益以及在国际范围内的地位，迫切需要改革和调整。欧盟于 2010 年 7 月发表的《通向全面的欧盟国际投资政策》，以及 2012 年 4 月与美国联合发表的《关于国际投资共同原则的联合声明》，阐述了欧盟与域外经济体签署投资协定的目标和原则。《通向全面的欧盟国际投资政策》的主要目的在于统一欧盟内部对国际问题的认识，它阐明了欧盟与非欧盟国家签署对外投资协定的五项基本准则，即谈判对象国的筛选、投资协定的适用范围、投资保护标准的涵盖、投资承诺的执行和国际责任的承担。这项文件明确了欧盟签署对外投资协定文本的基本框架：一是要将证券投资纳入对外投资协定的范畴；二是成员国在各自投资协定中纳入的原则，如非歧视性原则、公平公正待遇原则、保护伞条款等，均是欧盟投资协定文本的重要内容；三是推动投资者-国家争端解决机制改革，用约束性制度确保以更加透明、符合法律和技术性方式解决投资争端。《关于国际投资共同原则的联合声明》体现了欧盟和美国对未来全球投资政策的共识，共有七项内容：一是开放与非歧视的投资环境，二是公平的竞争环境，三是对投资者和投资的保障，四是公平和有约束力的争端解决机制，五是增强透明性和提高公众参与度，六是负责任的企业行为，七是对出于国家安全考量的审查范畴做出限制。在上述七项原则中，建立

“开放与非歧视性的投资环境”是首要的原则，这项原则在全球贸易体系中获得了巨大的成功，成为世界贸易体系赖以生存的支柱之一。由于以往欧盟成员国与非欧盟国家签订的投资协定仅仅涉及投资者在准入后的待遇问题，并未对准入条件做有约束力的规定，《里斯本条约》生效后，欧盟逐渐通过对外缔结有关投资市场准入、投资自由化的多边或双边协定，来弥补对准入问题的规制空白。因此在中欧投资协定谈判中，双方同样确立了准入前国民待遇加负面清单的谈判模式。综观欧盟 2011 年 5 月公布的《关于欧盟与中国的未来投资关系咨询文件》和欧盟商会自 2001 年以来每年发布的《欧盟企业在中国建议书》，欧盟企业对华关注集中于“公平竞争”方面。《关于欧盟与中国的未来投资关系咨询文件》称，欧盟企业在华遭遇的最大障碍是“不公平竞争”，而中国政府的补贴政策造成中国国有企业和外国企业之间竞争实力的差距。同样，欧盟商会迄今发布的 13 份《欧盟企业在中国建议书》反映的在华投资经营的问题主要有：外国所有权的限制（合资要求、技术转让、关键技术的保护）、许可要求或程序、监管审批程序、给予中国企业补贴等。基于欧盟的一贯政策主张，中欧投资协定谈判也将涉及“公平竞争”相关内容，特别是要求对两种形式的补贴做出严格禁止：一是对企业债务和有限责任的补贴，二是对不良企业的补贴。此外，劳工、环境、企业社会责任等“21 世纪议题”也是双方谈判的重点。①

随着全球分工从最终产品转向以价值链为基础的生产要素分工，各国在经济全球化中的政策关注开始更多地从获取资源转向要素整合、从货物贸易转向服务贸易和投资。全球价值链给传统经贸规则带来挑战，促进着全球经贸规则的重构。美国和欧盟面对国际经济形势的变化已经提出了自己新的政策主张，并在全球范围内不断地推广和普及，使中国在促进贸易和投资方面面临的国际环境更加复杂，但同时也为中国提供了在全球经贸治理中发挥影响力、深化国内改革的时机。中国应主动进行策略和实施措施的应变和调整，

---

① 姚铃《欧盟在中欧投资协定谈判中的诉求简析及对策建议》，《国际贸易》2014 年第 10 期。

通过国内的深度改革开放和法治建设，与世界贸易投资发展和规制的新趋势同向而行。国内自由贸易试验区的设立可以看作是一种尝试，可以为中国创造更开放的营商环境，并探索建立与国际高标准贸易投资规则相适应的法治体系。与此同时，中国还应加强对“21 世纪议题”的关注，适度调整规制措施，在衡量是否有助于全球经贸治理、构建新型大国关系以及推进中国国企改革等问题的基础上与其他国家展开合作。取消补贴、取消国有企业优惠融资安排、撤销政府采购偏好、以竞争中立原则规范国有企业的投资及贸易地位等要求，将对中国的国有企业和海外投资提出挑战，对国内重点产业和现行经济运行机制也可能形成潜在的系统性效应。以负面清单形式提出对准入前国民待遇的保留，将对中国的金融、电信、法律服务等敏感部门带来实质性开放压力，中国新兴产业的发展和技术路径也将面临不确定性。这些挑战要求中国以更宽广的视野对待国际规则和多边、区域经贸体系的发展变化，并采取最符合自身利益的应对策略。① 正在进行的中美和中欧双边投资协定的谈判正是中国密切关注新议题、实现国内法治与国际规则良性互动的机遇。通过深度参与国际合作、加快推动改革开放，逐渐从规则的执行者转变为规则的制定者，对于中国履行国际责任和长期可持续发展具有十分深远的意义。

---

① 石静霞《国际贸易投资规则的再构建及中国的因应》，《中国社会科学》2015 年第 9 期。

第二章 区域经济一体化的国际范例

第一节 欧洲联盟

一、欧洲经济一体化的发展

自“舒曼计划”提出以来，欧洲经济一体化经历了关税同盟、统一大市场、经济与货币联盟等不同发展阶段。市场一体化、货币一体化及宏观经济管理的一体化打破了欧洲国家之间的经济界限，使彼此更加紧密地结合在一起，令其成为当今世界区域经济一体化最为成功的范例之一。①

1950 年 5 月，时任法国外长罗伯特·舒曼根据法国经济学家让·莫内的建议，向法国政府提出建立欧洲煤钢共同体的“舒曼计划”，将法国、德国的

① 国家开发银行丝绸之路经济带的战略性项目实施策略研究——重点国家的战略评估与政策建议课题组《欧洲经济一体化战略及其对“一带一路”建设的启示》，《国际研究参考》2016 年第 10 期。

煤钢生产置于一个超国家的权力机构下，为欧洲经济发展“建立起共同基础”，以作为“走向欧洲联合的第一步”。“舒曼计划”迅速得到德国、意大利、荷兰、比利时、卢森堡的响应。1951年，上述六国签订了建立欧洲煤钢共同体的条约。煤钢联营创造了一种新的欧洲联合方式，扩大了欧洲的煤钢生产与贸易，为欧洲煤钢共同体成员国之间的相互了解提供了条件，奠定了欧洲共同体的基础。1957年3月，上述六国在罗马又签署了《建立欧洲原子能共同体条约》和《建立欧洲经济共同体条约》，宣布建立欧洲原子能共同体和欧洲经济共同体，分别从部门经济一体化和共同市场的方向进行新的探索和尝试。《罗马条约》为欧洲经济共同体制定了主要目标，即建立关税同盟和实施共同农业政策。根据条约规定，成员国要在12年内分阶段消除关税壁垒和贸易限额，统一对外关税。1959年1月1日，共同体内部关税削减了10%，当年内部贸易额比1958年增长了20%。经成员国的共同努力，1968年，成员国之间的关税削减至零，关税同盟提前建成。关税同盟带来的经济效果是明显的，1960年欧共体内部贸易额只有103亿美元，1973年增长到1229亿美元；1960年到1970年之间，欧共体进口贸易额占世界总额比重由21.8%增长到27%，出口贸易额占世界总额比重由23.2%增长到28.3%。①

进入20世纪70年代后，欧洲经济一体化的发展进入停滞期，能源危机、美元危机相继爆发，世界经济形势异常严峻。危机严重影响了一体化进程，成员国内部贸易保护主义滋长，非关税壁垒激增，共同市场建设面临着重重挑战。80年代后，尽管世界经济形势好转，但是欧共体面临的挑战依然存在，危机时期内部建构的非关税壁垒亟待拆除，美国、日本倚重高科技发展占据优势，新兴工业国亦凭借劳动密集型产品奋起直追。因此，欧共体将进一步推进经济一体化和加强内部市场建设视为新时期提高欧洲竞争力、发掘新经济动力的重要手段。1985年3月，时任欧共体委员会主席德洛尔向欧洲议会提出了建立统一市场的提议，1985年12月，欧共体首脑会议通过了《单一欧洲法令》。该文件是对《罗马条约》的重要修订，明确提出要建立世界上规模

---

① 朱婧《欧洲经济一体化的贸易效应分析》，广东外语外贸大学硕士论文，2007年。

最大的统一大市场，为欧洲经济一体化的深入发展提供了有力的法律保证。

《单一欧洲法令》的制定和落实，使欧共体在人员、商品、服务及资本交流这四大自由方面实现了重大突破。非关税壁垒得以拆除，增值税和消费税也得到协调，资本流动管制放宽，保险、证券、运输和电讯等服务领域逐步相互开放，对个人携带物品的边检被取消，各国相互承认学历、文凭和从业资格。与此同时，欧共体还通过“结构基金改革”，加大对落后地区的扶持力度；通过《共同体工人基本社会权利宪章》（即《社会宪章》），扩大了欧共体成员国在社会政策和社会保障领域的合作，确保工人权利和竞争条件的一致性。1992 年年底，欧共体执委会报告称，建设统一市场的目标已经基本实现。

单一市场目标的实现对欧共体成员国相关财政与货币政策提出了极高的要求，迫使欧共体必须建立完整、全面的经济货币联盟，以最终达到稳定和完善单一市场的目的。1989 年，德洛尔领导的工作小组向欧共体委员会及欧共体经济与财政部长理事会提出了建立欧洲经济货币联盟的计划。1992 年 2 月，欧共体各国外交部长和财政部长签订《马斯特里赫特条约》（简称《马约》）。该条约由《欧洲经济与货币联盟条约》和《政治联盟条约》两部分组成，决定将欧共体改称为欧盟，欧洲一体化进入一个新的发展时期。在经济领域，《马约》规定欧共体将分三个阶段建立经济与货币联盟：（1）1990—1994 年，加强经济与货币政策的协调合作。（2）1994—1997 年，在技术和法律层面为经济与货币联盟的成立做好准备，为此规定了多项趋同标准：各国年预算赤字控制在国民生产总值的 3%，公共部门总债务控制在国民生产总值的 60%，通货膨胀率不得超过欧盟三个最低通货膨胀率平均数的 3%，银行长期利率最高不超过欧盟最低平均数的 3%。（3）1997—1999 年，筹建欧洲中央银行和欧洲中央银行体系，发行欧洲统一货币。欧元的出现降低了交易成本，增加了市场透明度，有利于促进各种生产要素的顺利流动和整合欧洲分散的金融市场，标志着欧洲经济一体化大大深化。

自欧盟成立以来，欧洲经济一体化由易到难、由浅入深，取得了显著的成就，欧盟也成为世界上最大的经济体和贸易集团，对世界政治经济产生了深远的影响。1999—2009 年这十年间，由欧盟多数主要成员国组成的欧元区实现了比欧盟其他地区更为稳定的发展。十年间，欧元区长期通货膨胀率稳定在平均 2%的水平，完全符合欧元诞生初期欧洲央行设定的长期物价目标；平均名义利率降到 5%的较低水平；财政赤字降至历史最低，其中 2007 年欧元区财政赤字占 GDP 的比重仅为 0.6%；新增近 1600 万个就业机会，整体失业率降至 7%。在统一货币的带动下，欧元区内部贸易达到该地区国内生产总值的 1/3；区内跨国直接投资由欧元诞生前的占国内生产总值的 1/5 升至1/3；以欧元定价的私营部门债券的发行额年均达到 1 万亿欧元，而同期政府债券的发行额年均只有 8000 亿欧元。与欧元诞生之前相比，欧元诞生后的欧元区成员国平均单位劳动生产效率提高了 5 个百分点。在国际上，欧元确立了作为世界第二大储备货币的地位。根据国际货币基金组织公布的数据，1999 年欧元在全球外汇储备中的比重为 17%，2010 年 3 月底已升至 27.19%。超过 50%的欧元区区外贸易使用欧元结算。但欧洲经济的一体化也并非一帆风顺，其间也曾遭遇数次危机和停滞，尤其是 2008 年以来的主权债务危机更是对欧盟以及欧元区产生了巨大的冲击和负面的影响。①

二、欧洲经济一体化与主权债务危机

2007 年美国次级贷款危机爆发，银行危机出现；2008 年 9 月雷曼兄弟和其他金融机构倒闭，全球金融危机开始，并迅速波及欧洲。根据欧洲统计局的统计，欧盟、欧元区的主要成员国经济增长都出现了不同程度的下滑，其中爱尔兰、希腊、西班牙、意大利、葡萄牙的经济增长率从 2007 年的 5.4%、3.5%、3.5%、1.7% 和 2.4% 分别下滑至 2008 年的 －2.1%、－0.2%、0.9%、－1.2%和 0，下降幅度比其他国家和地区都大。为了恢复经济增长，各国采取积极的财政政策刺激经济，致使财政赤字扩大。欧元区财政赤字与 GDP 的比例在 2009 年突然升高至 6.3%，一些国家的财政赤字超过了欧元区《稳定与增长公约》规定的 3%。在财政入不敷出的情况下，一些国家更多地

① 姚铃《欧盟经济一体化的新发展》，《国际贸易》2010 年第 10 期。

依靠发行债券进行融资，国债规模随之扩大。随着国债规模高企，国债融资成本不断提高，并最终导致主权债务危机的爆发。受主权债务危机的影响，欧洲经济一体化的前景也引发人们的担忧。有观点认为，主权债务危机的本质是欧元的危机，欧元本身并没有促进一体化的进程，危机各国无法使用货币政策调整经济，又没有足够的财政空间，因而欧元是不可持续的，欧洲经济一体化进程将要终止并退回到1999年以前的状态。也有观点认为，危机中暴露的问题会使一体化进程放缓，但总的趋势却不会改变，欧元发展至今总的来说是成功的，一旦崩溃将会带来惊人的后果也使各国不敢轻举妄动；主权债务危机暴露出欧元存在的一些问题，只有解决了这些问题，才能推动一体化的继续前进。①

为应对危机，从2010年开始，欧盟频繁推出多项重要举措，着手推进长期的机制性建设并取得了一定的成绩。2010年，希腊正式向国际社会申请援助后，欧盟国家迅速采取行动，于5月7—9日召开了欧元区领导人特别峰会，通过了对希腊的1100亿欧元援助计划，同时设立临时性的欧洲金融稳定机制（EFSM）和欧洲金融稳定基金（EFSF）。EFSF成立后，先后参与了希腊、葡萄牙和爱尔兰的救助。EFSF是临时性的救助基金，2013年6月就会到期，届时如果危机仍未结束，欧洲将面临新的金融压力。为了解决这个问题，2010年10月，欧盟领导人提议设立永久性的救助机制以维护欧元区的金融稳定。2010年12月，欧洲议会通过对《里斯本条约》的修改，允许欧盟建立欧洲稳定机制（ESM），并于2013年接替原有的EFSF及EFSM，其援助能力为5000亿欧元。ESM的宗旨就是为欧元区陷入债务危机的成员国提供援助并抵御潜在危机，以增强欧元区金融系统的稳定性。欧元区国家之所以下决心建立ESM，其动机主要有以下三点：（1）欧元区即使加强现有的危机监管机制，也无法防止欧元区外部危机的发生，外部冲击很有可能会蔓延并波及欧元区其他国家。（2）欧元区金融部门仍存在着市场失灵的现象，例如

---

① 郁中平、郭树华《主权债务危机对欧洲经济一体化进程的影响研究述评》，《经济问题探索》2014年第6期。

无法对主权债券进行合理的定价等，使得小规模的流动性危机有可能演变成大规模的系统性金融危机。（3）危机应对机制的可信度以及可预见度极为重要，一个有效的风险救助机制能够通过明确的规则来修正市场的预期，促进欧元区金融系统实现良性循环。成立之后，ESM 先后开展了对西班牙提供 1000 亿欧元和对塞浦路斯提供 100 亿欧元的金融危机援助项目。截至 2013 年末，西班牙已经成功退出援助项目，而塞浦路斯的经济也步入复苏轨道，这些均体现了 ESM 金融援助的良好效果。虽然成员国构成的复杂性使 ESM 在运作中存在一些困难，附加条款的严格性也会使受援国丧失一定的经济和财政自主权，但它的确为欧元区走出危机困境提供了新的解决方案，提振了市场信心，促进了欧元区的经济发展和金融稳定。从长期来看，它也在一定程度上克服了欧元区分散的财政政策问题，加强了欧元区的财政纪律，有利于欧洲货币一体化进程的推进。①

虽然欧元区拥有统一的货币，但由于各成员国不愿放弃财政及税收主权，欧元区自成立之初就缺乏统一的财政机制。这一严重缺陷与主权债务危机的发生有密不可分的联系，因此，推进欧元区的财政一体化成为从根本上解决危机的关键。2011 年 3 月，欧盟通过了经济治理“六部立法”，对此前的《稳定与增长公约》进行修补，以加强财政与宏观经济的监督。其中，将财政监管的重点由以往考察政府赤字与 GDP 之比改为考察公共债务与 GDP 之比，即债务总额不得超过 GDP 的 60%。同时，为了加强政策实施的有效性，规定欧盟委员会提出的制裁建议可自动生效。2012 年 3 月，除英国和捷克外的欧盟 25 国签署了《欧洲经济与货币联盟稳定、协调与治理条约》（简称《财政契约》），这是对 1992 年制订的《欧洲经济与货币联盟条约》的重大补充，被视为欧洲经济与货币联盟建立以来最重要的经济治理改革之一。《财政契约》主要规定了以下六项核心规则：第一，缔约国政府预算必须平衡或者盈余，“年度结构赤字”下限不超过其国内生产总值的 0.5%；由欧盟委员会制定各

---

① 谢世清、郑雨薇《欧洲稳定机制（ESM）的运作及其评价》，《宏观经济研究》2015 年第 1 期。

国中期目标趋同时间表，明显偏离中期目标或者偏离调整路线的缔约国应在规定的时间内自动启动纠正机制。第二，缔约国政府债务超过其国内生产总值60%的，该国应每年以5%的平均比例作为基准实施减债。第三，出现过度赤字的缔约国应进行必要的结构改革，其方案须得到欧盟委员会和欧盟理事会的认可和监督，年度预算计划的实施受欧盟委员会和欧盟理事会监督。第四，缔约国应事先向欧盟委员会和欧盟理事会报告其公共债券的发行计划。第五，欧盟委员会可以认定某缔约国违反了赤字标准，但其他缔约国可以特定多数否决该决定。第六，缔约国可以根据欧盟委员会关于缔约国是否已将第三条第二款转化为国内法和建立国内纠正机制的评估报告在欧洲法院对其他缔约国提起诉讼。根据条约，欧盟委员会成为最大的受益者，它取得了多项财政建议权和监管权，能够协调和管理缔约国经济政策，在财政事项上具有了初步的超国家权能。然而，这些规则是在缔约国违规之后所进行的补救，是“事后”“消极”以及“最低程度”的财政规制，并非全面、系统和全程的财政监管。条约赋予欧盟机构的权力仅涉及缔约国对底线或者红线的违反，并没有取代缔约国政府的所有财政权力。缔约国的财政管理主要还是依靠自身的自主、自律。因此，《财政契约》其实是对现有的经济与货币联盟架构的强化，是向财政联盟迈出的一小步，但并未建立起真正的财政联盟。① 总体来看，欧洲向着更紧密的财政一体化及更有力的经济治理迈出了重要一步，政府间相互监督以及欧盟机构的惩罚措施将有利于避免主权债务危机重蹈覆辙，但到目前为止，绝大多数成员国财政状况依然超标。在只有监督惩罚而无守约激励机制、制裁程序过于冗长的背景下，财政纪律的有效执行仍缺乏保障。未来，欧盟还需进一步实现税收统一，建立起强有力的财政转移支付机制，这样才能实现真正的财政联盟。

虽然欧元区金融市场已经高度融合，但金融监管一直较为分散。此次危机中很多欧元区银行先后出现问题，金融市场高度动荡，就是这种矛盾的集

---

① 叶斌《欧债危机下欧盟经济治理与财政一体化的立法进展》，《欧洲研究》2013年第3期。

中体现。金融危机后，欧盟开始反思并着手弥补金融监管的疏漏和问题。2010 年 9 月，欧洲议会批准建立“三局一会”的泛欧金融监管体系，即欧洲银行业管理局（EBA）、欧洲保险与年金管理局（EIOPA）、欧洲证券与市场管理局（ESMA）和欧洲系统性风险委员会（ESRB），负责监管银行、保险、股票交易等金融领域，从微观和宏观两个层面加强欧盟的金融监管和风险防范。但在实际运作中，“三局一会”的工作成效有限，市场评价并不高。2012 年 6 月，欧盟峰会提出了建立“欧洲银行业联盟”的计划。根据该计划，银行业联盟的建设包括三个方面：（1）单一监管机制。由欧洲中央银行掌控统一监管权，在欧洲层面对相关银行进行统一监管。（2）清算处置机制。设立清算机构，由参与国银行出资设立银行破产清算基金，负责制定处置方案，以最小化成本处置问题银行，对破产银行进行有序清算。（3）统一的存款保险制度。由参与国出资建立存款保险基金，设立专门机构对其进行管理，负责破产银行赔偿储户问题。银行单一监管机制、银行单一清算机制和共同存款担保机制共同构成了银行业联盟的“三大支柱”。欧洲银行业联盟的建立无疑是推动欧盟进一步稳健发展和深化一体化水平的强大助力和重要基石，不仅有助于强化欧盟银行业监管，维护金融稳定，深化欧洲金融市场整合，也是巩固欧盟货币联盟的重要力量。从对欧盟整体影响来看，欧洲银行业联盟的建立能够实现规模经济，避免监管真空和监管重复，集中人力及财力资源制定及实施银行监管、救助及处置相关计划，对即将违背监管要求的银行及其经营活动尽早采取防范、干预措施，大大降低发生系统性风险危机的可能性。① 但目前银行业联盟的关键机制还未完全准备就绪，尽管单一监管机制和单一清算机制已开始运作，但还需要一个有效的共同财政支持机制来打破主权与银行之间的联系。欧洲稳定机制目前正充当欧元区银行的实际共同财政支持者角色，但其权力仍然有限、准入门槛偏高，而单一清算基金预计到 2024 年才能完全建成并发挥作用，覆盖全欧的存款担保机制也还没有建成，

① 尹晓君《欧洲银行业联盟研究》，外交学院硕士论文，2014 年。

实践中，银行业联盟的建设还将不断遭遇各种挑战和风险。①

总之，借欧债危机的爆发和应对，在德国、法国等核心国家的主导之下，欧洲一体化正在取得新的进展。随着《财政契约》的签署、ESM 的启动以及欧洲银行业联盟的推进，欧元区一体化机制建设的路径已逐渐明朗，欧盟正向着财政和货币的一体化努力前进。②

三、欧洲经济一体化中的贸易和投资

贸易是经济一体化的原动力，欧盟成员国之间的贸易也远远早于欧洲一体化的进程，早在 19 世纪初西欧主要工业国家对外贸易的一半以上已经为彼此之间的相互出口。在此基础上，西欧各国先后签订了包括最惠国待遇和减免关税等内容在内的双边贸易协定，形成了自由贸易的网络。欧洲的联合不仅实现了国家数量的扩张，而且通过一体化的建设扫除了贸易投资和要素流动的障碍，使成员间内部的贸易成为各国对外贸易的主要部分。

欧洲经济一体化对欧盟内部贸易的促进作用主要通过以下方面实现：其一，成员国之间贸易壁垒的削减形成贸易创造，从成员国的进口取代国内的生产。其二，由于对内关税削减或免除，对外采取关税，部分贸易从区域外非成员国进口转为从成员国进口，增加了区域内的贸易比例。其三，成员间壁垒的削减极大地推动了跨国公司在成员国的生产分工，公司内贸易的发展成为欧盟内部贸易的重要组成部分。其四，在内部大市场形成和对外贸易壁垒存在的情况下，区域外的跨国公司可以通过对欧盟的直接投资绕过贸易壁垒获取直接的投资收益。

欧盟内部贸易的特征主要包括以下几点：首先，欧盟内部贸易是各成员国贸易极为重要的组成部分，其比重均超过了 50%，有些国家，例如卢森堡

---

① 约翰·布鲁道恩、安娜·伊蕾娜、普拉门·约瑟福夫等《银行业联盟对非欧元区国家来说，是防弹服还是紧身衣?》，《金融市场研究》2015 年第 9 期。

② 王家强、韩丽颖《欧洲经济一体化：进展、挑战与政策建议》，《国际金融》2013 年第 6 期。

甚至达到了 80%的比例；但各国主要的贸易伙伴相对较为集中，主要是欧盟内具有影响力的经济大国。其次，各成员国之间的贸易不平衡不断加剧，经济大国的贸易地位不断上升，而中小国家没能跟上发展速度，各国之间的贸易顺差和逆差逐渐拉开。最后，各成员国间主要以产业内贸易为主，以垂直贸易为重点，制造业处于十分重要的地位。未来，欧盟内部贸易仍将扮演重要的角色，产业内贸易仍是各国贸易的重要特征。

根据各国对欧盟内部贸易贡献的程度大小的不同，可以将欧盟成员国区分为核心国、内环国、中环国和外环国。在欧盟内部贸易中，德国占据绝对的中心地位，属于核心国家。德国的贸易份额占欧盟内部贸易的五分之一以上，其贸易量、贸易产品结构、地理流向的变化都会对欧盟甚至世界贸易造成不小的影响；而且它的地理位置正好处于欧洲中部，这也为其发挥贸易的辐射效应奠定了地缘基础。法、荷、比、意、英这五国构成了欧盟内部贸易环形结构的第二层次。法、意、英属于经济大国，它们的贸易对欧盟有举足轻重的作用；荷兰国内市场狭小，但运输发达，因此成为最为开放的经济体之一；比利时对外贸易的发展在很大程度上也受益于其得天独厚的地理位置。这五国的进出口占了欧盟内部进出口总额的 48.5%，再加上德国的贸易份额，核心和内环国家对欧盟内部贸易的贡献度达到了 68%以上。从地理上看，这五个国家都紧密围绕在德国周围，形成了一个以德国为核心，由法、荷、比、意、英构成的内环圈。这六个国家贸易的辐射效应直接影响着欧盟其他成员国的贸易，在欧盟内部发挥着向心作用。西班牙、奥地利、瑞典、爱尔兰和丹麦构成欧盟内部贸易环形结构的第三个层次。从贸易量上来看，它们对欧盟贸易的贡献要比前两个层次的国家小。从地理位置上来看，它们都紧靠着第二个层次的国家。外环国家对欧盟内部贸易的贡献最小，它们要么远离贸易的中心地带，如芬兰、葡萄牙、希腊，要么国土面积较小，市场有限，如卢森堡。这种根据各国对欧盟内部贸易的不同贡献度进行划分的多层次环形结构，与其在地理位置上的结构是一致的，引力模型在某种程度上解释了运输成本对欧盟内部贸易对象选择的作用。①

在投资方面，欧洲经济一体化早期，美国对欧共体的投资是欧共体吸引外来投资的主要组成部分，但随着一体化的深入尤其是欧盟成立之后，美国对欧盟的投资地位有所下降，取而代之的是欧盟成员国之间的相互直接投资。成员国之间相互投资之所以能够快速增长有三个主要的原因：第一，单一市场计划要求欧盟内实现货物、人员、劳务和资本的自由流动，这不仅消除了贸易壁垒，还排除了相互投资的障碍。随着各国财税政策的逐渐统一，跨国界的生产重组不断发生，跨国公司在统一市场建成后，可以把价值链的各个环节放在最有效率的地方，最大限度地降低生产成本。第二，金融领域投资的迅速增长，尤其是持股公司和其他金融机构的形成，对直接投资产生了很大的促进作用。第三，欧元的使用带来了统一的货币单位，投资价值的计量有了统一的标准，货币转换的成本几乎为零。欧盟东扩之后，为了更好地帮助新成员国适应欧盟的一体化环境，同时也为了更好地实现资源配置，西欧国家加强了对中东欧国家的投资。近年来，中东欧国家的外国直接投资额不断增长，带动了欧盟成员国之间相互投资规模的进一步扩大，也促进了欧盟整体的经济发展和政治团结。②

四、欧洲经济一体化中的主要政策

（一）农业政策

共同农业政策是欧洲经济共同体的第一项共同政策，至今也仍然是欧盟拨款最多的政策领域。20 世纪 50 年代，农业在欧洲经济中占有十分重要的地位，1955—1956 年，在欧共体的六个创始成员国中，农业人口占总人口的 20%左右，农业为国民生产总值所做的贡献大约为 10.7%，农产品在对外贸

① 胡荣花、郑静《欧盟内部贸易格局探析》，《世界经济研究》2006 年第 7 期。

② 于津平、张雨《欧洲经济一体化的基础与机制》，中国大百科全书出版社，2010 年。

易中也占据了较高比例。但各国多样性的客观存在、自给自足的立场以及一定程度的民族主义，使50年代初期在欧洲范围内开展农业领域一体化的努力归于失败。从1957的《罗马条约》开始，六个创始国克服了过去在农业问题上的对立，将按照“规定的条件和速度”确立共同农业政策明确写入了条约中。《罗马公约》确定的共同农业政策的目标是：（1）增加农业产量。通过技术进步保证生产的合理发展和生产要素的更好利用特别是劳动力的合理使用来达到这一目标。（2）提高农业劳动者的个人收入，确保农业人口的公平的生活水平。（3）通过消除农产品供求浮动造成的损害来稳定市场。（4）增加产量，确保供应安全，在特别不利的农业年份也能做到食品的自给自足。（5）保证合理的消费价格。可以发现，除了第五项外，其他的四个目的主要是满足供给方面临的结构性调整，食品供应的自给自足是成员国最为关心的问题。为了协调成员国之间的利益和推进共同农业政策的前进，1962年，三项基本原则被纳入共同农业政策中：第一，单一市场原则。取消各成员国之间的关税和非关税壁垒，建设农产品的统一市场，由欧共体设定专门机构集中管理，并实行一致的对外贸易政策。第二，欧共体优先原则。各成员国必须优先进口欧共体内部其他国家的农产品。第三，共同财政原则。1962年，欧共体设立欧洲农业指导和保证基金，用以支持共同农业政策和欧洲农业的发展。

自产生以来，共同农业政策经历了数次大的变革。1968年欧洲委员会公布了《欧洲共同农业政策改革备忘录》，即“曼斯霍尔特计划”。该计划的目的是为了提高农业产量和生产效率，具体措施包括为低收入农民实行现代化提供资金支持、一次性发放年龄满55岁农民的年金或补助以鼓励其放弃生产、通过培训提高农民劳动技能等。但由于改革过于激进，给大量家庭农场带来毁灭性的打击，许多措施最终未能落实到实践中。1972年改革的目的是希望加快实现欧洲农业的一体化和现代化，措施包括加强农民的职业培训、鼓励青壮年劳动者从事农业生产、推行贫困地区计划等。改革措施引入后，农业生产率有了一定程度的提高，却产生了严重的农产品供给过剩问题。对于过剩的农产品，政府一直使用价格支持手段来稳定价格，使欧共体的财政预算不堪重负。因此在1985年，欧共体颁布了《共同农业政策展望》绿皮书，提出要限制产量和解决农业财政预算问题。1992 年改革主要涉及以下目标：（1）降低主要农产品的价格支持水平，为农产品制定了目标价格、门槛价格和干预价格三个指标，以提高欧共体农产品在国内、国际市场上的竞争力。（2）进一步加强休耕的作用，根据支持价格下跌的程度对休耕地给予补偿，且保证所有的补偿将在一定规模上付清。（3）制定了一些与市场机制和环境保护有关的措施，强调市场政策和价格政策必须继续承担控制农业产量和平衡市场供给的任务。（4）努力减少大型农产品生产者对共同农业政策财政补助金的约束。此次的改革是一次较为系统的改革，关键的变化是从过去的以价格支持为基础的机制过渡到以价格和直接补贴为主的机制，打断了价格支持与农业收入之间的关系，不再单纯依靠价格来提升农民收入，缓和了欧共体与其他国家的贸易冲突，并在解决农产品过剩和财政负担方面取得了良好的效果。然而，20 世纪 90 年代末期，世界贸易组织提出了新一轮农产品贸易谈判的要求，来自美国和凯恩斯集团的压力不断增大，而且考虑到即将入盟的中东欧十国整体的农业价格水平和生产技术情况，欧盟决定对农业政策进行更加彻底的改革，以确保农业成为一个具有更强竞争力和可持续发展能力的产业。1999 年，欧盟通过了《欧盟 2000 年议程》，提出的改革措施包括：（1）进一步增强欧盟农产品在国内和国际市场上的竞争力。（2）保证为农民提供一个公允的、体面的生活水准。（3）为农民获得收入创造一些替代性工作以提高其收入水平。（4）把关于农村发展的新政策确定为共同农业政策的第二支柱。（5）更多地考虑环境保护和结构性措施的实施。（6）努力改善食品质量和保障食品安全。（7）简化农业立法，分散执行。《欧盟 2000 年议程》几乎涵盖了共同农业政策的所有方面，既促进欧盟农业经济向着贸易自由化的方向发展，又为新成员的加入创造了有利局面，产生的影响极其深远。[①] 进入 21 世纪后，共同农业政策又经历了数次改革。2003 年改革的最大特点是采用单一支付的补贴方式，农业补贴与当年农作物品种及种植面积不

① 尹显萍、王志华《欧洲一体化的基石——欧盟共同农业政策》，《世界经济研究》2004 年第 7 期。

再挂钩，获得单一补贴的前提是符合环境保护、食品安全、动物健康和动物福利标准等方面的要求。2008 年改革的目的是调整农业补贴结构和应对农产品安全危机，内容包括进一步削减价格补贴水平，削减的补贴转入农村发展基金，取消与农产品数量、种植面积挂钩的直接补贴以及对贸易产生扭曲的其他“黄箱”措施，暂时取消休耕，放开对农产品的产量控制以遏制粮价上涨，增加牛奶生产配额等。[①] 2013 年 12 月 16 日，围绕着共同农业政策如何为“欧洲 2020 战略”做出更大贡献的目标，欧盟农业部长理事会正式通过了新一轮的改革方案。本次改革的目标包括增强欧盟农业的竞争性，提高欧盟农业发展的可持续性和提高农村发展政策的有效性。改革保留了市场支持、直接补贴和农村发展这两个支柱，但其内涵发生了很大变化。第一支柱新增了 6 项补贴措施和 3 项市场支持措施，第二支柱在协调整合现有各种农村发展资源的基础上，强化了农村发展的 6 个优先方面。在市场支持方面，改革保留了出口退税、学校牛奶和水果计划，调整了公共干预和私人存储的产品，废除了糖、酒、奶产量的限制，减少了对市场的直接干预，更加侧重于对生产者的支持和危机应对，改革后用于市场支持的资金总额不到共同农业政策支出的 5%。改革后的直接补贴分为强制直接补贴和自愿直接补贴。前者除了整合以前的直接补贴外，新增了绿色直接补贴和对青年农民的直接补贴。自愿直接补贴是新增内容，包括重新分配直接补贴、自然条件恶劣地区直接补贴、挂钩直接补贴和小农场直接补贴，用于直接补贴的资金约占共同农业政策支出的 70%。农村发展在实现共同农业政策的环境目标和应对气候目标中具有关键作用。本次改革中，欧盟通过协调整合现有的各种农村发展资源，促进农村可持续发展和地区平衡发展，形成与欧盟共同渔业政策等其他政策相协调的农村发展新政策框架。用于农村发展的资金约占共同农业政策的 25%。总体而言，此次改革充满了创造性和前瞻性，增强了共同农业政策框架下农业产业政策和农业贸易政策等政策的协调性，有利于增强欧盟农业的

---

① 罗超烈、曾福生《欧盟共同农业政策的演变与经验分析》，《世界农业》2015 年第 4 期。

竞争性和可持续性，促进欧盟经济社会的整体发展。①

（二）竞争政策

开放的市场经济原则是欧盟经济发展的基础，竞争对于保护消费者利益、促进资源的最佳配置、激励经营者追求生产效益、实现技术创新具有重要的意义。因此，欧盟竞争政策的基本目标包括：（1）实现欧洲市场的统一，防止企业间达成卡特尔协议或者反竞争谅解，妨碍商品和生产要素的自由流动。（2）阻止某些经济主体滥用其在共同市场中的主导地位。（3）促进欧洲企业之间以及它们与世界其他地区企业之间的竞争，提高企业的生产技术水平。（4）禁止各成员国采取支持其公有企业或对私营企业提供补贴等歧视性措施破坏竞争规则等。为实现这些目标，欧盟逐渐形成了较为完备的竞争法律体系，该法律体系中，除了基础条约中的原则性规定外，还包括欧盟部长理事会和欧盟委员会制定的大量条例、指令和决定，以及欧洲法院的判例等法律渊源。

欧盟竞争政策主要包括三部分的内容：反托拉斯、国家补贴和企业并购。②《建立欧洲共同体条约》第八十一条和第八十二条规定了反托拉斯的两项禁止性措施，分别是禁止企业间达成旨在限制竞争的协议、谅解或建立卡特尔，以及禁止滥用支配地位。第八十一条区分了五种违反条约的协定或行为：（1）直接或间接地固定价格和制定其他贸易条件的协定。（2）其目的为限制或控制生产、市场或技术进步的协定。（3）各独立的供应商之间达成划分市场的协定。（4）对同种产品的不同购买者制定不同的价格（歧视）。（5）要求客户购买其他的、不相关的产品作为购买某种产品的条件（搭售）。同时，根据第八十一条第三款的规定，如果企业间的协议、企业集团的协议或企业间协调的行为方式能够符合以下条件，则可以得到豁免：（1）有助于改善商品的生产和销售，或者有助于推动技术和经济进步。（2）消费者可以从中得到适当好处。（3）为了实现上述目的，限制竞争是不可避免的。（4）该

① 刘武兵、李婷《欧盟共同农业政策改革：2014—2020》，《世界农业》2015年第6期。

② 曹红英、王洋《欧盟竞争政策值得中国借鉴》，《中国对外贸易》2008年第11期。

限制尚未达到严重影响市场竞争的程度。第八十二条列举了四种滥用市场支配地位的行为：直接或间接强迫接受不公平的购买或者销售价格，或者其他交易条件；限制生产、销售或者开发新技术，损害消费者的利益；就相同交易采取不同的交易条件，从而使某些交易对手处于不利的竞争地位；订立合同时强迫对方购买在性质或者交易习惯上与合同标的无关的商品或者服务。不过条约中既没有对市场地位做出规范性的解释，也没有类似德国反对限制性竞争法第二条中的法定推断，其仅有的法律依据只是欧洲法院的判例。法院一般认为，当一个企业占有40%以上的市场份额时，就可以基本认定其具有了市场支配地位。不过这并不是唯一和绝对的判断标准，在具体的判断中还需要结合其他因素综合进行考虑。

国家补贴是指国家公共权力部门在有选择的基础上给予企业的任何形式的优惠，包括：政府资助、利息减免、税收减免、国家保证、提供产品或服务的优惠或其他任何形式。禁止补贴的目的在于保证各成员国的企业公平竞争，防止成员国运用公共资源进行扭曲。因此，给予个人或所有企业的普遍性补贴不受禁止，地区援助、研究与开发援助、环境保护援助等都在可允许的范围内。欧盟建立了独特的监管及评估制度。欧盟委员会负责对现存和拟议的补贴进行审查、调查和裁定。交通、煤炭、渔业和农业这四大领域的补贴分别由欧盟委员会相关产业总司负责，其余行业的补贴由竞争总司主管。成员国必须履行补贴的通告义务。未经欧盟委员会批准，不得进行补贴。一旦发现补贴与共同市场不相容，欧盟委员会有权要求成员国通过适当的国内程序恢复原状，并要求受益者返还补贴。

《建立欧洲共同体条约》没有对并购进行规定，因为在20世纪60年代共同体的主要注意力在于拆除关税壁垒和实现生产要素的自由流动，当时的目标是增强企业的竞争力，帮助企业引进新的技术，支持扩大生产规模、降低生产成本、提高产品的质量，所以企业兼并并没有引起共同体的注意。但从80年代开始，随着市场一体化进程的加强和全球化的日益推进，企业间的兼并活动大大增多，使得共同体认为有必要对此加以管制。1989年通过的关于控制企业兼并活动的第4064号条例是共同体在这一领域内最重要的立法文件之一，它也是对条约第八十一条和第八十二条内容的必要补充。第4064号条例的一个突出特点就是将企业合并分成两类。第一类是“合作性”合营企业，即合营的目的是协调双方的竞争行为。第二类是“集中式”合营企业，即建立一个独立的经济实体开展业务。根据第4064号条例第三条第二款的规定，由于“合作性”合营企业的目的是协调相互独立的企业间的竞争，因此这种合营的建立应适用第八十一条，即只要它们不符合第八十一条第三款的豁免条件，就被视为违法。而“集中式”合营能够长期作为独立的经济实体进行活动，且母公司之间以及母公司与合营企业之间也不存在相互协调关系，因此需要适用共同体企业合并控制条例。1997年，欧盟发布第1310号条例，对第4064号条例进行修改，不再区分所谓的合作性合营企业和集中式合营企业，只要是对共同体产生了重大影响的合营企业，都应适用合并规则。随着经济的发展，欧盟处理合并案件愈加严格，除了上述的“重大影响”理论外，欧盟开始应用多方面的反垄断理论，如相邻市场及潜在进入者理论、集团及一揽子影响理论、纵向理论等来衡量合并是否扭曲了欧盟市场的竞争。[①] 欧盟并购的审查机关为欧盟委员会竞争总司。竞争总司与欧盟各成员国竞争主管机关的审查权的划分主要取决于相关并购是否“具有共同体影响”。如果并购企业在全球以及欧盟的营业额超过了《欧共体并购条例》第1.2和1.3条所规定的门槛，该并购就必须向欧盟委员会进行申报。欧盟委员会的并购审查程序分为两个阶段。第一阶段时限为25个工作日，经申请可延长至35个工作日，主要审查所申报的并购是否属于《欧共体并购条例》的调整范围以及该并购是否“与共同体市场相容”（即是否会严重阻碍欧盟的有效竞争）。超过90%的并购申报都在第一阶段的审查中获得批准通过。只有引起重大关切、可能会严重阻碍竞争的并购才会进入第二阶段审查。第二阶段审查期限通常为90个工作日，特殊情况下，经批准可延长至125个工作日。欧盟委员会可以根据该并购是否与共同体市场相容，做出无条件批准、附加限制条件批准

① 于立、舒玲敏、刘劲松《欧盟竞争政策及其发展趋势》，《世界经济研究》2005年第4期。

或禁止并购的决定。

竞争政策与产业政策是政府规范市场经济的两种工具。竞争政策通常以竞争法的运作为中心，主要针对企业的限制竞争行为和国家援助行为。产业政策的目的在于通过政府的作用提高产业竞争力。就概念内涵而言，二者间的冲突性成分较多。竞争政策强调保护市场的自由竞争，产业政策则会涉及政府对市场的干预。但二者又并非不可协调，现实中每个国家都在同时使用竞争政策和产业政策，只不过在不同的经济体中二者的地位不同，协调程度也有所差异。① 在最近的一次经济危机中，面对危机巨大的破坏力，欧盟仍然坚持竞争政策执法，在处理竞争政策和产业政策的关系时保持了前者的优先地位。危机中，各国采取的各种金融救助措施，包括债务担保、提供贷款、增加注资等，大多构成了竞争法中的国家援助行为，必须经过竞争总司的审查批准。考虑到危机下的特殊情况，以及避免对金融机构之间的竞争产生不必要的扭曲或对其他成员国造成消极的溢出效应，欧盟委员会在 2008 年 10 月 13 日发布了《全球金融危机背景下金融机构救助措施适用国家援助规则的通告》，对国家援助的原则、条件、期限以及调整措施等做出了规定；12 月 8 日，又发布了对银行资本重组的指引通告，补充和扩展了 10 月份《通告》的内容。在政府救市之外，为应对金融危机，企业通常会采取一些诸如大规模裁员、调整资产结构、兼并重组等自救措施。面对经济衰退的严峻形势，欧盟委员会仍然坚持对合并案件的审查，同时还加强了打击卡特尔的执法力度，接连开出巨额罚单，充分显示了欧盟在反垄断执法上的坚定立场。②

五、欧洲经济一体化中存在的问题

第一，欧盟不同政策领域的一体化程度不一致。欧盟毕竟还不是一个完

① 张建平《欧盟竞争政策与产业政策的协调及其启示》，《内蒙古师大学报》（哲社汉文版）2016 年第 1 期。

② 孙晋《国际金融危机之应对与欧盟竞争政策——兼论后危机时代我国竞争政策和产业政策的冲突与协调》，《法学评论》2011 年第 1 期。

全超脱于国家之上的实体，它的权力仍然来自成员国的授权，这令某些领域的一体化程度较高而某些领域的一体化程度较低。这是一种天然存在的隐患，一旦出现诱发因素很容易爆发出来并造成难以估量的后果。正如前文所说，欧盟有统一的货币政策却没有统一的财政政策，这降低了欧元区抵御风险以及应对危机的能力，甚至会造成危机扩散并波及其他国家，进而动摇欧元区乃至整个欧盟的经济基础。

第二，一体化继续发展的动力不足。一体化组织刚成立时，不仅能够给成员国带来经济上的利益；更能促进彼此之间的政治互信和安全保障，使欧盟具有较强的吸引力，越来越多的国家希望分享其中的利益；而随着欧盟的不断发展，并逐渐触及各国较为敏感且分歧较大的领域时，成员国自然会产生抗拒心理并形成与欧盟及其他成员国之间的博弈，这无形中拖慢了一体化前进的脚步。一体化发展至今，早期的政策红利早已用尽，欧盟整体的经济发展陷入了低增长状态，且经济复苏缺乏明显的动力。欧盟内失业率长期以来居高不下，2015 年，欧盟 28 国平均失业率为 9.1%，欧元区为 10%，虽较危机后最高峰有轻微回落，但仍持续处于历史高位，其中希腊为 24.6%，西班牙为 21.4%，尤其是 25 岁以下年轻人失业率没有明显降低，极易成为社会不稳定因素。失业率长期高企必然会引发诸多社会矛盾，加之成员国政府受欧盟财政纪律约束不得不削减民众福利，一体化成为民众宣泄不满的对象，反欧盟、反欧元的极右势力有所抬头，“疑欧”情绪蔓延，制约了一体化的继续深入。①

第三，政府间主义和超国家主义的争议始终存在。对于欧盟发展方向的讨论从一体化开始之日起就不曾停止，各方的妥协和模糊化的处理使欧盟成为一个混合体，这虽有利于暂时缓解矛盾，但不能从根本上解决问题，甚至有时候反而成为解决问题的障碍。发展方向的不明确使各国始终存在尽力为自己谋取好处的“私心”，而力量的不平衡又会加剧欧盟内部的矛盾。例如欧

① 王朔、李超《当前欧洲一体化面临的困境及未来走势》，《现代国际关系》2016 年第 3 期。

盟设立了区域政策基金用来扶持国家的发展，各成员国既是区域政策的制定者，又是该区域政策的实施者和受益者，成员国的这种双重身份，使各国都想实现本国利益的最大化；但各成员国能不能获得更多的援助基金取决于它在欧盟的地位和威望，而不是完全取决于它的经济发展水平，因此，在一体化组织中地位高、实力强的国家反而更占优势，这些因素使欧盟区域政策基金的使用偏离了最初设定的目标，并严重影响了欧盟区域政策基金的援助效率，进而影响了经济的一体化。

第四，全球化的迅猛发展和欧盟的快速扩大加剧了各成员国的利益冲突及政策分歧。欧盟内也长期存在着东西国家之间和南北国家之间的矛盾。在经济结构上，南欧国家工业出口偏重于劳动密集型及中低技术的消费类产品，受新兴国家及欧元汇率上升冲击较大，德国、英国等北方国家或主要出口资本密集型生产类产品，或出口高新技术类产品与服务，受冲击较小，二者对一体化政策的需求有所不同。法国和意大利等南欧国家要求欧洲央行降低利率，压低欧元汇率，刺激经济增长，提高产品竞争力，但德国、荷兰等国坚决抵制，欧洲央行左右为难，区内国家关系持续紧张。由于历史、文化、政治原因，东欧新入盟国家与西欧老成员国之间本身就存在着较为明显的差异，这种差异因为经济发展水平的不一致以及政治地位的不平衡被进一步放大。西欧国家担心东扩带来移民增多、工资水平下降以及企业外迁和失业等问题，而东欧国家则顾虑被视为“二等公民”，有一定的逆反心理，这种情绪的存在使东西欧国家在面对危机时也难以充分合作。① 自 2015 年蔓延开的欧洲难民危机迟迟不能解决，一个重要的原因就是东西欧国家之间在价值理念和政治决策方面存在着极大差异。

第五，一体化经济结构不合理，失衡现象较为严重。比如希腊国民经济高度依赖于农业、旅游业和海运业，在国际金融危机爆发时，希腊旅游业收入一下子下降了 13.3%，农产品出口也受到阻碍，出口额显著下降，海运业

① 张健《欧洲一体化的问题、前景与欧盟国际地位》，《现代国际关系》2008 年第 7 期。

收入下跌更为严重，从而迅速陷入危机并难以自救，不得不寻求其他国家的帮助。区域内的贸易创造和贸易转移效应，也使欧盟内一些国家经济结构发展畸形，缺乏抵御风险的能力。一些国家公共财政较弱，过于依赖消费，依赖外来资本弥补其国内低储蓄；一些国家过于依赖其他国家的出口、经常项目赤字以及外债；还有一些国家经济结构和金融周期发展存在不一致，这些都是诱发危机的重要因素。①

就欧盟的经济形势来看，2014—2015 年欧盟经济增长率分别为 1.4％和 2％，基本走出 2009 年和 2012 年爆发的两次衰退的阴影，2015 年增长率达到欧盟自金融危机以来的最高增速，高于 2007—2011 年年均 0.6％的水平。从总量指标看，欧盟和欧元区也恢复至金融危机前水平，2015 年欧盟与欧元区 GDP 总量也分别超过了 2007 年的水平。但欧盟经济复苏从全球范围来看仍属平庸，2015 年的增长率弱于全球的 3％和美国的 2.4％，在发达国家内属于第二梯队，对全球经济增长的贡献率仍然偏低。根据目前的走向，欧盟和欧元区未来几年内仍将持续“疲弱增长”的态势，且表现难以超越 2014—2015 年。2016 年上半年，欧盟经济增长率虽为 0.9％，与 2015 年下半年持平，但德国、法国、意大利均已出现经济减速现象。根据欧盟委员会 2016 年 5 月的预测，2016—2017 年欧盟经济增长率分别为 1.8％和 1.9％，分别比 2016 年 2 月的预测值降低了 0.1 个百分点。

从欧盟内部看，其经济发展面临的“老问题”依旧存在，而“新问题”却层出不穷，欧盟自债务危机后面临的结构性问题将长期存在。2016 年 9 月欧元区通胀率仅为 0.4％，虽然比 2015 年零通胀的表现略好，但仍然处于低位，2017 年欧元区预测通胀率为 1.4％，显示未来通胀达到政策目标的前景并不乐观，低通胀与投资、消费等需求面乏力将形成恶性循环。2016 年 8 月欧盟失业率为 8.6％，为 2009 年 3 月以来表现最好的月份。但从绝对失业人口看，欧盟仍有 2097 万失业人口，青年人口失业率处于 18.6％的高位，希腊与西班牙等南欧国家失业率分别为 23.4％和 19.5％。失业人口难以消化给消

① 阎国来《欧洲经济一体化与经济增长关系研究》，吉林大学博士论文，2015 年。

费增长、企业投资信心及政府福利开支带来严峻挑战。2016 年一季度，欧元区和欧盟的政府债务占 GDP 的比重分别为 91.6%和 84.8%，比债务危机最严重的时期还有所上升，且未来难有明显下降势头，以希腊和意大利为代表的南欧重债国更是分别达到 176.3%和 135.4%的危险水平。一定程度上来说，削减债务既需要稳健的增长，其本身也是制约增长的问题所在。虽然当前欧盟再次爆发债务危机的可能性较低，但债务难解和经济乏力的死循环仍将长期存在。①

六、欧洲经济一体化的前景

欧洲的一体化起源于经济的一体化，经济一体化的前景与欧洲一体化的前景息息相关，但如今的一体化正面临着严峻的挑战。在应对债务危机的过程中，欧盟机构获得了对成员国经济政策前所未有的干预权能，日益介入成员国的政治决策。例如，加强经济治理的一揽子方案生效后，欧盟委员会在传统上属于成员国权能的政策领域内拥有了监督和评估职能，有权对违规国家实施制裁；“欧洲学期”制度在推动成员国财政政策更加紧密协调的同时，也赋予了欧盟委员会在成员国预算中的建议和监督作用，成员国民主政治与欧盟权能之间的不对称性增加，使欧盟的民主合法性出现危机。不仅如此，欧盟的功能合法性同样也面临挑战。欧盟的合法性更多来自其功能性作用，即民众认为欧盟是满足公共需求最合适的机构，能够提供有效的服务和附加值。功能合法性是欧盟长期以来“宽容共识”的基础。但近年来，欧盟在应对债务危机和难民危机问题上的力不从心严重损害了其功能合法性。根据皮尤研究中心民意调查的结果，恰是在经济和难民问题上，民意表现出对欧盟最不认同的立场。难民问题上，98%的希腊人、88%的瑞典人以及 77%的意大利人都表示不同意欧盟的方案，认同度最高的荷兰也仅有 31%的人支持欧盟方案。经济议题上，仅有 6%的希腊人、22%的意大利人、27%的法国人对

---

① http://www.sohu.com/a/119107467—522914.

欧盟应对经济问题的措施持赞成态度。这些数据表明民众不认可欧盟应对与民众切身利益相关问题的举措。合法性危机的叠加，加上英国“疑欧”传统和国内社会分化的影响，使英国在 2016 年公投选择离开欧盟。①

英国脱欧，是一体化进程中第一次有国家选择退出，除了表明一体化并非不可逆之外，也暴露了一体化模式中的深层次问题，凸显了欧盟“多重危机”的国际形象。英国是欧盟内人口第三多国家，占欧盟总人口的 13%，经济占欧盟经济总量的 15%，是欧盟范围内投资存量最大的国家，是欧盟预算的第二大出资国，是单一市场的重要推动力量，同时也是联合国安理会常任理事国，以及北大西洋公约组织的重要成员，英国脱欧必然将削弱欧盟的国际实力和影响力。英国脱欧还将对世界经济产生负面影响。公投结果出来后，英镑兑美元降至 30 多年来的最低点，欧洲各大股市也经历大幅震荡。欧洲中央银行行长德拉吉表示，由于英国的离开，欧元区未来三年的经济增长率累计将减少 0.3%至 0.5%。各大银行和经济研究所也接连调低经济增长预期，甚至不排除全球爆发第二次金融危机的可能性。② 英国公投脱欧的结果还助长了欧盟其他国家不断崛起乃至壮大的右翼民粹政党的势力。一旦右翼民粹政党在某个欧盟成员国掌权，就会加速该国与欧盟的疏离过程。在脱欧公投结果宣布几小时后，法国的国民阵线、荷兰的自由党、德国的选择党、意大利的北方联盟、奥地利的自由党都呼吁在本国进行类似的公投。欧盟关于未来发展方向的辩论将会更加激烈，不同的国家有着不同的政策主张。目前，欧盟范围内最大的共识可能就是欧盟需要改革，但改革的方向却难以确定。

不过，经济一体化发展多年，欧盟及各国收获的利益已不允许他们轻易放弃一体化的成果，英国即便脱欧仍想保留其在单一共同市场中的地位便是一个有力的证明。从过去几十年的发展历程来看，欧洲的一体化之路从来不是一帆风顺的，总是伴随着各种各样的困难。对欧盟来说，之前的每一次危机不仅仅是挑战，同时也是机遇。通过危机，发现问题、解决问题、完善自

① 金玲《英国脱欧：原因、影响及走向》，《国际问题研究》2016 年第 4 期。

② 郑春荣《欧盟未来的发展前景预判》，《人民论坛》2016 年第 20 期。

己的制度和机制，正是欧盟能够一步步走向成功的关键。

第二节 北美自由贸易区

一、北美自由贸易区概述

冷战期间，出于对抗苏联的需要，美国曾对西欧和日本给予大力支持，但随着西欧复兴和日本经济起飞，西方阵营内部实力对比发生变化，美国在经济上的相对衰落成为事实。1971 年，美国产品的世界市场占有率降到 13.4%，西欧却增至 55.1%，日本增至 10.7%。美国在世界经济秩序中的霸主地位有所下降。对此，美国政府开始调整贸易政策，由二战后追求世界多边贸易体系的“单轨”政策，转变为积极参与区域经济一体化的“双轨”政策。①

美国和加拿大之间有着历史悠久的经贸往来，早在 1854 年，两国就签订了互惠贸易协定，在农业、自然资源产品以及染料、服装等制成品贸易中实行自由贸易。南北战争后，美国单方面放弃了这一协定，直到 1935 年，两国才又重新开始相互减让关税的过程。1965 年，两国签署了《汽车产品贸易协定》，1989 年，两国又签署了《自由贸易协定》，规定了减免关税、提供服务业的国民待遇和金融服务贸易自由化、扩大政府采购市场以及争端解决机制等内容，这些内容大部分都被纳入了后来的《北美自由贸易协定》中。

历史上，墨西哥曾实行以进口替代和贸易管制为内容的工业化发展战略，通过关税、配额和许可证制度保护国内企业免受其他国家的竞争。20 世纪 70 年代世界石油价格暴涨，墨西哥政府对石油化工工业实行垄断经营，依靠石

① 周佳苗《浅析北美自由贸易区的多维历史特征》，《理论界》2015 年第 4 期。

油工业的巨额利润对其他产业实行经济补贴，以此奠定了墨西哥的工业基础。但是由于国内市场狭小封闭，加上管理贸易的政府部门日益庞大，导致企业效率和国际竞争力不断下降。80年代后，随着国际石油价格的下降，政府的宏观调控能力急剧下降，墨西哥经济陷入了困境。1982年，墨西哥陷入债务危机，与此同时，美国开始向外兜售新自由主义的经济模式。1985年9月，美国推出以财政部长詹姆斯·贝克的姓氏命名的“贝克计划”，明确提出债务国要想获得贷款，就得按西方国家要求进行宏观经济与结构改革，削减开支、紧缩财政、开放经济、放宽外资进入条件、鼓励竞争，向自由市场经济过渡，推行国有企业私有化，发挥私企积极性，实行资本流动的自由化等。墨西哥最终接受了这一模式，开始了本国一系列的改革，进口关税和进口许可证比例不断降低，对待外资的态度日趋自由化。1989年的《美加自由贸易协定》对墨西哥来说无疑是一个刺激，如果墨西哥游离于自由贸易区之外，意味着它将被美国和加拿大的市场排斥，而加入自由贸易区则可以获得长期、稳定的进入美、加市场的机会，还能大量吸收外国资本、促进本国就业和经济发展。因此从90年代起墨西哥积极主动地寻求与美国进行自由贸易协定谈判，加拿大随后也加入进来，最终三国于1992年签订了《北美自由贸易协定》(NAFTA)。

北美自由贸易区的一大特点在于不对称的合作方式，即美国居于绝对的中心地位。加拿大虽然也是发达国家，但是地广人稀，无论是经济规模还是整体实力，都远逊于美国，而墨西哥作为发展中国家，与美国的差距则更加明显。因此加拿大和墨西哥对美国的依赖程度远远高于美国对它们的依赖程度，这也使美国在三方合作中拥有绝对的主导权，这一点在美国推动加拿大和墨西哥签订劳动和环境这两个附加协定时表现得尤为明显。

北美自由贸易区的另一特点在于议题的单一性，即侧重于经济目的的考虑，而未曾考虑将合作向更多的领域扩展，这与欧盟有明显的差别。从时间上来说，北美自由贸易区的建立和《马斯特里赫特条约》的签订几乎同时发生，前者对后者多少存在一丝对抗的意图，但因为多重原因的存在，使北美自由贸易区并不会向欧盟的模式发展。欧洲的一体化，除了发展经济之外，最初还有维持欧洲和平、防止法德再次开战的目的在其中，并且各成员国之间经济发展水平相近、历史文化相同，更容易相互融合；而对美国来说，加拿大和墨西哥并不能构成传统意义上的安全威胁，彼此之间爆发战争的可能性微乎其微，随着冷战结束、苏联解体，美国更没有了安全战略方面的考虑，这使它也没有必要与其余两国在更多领域内开展深度合作。对于加拿大和墨西哥来说，也没有与美国走上一体化道路的政治意愿，毕竟实力不均衡，如果合作过于深入，将会导致本国对美国的依附性更强，甚至失去自主权。①

1994—2014 年这 20 年间，美、加、墨三国间的贸易增长了 3 倍，超过了 1 万亿美元。能源、整车、汽车零部件是贸易区内前三位的贸易产品，能源贸易占比高达 16%。美国从加拿大和墨西哥进口的原油占美国原油进口的 40%，2013 年美国从这两国进口的原油价值达 1083 亿美元。1993—2013 年，美国对加拿大的出口从 1002 亿美元增加到 3002 亿美元，从加拿大的进口从 1109 亿美元增加到 3321 亿美元。同时期美国对加拿大服务贸易的进口从 90 亿美元增加到 300 亿美元，出口从 170 亿美元增加到 640 亿美元。同一时期的美墨双边贸易中，美国对墨西哥的出口从 416 亿美元增加到 2262 亿美元，从墨西哥的进口从 399 亿美元增加到 2805 亿美元。在服务贸易方面，美国对墨西哥的进口从 80 亿美元增加到 170 亿美元，出口从 110 亿美元增加到 290 亿美元。加墨双边贸易中，2013 年加拿大与墨西哥的双边贸易达到了 320 亿美元，自 1993 年以来增加了 550%，2012 年双边服务贸易的总额也达到了 32 亿美元。②

由于很难将自由贸易协定和其他影响因素产生的效果截然分开，对 NAFTA 的效用研究者们莫衷一是。但一般认为，自由贸易协定对美加两国经济产生的影响较小，对墨西哥产生的作用更加明显。加入北美自由贸易区对墨西哥的发展既有积极的一面，也有消极的一面。北美自由贸易区的成立，

---

① 程宏亮《北美自由贸易区：一种“美国模式”的地区主义战略》，《复旦国际关系评论》2009 年第 1 期。

② 朱颖、张佳睿《北美自由贸易区运行 20 年的经济效应：国外文献述评》，《上海师范大学学报》（哲学社会科学版）2016 年第 1 期。

降低和消除了成员国彼此之间的关税和非关税壁垒，大大促进了墨西哥和美国、加拿大的贸易增长，增加了墨西哥国内的就业机会和出口份额，促进了国内产业的调整和发展，也提升了本国经济的整体竞争力。除个别年份以外，墨西哥的GDP都保持了强劲增长的势头。1994—1995年，墨西哥经历了严重的经济危机，货币贬值、股市狂跌、资金外逃，一些观点认为，这是加入北美自由贸易区后金融服务领域过度自由化的结果，但也正是因为加入了自由贸易区，在美国和加拿大的大力支持下，特别是美国先后给予墨西哥400亿美元的金融援助，又说服世界银行、国际货币基金组织拿出数百亿美元施援，才使墨西哥免于遭受更大的金融损失，迅速恢复了经济发展。不过关税和非关税壁垒的降低和消失，也使墨西哥对加拿大，尤其是美国的依赖性加深，更容易受到它们的影响和冲击。例如墨西哥的农业本身就生产效率低下、产品价格偏高，不具有国际竞争力，无法同美国的农业竞争，而美国巨额的农业补贴更是使墨西哥农业的处境雪上加霜。1994年以来，墨西哥从美国进口的农产品增加了726%，使国内的小农阶级几乎消亡。自由贸易协定中，美国期望的跨国投资法制化的目标几乎全部实现，它所要求的国民待遇、最惠国待遇、最低待遇标准等都得以体现，在征收补偿标准上采用的也是美国一贯主张的赫尔公式，就连在乌拉圭回合谈判中大打折扣的履行要求（投资措施）的禁止都在协定中得到广泛的落实。虽然墨西哥也认识到自由化水平这么高的投资制度可能会对国家经济和主权产生不利的影响，但为了吸引外资、建设工业化国家，墨西哥不得不做出一些让步。NAFTA为墨西哥提供了一个较好的投资环境，为投资者提供了必要的信心，使美国和加拿大在墨西哥的投资迅速增长。2015年美国对墨西哥的直接投资达到墨西哥外来投资总额的52%，保持了其多年来作为墨西哥第一大直接投资来源国的地位。虽然有观点担心高水平的投资政策会给墨西哥带来沉重的负担，侵蚀其国家主权，但从实际情况来看，墨西哥在NAFTA下的投资者与国家争端解决机制中并不是被起诉最多的国家，对墨西哥的主权和经济的影响也不像想象中的那般严重。发展中国家低廉的劳动力被认为会对国际贸易产生不公平的影响，作为一种变相的贸易壁垒遭到了发达国家的强烈反对。NAFTA是第一个明确涉及劳工权益的自由贸易协定，《北美劳工合作协议》的签订，促使墨西哥改善本国劳动者的劳动权利，北美的劳工领导人和基层的工会成员也联合起来要求提高和改善墨西哥工人的工资和生产条件，以减轻美国公司因为墨西哥廉价劳动力的优势而将公司南迁带来的冲击。加强对劳工权益的保护还有助于缓解墨西哥的移民问题。一旦墨西哥国内居民生活水平下降，前往美国的非法移民数量就会增多，这也会影响到美国的利益，加强劳动权益保护对稳定美墨边境具有重要的作用。①

二、《北美自由贸易协定》的主要内容

协定包括八个部分：总则，货物贸易，贸易的技术壁垒，政府采购，投资、服务和相关事宜，知识产权，管理制度，附则，共 22 章。此外它还包括三国事后签订的与环境和劳动保护相关的两个补充协议。其中的主要内容包括：

（一）逐步取消关税和非关税壁垒

消除成员国之间的贸易障碍、实现区内贸易的自由化，是任何自由贸易区的基本目标。NAFTA 规定，美、加、墨三国将在 10—15 年内逐步取消相互之间的贸易壁垒，实现商品的自由流通。考虑到墨西哥作为一个发展中国家，其大部分企业的劳动生产率无法与美国和加拿大相比，NAFTA 特别设定了较长的过渡期，从而有利于墨西哥调整国内的经济结构和提高产品的竞争力。协定生效后，墨西哥 70％的出口产品能够立即自由进入美国和加拿大的市场，而美、加两国只有 40％的出口产品能够立即自由进入墨西哥的市场。另外，NAFTA 虽然禁止设立出口税，但允许墨西哥对某些商品征收出口税，以避免其国内粮食和基本消费品的短缺。协定规定，三国将取消现行的配额制度、进口许可证制度以及其他一切阻碍进出口的非关税壁垒，但每个成员

① 慕景丽《发展中国家参与南北型区域经济一体化研究》，厦门大学硕士论文，2008 年。

国都保留在边境实行有限限制的权利。作为例外，当墨西哥对某些产品的进口进行限制时，可不受有关规定的制约。

（二）原产地规则

原产地指的是货物的“国籍”，也就是生产或制造货物的国家或地区。由于各国对进口产品往往制定了不同的关税标准，对来自不同国家的产品分别征收不同的关税，因此必须利用原产地规则来判断产品的“国籍”，避免其他国家通过地区间的优惠贸易安排“搭便车”，享受优惠关税。原产地标记能够起到广告、保证的作用，表明商品来源，满足消费者对特定产品的需求，促进产品的销售。在贸易统计方面，无论是世界贸易组织等国际机构对世界各国的国际贸易情况进行统计、分析，还是各国海关统计本国贸易情况以制定和调整本国贸易政策，都离不开对货物原产地的确定。而一国在实施非关税贸易措施时，例如反倾销、反补贴、许可证的发放、配额的供给，也都需要考虑产品的原产地。因此原产地的确定有十分重要的意义。

协定第四章第 401 条是关于原产货物的一般性规定：“除非本章另有规定，如果满足以下条件，产品将视为原产于成员方境内：（a）在符合第 415 条规定的情形下，货物完全获得或生产于一个或多个成员方境内。（b）作为完全生产于一个或多个成员方境内的产品，任何用于产品生产的非原产材料都须经过附件 401 规定的税则目录的改变，该产品税则目录的改变并非必须时，必须满足附件规定适用的其他要求以及满足本章要求适用的其他规定。（c）产品全部采用原产的材料，并完全在一个或多个成员方境内生产。（d）除了《商品名称及编码协调制度》（以下简称 HS）第六十一至六十三章项下的产品外，但是由于以下原因，完全在一个或多个成员方境内生产的，一项或多项根据 HS 规定作为生产产品所使用一部分的非原产材料，并未经历税则改变而生产的产品：（ⅰ）以未组装或不可组装的形式进口到成员方境内的产品但是按照对 HS 进行解释的《一般解释规则》（以下简称 GRI）的规定被归类为组装产品；（ⅱ）产品的‘目录’规定或具体描述了产品自身及其部件，但并未进一步细分成‘子目录’，或者产品的‘子目录’规定或具体描述了产品自身及其部件，但是根据第 402 条规定使用交易价值方法确定的产品区域价值含量不低于60%，或者使用净成本方法确定的价值不低于50%，而产品满足本章规定的其他适用条件。”

确定货物原产地有多种方法，第401条a项和c项使用的是“完全获得标准”，b项的情形属于“实质改变标准”，该标准又可细分为税则目录改变标准、加工工序标准和当地价值含量标准。b项是对税则目录改变标准和加工工序标准的结合适用，其基本要求是所有非原产材料必须符合附件401的规定实现税则目录的改变，而且这一转变过程应完全发生并完成于一个或多个成员方境内。第402条给出了计算当地价值含量的两种方法：交易价值或者净成本，每种方法都有不同的计算公式。交易价值计算方法的基准是实际支付的货物的价格，这种方法免除了复杂的成本计算，只是利用出口产品的价格以及非原产地原料价格的差额，但这并不反映产品的真实价值。净成本计算方法是以货物的总成本减去特许费、促销广告费、包装费和运输费而得出的成本费，因此净成本仅包括直接为生产而开支的费用。交易价值方法的计算程序比净成本方法的计算程序简单，得出的当地价值含量也比较高，比较容易满足当地价值含量要求。协定原则上允许生产者自主选择对自己有利的任何一种计算方法，但是在某些特殊情况下，比如交易价值不符合GATT的海关估价守则，协定规定必须使用净成本方法计算；如果产品的价格是在关联交易的情况下产生的，那么也要使用净成本方法计算；如果产品属于协定特别强调必须使用净成本方法计算的产品，如汽车等敏感产品，就必须强制使用净成本方法计算当地价值的含量。

协定对一些敏感、重要的部门和行业制定了特殊的原产地规则，例如汽车及其部件、纺织品及服装、电子产品、复印机等等。就汽车及其部件来说，它的原产地规则来源于美国和加拿大签订的自由贸易协定中的规定，但又有所改变。协定生效后的第一年至第四年，北美地区本地价值含量超过50%以上的产品才能享受优惠的税收待遇，第五年至第八年，本地价值含量应增加到56%，第九年则应达到62.5%的最终标准，且上述价值含量都应根据净成本计算的方式来衡量。由于加拿大和墨西哥的汽车工业并不健全，为吸引亚洲及欧洲汽车制造商在本国投资设厂，两国均主张设立较低的地区价值含量标准，但美国力主维持较高的价值含量标准，以保护本国的汽车产业和汽车制造商。实践中，严格的原产地规则迫使在墨西哥投资设厂的日本及欧洲汽车制造商加大采购北美地区生产的、主要是美国生产的汽车零部件，这也带动了北美自由贸易区内汽车零配件行业以及钢铁、橡胶、汽车电子等众多相关产业的发展。

（三）服务贸易

NAFTA中有关服务贸易的内容集中体现在第五部分，包括第十二章《跨境服务贸易》、第十三章《电信》、第十四章《金融服务》、第十五章《竞争政策、垄断和国有企业》以及第十六章《商务人员的临时入境》。

第十二章较为全面地规定了服务贸易自由化的措施，包括国民待遇、最惠国待遇、数量限制、许可及证明、利益的拒绝给予、保留条款、例外情况和一些术语的定义。第十三章对适用范围、共同电信传输网及服务的有权使用、价值增值服务条款的条件、相关标准的措施、垄断、技术合作等做出了规范。协定适用于一缔约方就另一缔约方的法人或自然人进入或使用公共电信传输网络或服务（包括经营私人网络）而采取或保留的措施，一缔约方就另一缔约方的法人或自然人在其境内或跨境提供改进或价值增值服务而采取或保留的措施，关于附加终端或其他公共电信传送网设施的标准而采取的措施。第十四章制定了一套综合性的原则和方法对金融服务的政府措施进行约束。在金融服务上适用非歧视待遇原则和透明度原则，规定了对金融服务领域产生影响的措施和一些国家的保留意见。第十五章涉及竞争法、垄断和国有企业、贸易与竞争政策工作组以及有关概念的定义等内容。垄断性行业的服务提供者不能采取与协定不一致的措施，不得滥用其垄断地位在非垄断性市场上采取不正当竞争的手段占领市场，不得对其他缔约方的服务提供者构成歧视。第十六章对一缔约方的商务人员临时进入另一缔约方境内从事商务贸易活动做了程序性的规定，在客观、协调的标准下，在互惠的基础上便利商务人员的临时进入，而且缔约方应互相提供商务人员临时进入的有关信息及一些解释性的资料，并且还应该提供身份证明以得到进入国的许可。[①]

和《服务贸易总协定》（GATS）相比，NAFTA 中有关服务贸易的规定与前者有诸多方面的不同。例如，NAFTA 中将服务贸易区分为跨境服务贸易和投资两种类型，此处的跨境服务贸易相当于 GATS 中所指的跨境提供、境外消费和自然人流动，而投资则相当于 GATS 中的商业存在，因而在章节安排上二者也存在较大差异。在服务部门的范围方面，GATS 的范围十分广泛，除了空运以及行使政府权力所提供的服务以外，几乎包括了所有的服务部门，而 NAFTA 还包括了一些 GATS 中没有涉及，但缔约方同意向私人开放的部门，如社会救助、公共健康和教育等传统上属于政府职能领域的部门。在谈判方式上，GATS 采用正面清单的方式进行市场准入的谈判，即成员对相关服务部门和服务模式的市场准入给出具体承诺后，该成员才承担向外国服务以及服务提供者开放市场的义务，而且成员国可以在具体承诺表中继续列明例外措施；而 NAFTA 采用负面清单的方式进行谈判，在这种方式下，除非清单明确表示保留，否则所有的服务部门都要承担市场准入、国民待遇和最惠国待遇的义务。在核心义务方面，二者也有较大不同。GATS 规定了市场准入条款，而 NAFTA 中并没有对市场准入做专门的规定，仅包含类似于数量限制的规定，以及禁止对服务提供者的数量或经营施加任何配额类型的限制；GATS 规定不得对服务提供者运营的总数或总生产数量施加限制，而 NAFTA 则禁止一切与经营有关的措施，可见它的市场开放程度比 GATS 更高。在国民待遇条款方面，二者的表述也有所不同。GATS 规定“每一成员在影响服务提供的所有措施方面，给予任何其他成员的服务或服务提供者的待遇，不得低于其给予本国同类服务或服务提供者之待遇”，NAFTA 的规定是“在同类情形下，提供的待遇不应低于本国的服务提供者”，相比之下，后者更有利于保护服务提供者的利益。至于维持现状条款和禁止反转条款更是 NAFTA 的特色，在 GATS 中没有涉及。所谓维持现状条款，是指任何新措施的待遇，不得低于协定生效时的既有措施。禁止反转条款比维持现状条

① 黄薇《北美自由贸易区服务贸易制度研究》，广西师范大学硕士论文，2008 年。

款更进一步，要求缔约方未来所采取的单边自由化措施，成为具有约束效果的承诺，即现有限制一旦取消，便不得恢复。换言之，禁止反转条款的比较基础，并非协定生效时所存在的措施，而是该措施本身的优惠程度是否受到减损，它的目的在于防止缔约方自主推行的政策变革出现倒退。①

（四）投资争端解决

NAFTA第十一章是对投资的规定，其中分为A、B两个部分。A部分是对投资待遇和保护的实体性规定，包括国民待遇、最惠国待遇、待遇标准、最低待遇标准、履行要求、高管与董事、保留与例外、转移、征收与补偿、利益拒绝等内容。B部分规定的是投资者与国家的争端解决机制。协定中对投资的实体性规定代表了典型的美式投资协定的内容，与同时代其他投资协定相比，具有更高的自由化程度以及更高的保护水平，有利于促进资本在成员方之间的流动以及对投资者的保护。

当投资者与东道国发生争端的时候可以援引协定中规定的投资者与国家争端解决机制加以解决。与一般的投资协定不同的是，NAFTA没有将争端的解决交给解决投资争端国际中心（ICSID），而是创设了自己的争端解决机制。

协定第1122条规定，每一缔约国均同意遵照本协定所规定的程序将索赔提交仲裁法庭仲裁，这意味着美、加、墨三国一致同意，如果发生投资争端就可以直接启动投资者争端解决程序，这与一般的投资条约中的做法是一致的。要想启动投资争端解决程序首先要有合格的投资者，协定第1139条对“投资者”给出了一个十分宽泛的定义，包括寻求投资、准备投资和已经投资的缔约国的国民或者企业。根据协定第1117条的规定，对于一个非协定缔约国国民控制但按照缔约方法律建立并在该缔约方领土上有商业存在的外国附属机构，同样享有在投资利益受到损害时寻求救济的权利。显然，NAFTA保护的投资者的范围是十分宽泛的，不过在特定情形下，仲裁也可能被拒绝。

① 李墨丝《区域服务贸易自由化的新趋向——基于GATS和NAFTA类型协定的比较》，《上海对外经贸大学学报》2015年第3期。

例如投资者虽然是按照缔约方法律设立的企业，却由与东道国没有外交关系的国家的国民所有或控制，或者该企业在缔约国范围内并没有从事实质性的商业活动，这些都可能导致仲裁庭无法成立。其次，投资争端解决机制解决的必须是有关“投资”的争端。NAFTA 对投资范围的规定同样十分宽泛，主要从企业的角度对“投资”进行了定义，包括企业、企业财产超过其负债的所余价值的证券、三年期以上的企业的债权证券、三年期以上的企业的贷款等等。相对于《华盛顿公约》要求提交仲裁的必须是与投资有关的法律争端，协定中并没有特别强调这一点，不过从实践来看，投资者寻求保护的也都是东道国所侵犯的协定第十一章 A 部分中规定的实体性权利。值得注意的是，协定第 1138 条规定了不适用于投资争端解决的例外情形，分别是缔约一方根据第 2102 条（国家安全例外条款）所做的禁止或限制投资的决定，以及由于附件 1138.2 条所引起的争端。虽然美国长期以来一直反对加拿大和墨西哥的投资审查，但附件 1138.2 条的规定还是为加拿大和墨西哥提供了采取这种行动的空间。它规定，加拿大依据《投资加拿大法案》所做的是否允许收购的决定以及墨西哥外国投资国民委员会所做的是否允许收购的决定都不适用争端解决程序。

与一些投资协定不同的是，NAFTA 没有将用尽当地救济作为进行仲裁的前提，也就是说发生争议后，投资者可以直接提起仲裁，但在此之前，还有一些前置程序需要完成。根据协定第 1118 条的规定，发生争议的投资者和东道国必须尝试通过磋商或谈判的方式解决问题，若不能解决问题而必须仲裁的话，投资者应当在提起仲裁至少 90 天前，以书面方式告知东道国其索赔要求及权利主张，书面通知中应当载明投资者的名称和详细地址、宣称所违背的协定的条款、请求仲裁的争议和事实、所寻求的救济和主张的赔偿数额等。最终，在争议事实发生 6 个月之后，投资者可以将权利主张提交仲裁庭。在投资者向仲裁庭提交仲裁申请时，仍需满足一定的条件。第 1121 条规定，投资者在提起仲裁时必须明确表示放弃通过其他途径提出或继续解决其争议的权利，也就是说，当提起仲裁时，无论投资者是否已经寻求了其他的救济方式，都可以停止并转向仲裁机制，这种意思表示必须是书面的，并且也应当被送到争议当事国的手中。不过，根据附件 1120.1 条的规定，在投资争议涉及墨西哥时，投资者不可以在依据协定第十一章提起的仲裁和在墨西哥法院或行政法庭的审理过程中都主张墨西哥违反了第十一章 A 部分的义务。也就是说，一旦投资者向墨西哥法院或行政法庭起诉、寻求对他根据第十一章 A 部分所享有的权利进行保护时，就丧失了利用第十一章 B 部分规定的争端解决机制保护相同权利的机会。但在实践中这样的要求并没有被严格遵守。例如在 Ethyl 公司诉加拿大案中，加拿大声称 Ethyl 公司在启动争端解决机制时，没有按时提交仲裁申请的书面同意和放弃国内继续进行私法和行政救济程序权利的书面同意，并且在引起争议的事项发生未满 6 个月时就提起了仲裁，因此仲裁无效；但仲裁庭认为这些不过是形式问题，并不会影响仲裁的实质性审理，从而拒绝了加拿大的主张。①

NAFTA 对仲裁庭组成的规定与其他投资条约相比并没有太大的不同，即一般情况下由三人组成，其中两人由双方当事人各自选派，第三人由双方共同决定。如果在提交仲裁请求后的 90 天内当事方没有选派仲裁员或双方就首席仲裁员的选派不能达成一致意见，自由贸易区委员会秘书长应根据一方当事人的请求在事先确定的 45 人仲裁名单中进行指派，指派时需避免该仲裁员拥有当事任何一方的国籍，如果没有符合条件的仲裁员，秘书长可以将选择的范围扩大到 ICSID 的专家成员中。

仲裁庭审理时可适用的法律包括 NAFTA 以及可以适用的国际法规则，自由贸易区委员会对协定的解释也具有拘束力，但当事人不能自行选择和约定所适用的法律。至于“可以适用的国际法规则”包括哪些内容，协定中并没有确切说明，而是交给仲裁庭根据实际情况加以判定。根据第 1136 条的规定，每个案件的裁决都只对特定案件和特定当事人具有约束力，因此并不具有先例效力，这就有可能导致仲裁庭在不同案件中所适用的法律尤其是对协定的解释存在不一致的地方，而这种不一致很可能会导致不同的裁判结果；对当事方来说，由于无法形成对裁决结果的预期，可能承担的义务和责任因

---

① 王娟《NAFTA 中的 ISDM 程序问题》，广西师范大学硕士论文，2013 年。

此也处于不确定中。

协定第 1135 条规定，裁决结果仅包括对争端当事方金钱的赔偿和财产的返还，但不能给予惩罚性赔偿的裁决，其他形式的救济，如禁止令、公布一项措施是违宪的或请求政府履行特定义务等不涉及补偿支付的请求，并不在仲裁庭的权力范围之内。根据第 1121 条的规定，这些事项由东道国加以解决。裁决的结果一旦做出便发生效力，并不存在上诉机制，但当事方可以根据所采用的仲裁规则中的规定请求确认裁决结果的效力。如果裁决结果是合法有效的，那么败诉的一方（东道国）应当执行，若不主动执行，根据投资者母国的请求，自由贸易区委员会将组成专家组，专家组将根据投资者母国的要求认定东道国不执行裁决结果的行为违反了协定的义务并要求其履行。

仲裁的一大特点是不公开性，这引发了人们对透明度乃至公平公正的担心。根据第十一章的规定，公众唯一可以获得的有关争议的资料是最终的裁决，这也只是在涉及美国和加拿大的案件中如此，如果仲裁的被申请人是墨西哥，那么它还保留了维护仲裁秘密的权利。社会公众强烈呼吁仲裁程序能够公开透明，尤其是在环境保护、公共健康、劳工保护等敏感领域为社会公众提供更多信息，以实现对政府的社会监督。因此，大量非政府组织以及代表不同领域公共利益的民间团体，不断提出以“法庭之友”的身份参与投资争端仲裁程序的申请，并积极向仲裁庭提交书面意见，希望通过这种方式为仲裁庭提供事实信息、法律解释和相关意见，对裁决产生影响。协定第 1128 条规定，非争端缔约方可以就协定的解释问题向仲裁庭提交意见，前提是书面告知争端当事方，这是协定中唯一的允许非当事方参与仲裁程序的规定，并把主体范围限定在了协定的缔约方之间，很显然，这与传统意义上的第三方参与仲裁的“法庭之友”制度有很大不同。2003 年，自由贸易委员会发表声明，表示今后投资争端仲裁庭将在特定情况下接受第三方作为法庭之友提交的书面意见，仲裁庭可以自行决定是否接受这种意见，但不能影响缔约国作为第三方介入仲裁。向仲裁庭申请提交法庭之友意见的非争端当事方可以获取争端当事方在仲裁中提交的答辩状，但自由贸易委员会只要求作为争端一方的国家披露与仲裁相关的文件，对投资者一方当事人并没有类似要求，且披露文件的具体时间也没有明确规定。在决定是否接受申请人提交的法庭之友书面意见时，仲裁庭将权衡争议涉及的公共利益、申请人在仲裁中所代表的利益、意见是否在争议范围之内，并考虑该意见是否有助于仲裁庭决定案件的事实或法律问题。这些规定清晰地反映了美国法庭之友制度和实践的影子。在该声明做出后，仲裁庭逐渐转变了态度，在不少案件中都表示欢迎或者接受法庭之友提交的意见，这对于提升仲裁透明度、促进公平合理审判结果的做出具有积极的意义。①

截至 2014 年 12 月，根据协定提起的投资争端仲裁共有 78 起，其中加拿大被诉 34 起，美国和墨西哥分别被诉 20 起，基本上所有的投资争端都涉及对协定第 1102 条国民待遇和第 1105 条最低待遇的违反，因征收以及征收补偿数额引发的争议也不在少数。② 在仲裁实践中暴露出来的一些问题，例如仲裁庭对协定的扩大化解释、对投资者的偏袒等，引起了缔约国的不满，也推动了相关立法的改革，这尤其体现在近年来美国制定的投资协定范本以及与其他国家签订的投资协定和自由贸易协定中。美国晚近签订的协定在很大程度上是对 NAFTA 运行过程中产生的问题的回应，即在坚持对其海外投资给予强硬保护的同时，尽力维护政府对经济进行规制的权力，并在二者之间寻求平衡。③

（五）贸易争端解决

NAFTA 中对贸易争端同样规定了一套自己的救济措施。协定的第二部分规定了保障措施问题，第七部分的第十九章规定了反倾销和反补贴的复审和争端解决。第十九章规定了以下内容：一般条款、适用国内反倾销法和反补贴法、对法律修改的复审、对最终反倾销和反补贴裁定的复审、专家组复审体制的保障、适用、磋商、特别秘书条款、行为准则、杂项、定义。这些

---

① 周宇《NAFTA 投资争端仲裁中的法庭之友制度研究》，厦门大学硕士论文，2007 年。

② 王华勇《北美自由贸易区争端解决机制研究》，上海师范大学硕士论文，2015 年。

③ 吴雪燕、曾文革《从 NAFTA 到双边 FTAs：外资保护与政府干预的平衡解——以美国为例》，《学术论坛》2009 年第 11 期。

制度在早先美国与加拿大签订的自由贸易协定中就已经存在，NAFTA 基本上将其照搬过来。二者的不同之处在于，美加自由贸易协定第 1906 条规定：“本章规定将在五年内有效，在此期间，两国应制定适用于双边贸易的反倾销和反补贴实体规则。如果该规则在五年到期时未能达成并执行，本章规定将延长适用两年。如果在两年到期时仍未达成，任何缔约方均可提前六个月通知终止执行本协定。”可见该协定的最终目的是制定适用于双边贸易的统一的反倾销法和反补贴法，并进而取代各自国内的现有立法，而 NAFTA 并没有设立这样的目标。适用各自国内反倾销法和反补贴法成为一项永久的制度，这与三国分属于不同的法律体系有密切的关系。此外，NAFTA 还规定了专家组复审体制的保障机制，以保障双边专家组程序的顺利和有效实施，而美加自由贸易协定没有这样的内容。

专家组复审机制的职能在于对法律修正案进行复审以及对缔约方调查机关所做的最终反倾销裁定和反补贴裁定进行复审。根据协定的规定，在履约期间，各缔约方有权修改其国内的反倾销法和反补贴法，如果一缔约方对另一缔约方的国内反倾销法或者反补贴法的修正案有异议，可以书面形式要求成立专家组进行复审，判定修正案是否符合 GATT、《反倾销协议》、《反补贴协议》，或缔约方签署的其他协定的要求。除非缔约方另有协议，专家组应在指定专家组主席后的 90 天内向争端当事方提交初步书面意见，载明认定的事实和裁决。专家组应在争端方对初步意见提出异议后的 30 天内签发最终的书面命令，如果争端方没有提出异议的话则初步意见将成为最终裁决。如果专家组建议被指控的一方对其修正案进行修改，争端双方应立即磋商，尽最大努力在最终裁决发布后的 90 天内达成一致；如果对修正案的修改未能按期颁布或双方未能达成一致意见，争端一方可以请求授权采取报复行动。

专家组还可以对缔约方调查机关所做的反倾销和反补贴的最终裁定做出复审，不过根据附件第 1911 条的规定，专家组对每个缔约方可复审的范围是不同的：（1）美国：美国商务部国际贸易署（ITA）或者国际贸易委员会（ITC）做出的最终肯定性裁决、否定性裁决，行政复审最终裁定，行政复审裁决；ITC 不基于情况变化而裁定进行复审的最终决定；ITA 对于裁定范围内商品所做的最终裁定。(2) 加拿大：加拿大国际贸易法庭（CITT）做出的最终损害裁定，CITT 在复审中做出的最终裁定，加拿大边境服务署（CBSA）做出的最终裁定，CBSA 做出的再审裁定，CITT 再审决定，CBSA 对价格承诺进行复审所做的最终裁定。(3) 墨西哥：经济部做出的反倾销最终裁定和反补贴最终裁定，反倾销和反补贴年度行政复审最终结果，关于商品范围的最终裁定。值得注意的是，墨西哥有关机构做出的日落复审裁定不在专家组的复审范围之内。所谓的日落复审指的是在反倾销措施执行满五年之前的合理时间内，国内产业或其代表提出有充分证据的请求而由主管机关发起的复审；若在该复审中主管机关确定终止反倾销税可能导致倾销和损害的继续或再度发生，则可继续征收反倾销税。在复审期间，原反倾销措施继续有效。在墨西哥对原产于美国的液体烧碱的反补贴案中，专家组最终认为，应当尊重缔约方在条约中的意思表示和选择，既然条约中没有明确将日落复审裁定包含在复审裁定内，那么专家组就无权进行复审，哪怕可能会对其他缔约方造成义务上的不平衡。NAFTA 的规定与 WTO《关于争端解决规则与程序的谅解》的规定有明显不同，后者并没有将专家组受理的反倾销和反补贴争端局限于各成员方所做的最终裁定，而是规定专家组应该按照有关规定，审查争端当事方提交裁决的事项，并提出调查结果以协助专家组提出建议或做出相关裁决，这意味着 WTO 成员方可以将与反倾销和反补贴相关的一切事项提交专家组，而不区分初步裁定和最终裁定。

第十九章规定的争端解决机制可能引发区域管辖和 WTO 管辖之间的冲突，在一些案件中，例如美加软木案、墨西哥对原产于美国的高果糖玉米糖浆反倾销案等，都先后被提交到 NAFTA 和 WTO，如何协调这二者之间的关系是一个值得注意的问题。

在墨西哥对原产于美国的高果糖玉米糖浆反倾销案中，墨西哥全国糖酒业协会向墨西哥工商部提出申请，请求对原产于美国的高果糖玉米糖浆发起反倾销调查。1998 年，墨西哥工商部发布最终裁决，决定对原产于美国的高果糖玉米糖浆征收反倾销税，随后美国高果糖玉米糖浆出口商请求根据 NAFTA 第十九章设立专家组对反倾销裁决进行复审。由于专家组的组成屡次发生迟延，1998 年 5 月美国政府请求与墨西哥政府进行 WTO 程序下的磋商，磋商未能达成协议，之后美国政府要求 WTO 设立专家组，指控墨西哥违反了 WTO 反倾销规则的相关规定。2000 年，专家组做出了报告并最终获得通过。由于美国将该争端提交至 WTO 且争端解决机构已经做出并通过了专家组报告，因此墨西哥请求终止根据 NAFTA 设立的专家组的复审，而专家组裁定自己将继续进行审理并最终做出裁决。该案所反映的问题是：当争端已经根据协定提交给专家组后，WTO 是否还能进行审理？在 WTO 已经做出裁决后，专家组是否还能继续进行审理？该案中，墨西哥政府认为，WTO 的裁决意味着先前做出的反倾销裁决已经被废除，那么基于该裁决提起的在 NAFTA 下的专家组程序自然也应当终止。但专家组认为，WTO《关于争端解决规则与程序的谅解》并没有将废除争端一方所采取的措施作为直接目的，而只是要求败诉的成员方采取与 WTO 规则相符的措施，既然如此，墨西哥政府之前做出的反倾销裁决就一直存在，专家组便享有管辖权。

表面上看，上述案件似乎发生了管辖权的冲突或者竞合问题，不过有观点认为并非如此：虽然两次审理针对的都是墨西哥做出的反倾销裁决，但首先争端当事人不同，在 WTO 规则下，原告是美国政府、被告是墨西哥政府，而在 NAFTA 规则下，原告是美国出口商、被告是墨西哥工商部；其次，被指控违反的法律不同，前一个案子中美国政府指控墨西哥政府的做法违反了 WTO 的反倾销规则，而后一个案子中美国出口商指控墨西哥工商部违反了墨西哥反倾销法，既然如此，便没有发生管辖权的冲突，也无须根据“一事不再理”的原则来解决。

实践中，各国在缔结区域自由贸易协定时已经注意到这一问题并开始有意识地加以处理。例如，中国与东盟自由贸易区《关于争端解决机制的协议》的第二条第 5 款至第 8 款就规定：“5. 在遵守第 6 款的前提下，本协定不妨碍缔约方依据其均是缔约方的其他条约，诉诸该条约项下争端解决程序的权利。6. 涉及本协议项下或者争端当事方均是缔约方的其他条约项下具体权利或义务的争端，若本协定项下或其他条约项下的争端解决程序已经启动，起诉方所选择的争端解决场所应排除其他争端解决场所对该争端的适用。7. 对一具体争端，争端当事方明示同意选择一个以上的争端解决场所的，第 5 款和第 6 款将不适用。8. 为第 5 款至第 7 款的目的，一俟起诉方依据本协议或争端当事方均是缔约方的其他条约，要求设立或将争端提交一争端解决专家组或者仲裁庭，将视为起诉方已经选择了争端解决场所。”这种管辖排除条款意味着当一项争端可以诉诸多个场所时，如果选择了其中一个，便排除了其他场所的适用，除非当事人另有明确的同意。但问题是，WTO 的争端解决规则中并没有类似的规定，也就是说，如果当事方启动了自由贸易协定下的争端解决程序，但因为某种原因对该程序不满，则完全有权力再根据 WTO 的规定提出磋商和设立专家组的申请。这一问题的解决有待 WTO 条约的完善，不过目前少见要求 WTO 接受管辖排除条款的呼声，现实中发生管辖权竞合的情形也不多，这一问题或将长期存在。①

同样可能涉及管辖权冲突的还有专家组复审与缔约国国内司法复审之间的关系。从 NAFTA 的文本来看，它并没有禁止当事人将调查机关做出的反倾销裁定和反补贴裁定提交至国内司法机关复审，而是赋予了当事人选择的权利。缔约方设立专家组的请求应在最终裁决公布后的 30 天内提出，如果未能按时提出请求则不能进行专家组的复审，但这并不排除当事方通过其他方式寻求救济。二者的关系是排他的，当事方选择了其中任何一种救济方式，都失去了再援引另一救济方式的权利，不过如果当事方寻求专家组的复审、而专家组未做出裁决并终止案件时，缔约国国内的司法机关依然可以介入。因为司法复审救济途径的存在，也使 NAFTA 第十九章中规定的申请复审的申请人的范围更加宽泛，不仅包括缔约国政府，也包括缔约国的地方政府和国民。统计表明，提起专家组程序最多的是缔约方的生产者或出口商。② 这也是它与 WTO 的不同所在，在 WTO 体制下，专家组只解决成员方政府间基于 WTO 协定的解释和执行所发生的争端，而不受理非成员之间的争端。

---

① 纪文华、黄萃《WTO 与 FTA 争端解决管辖权的竞合与协调》，《法学》2006 年第 7 期。

② 王华勇《北美自由贸易区争端解决机制研究》，上海师范大学硕士论文，2015 年。

NAFTA 第十九章规定的专家组名单的设立与第二十章以及 WTO 的规定都不相同。根据 WTO 的规定，秘书处会保存一份具备资格的政府和非政府个人的指示性名单并从中选出专家组成员，WTO 成员可以定期提交可供列入指示性名单的政府和非政府个人的姓名，经争端解决机构的批准，便可将其列入指示性名单。这意味着专家组成员的候选名单是由 WTO 秘书处提供的，无须各成员方的批准和同意。NAFTA 第二十章规定，30 人的仲裁小组名单由缔约方经过协商一致的方式指定，这种方式有可能会影响仲裁的效率，因为任何一方都可能阻碍仲裁小组成员名单的设立，进而导致每个案件中的仲裁小组难以成立。相比之下，第十九章要求缔约方各自设立一个不少于 25 人的专家组候选名单，无须与其他缔约方协商或取得它们的同意，从而有助于提高效率。第十九章下的专家组由五人组成，争端双方各指定两人，并且应当获得对方的同意。另一当事方可以对专家组人选提出异议，但提出异议的对象至多不能超过四个。如果在设立专家组请求提出后 30 天内未指定专家组成员，或者指定专家组成员被提出异议且在 45 天内未能指定替代成员，则应以抽签方式从专家组候选名单中加以选定。同理，若在设立专家组请求提出后的 55 天内争议双方未能就第五名专家组成员达成共识，那么也需要通过抽签的方式来确定。由于缔约方通常倾向于指定本国国民作为专家组成员，所以在审理时很容易根据国籍的不同形成意见的对立，并导致专家组的僵局，这一点在美加软木案中表现得尤为明显。

与 WTO 不同，NAFTA 第十九章没有规定对专家组裁决的上诉机制，专家组程序具有终局性。第 1904 条第 13 款虽然规定了特别异议程序，却设定了非常严格的条件，截至目前该程序很少被使用，且提起程序的所有案件均被驳回。第 1904 条第 13 款规定，如果同时存在下列两种情形，有关缔约方可以在专家组做出裁决后的合理时间内请求成立特别异议委员会：（1）专家组成员有严重失职行为、偏见或者严重的利益冲突，或者其他实质性违反行为守则的情况；专家组严重背离了基本的程序规则；专家组明显超越规定的权力、授权或者管辖范围，例如没有采用适当的复审标准。（2）以上行为对专家组的裁决产生了实质性的影响，且威胁到了专家组复审程序的完整性。

虽然该款规定特别强调了“没有采用适当的复审标准”，似乎想要将专家组在适用法律方面的错误纳入特别异议程序规制的范围内，但在实践中这种观点并没有得到支持。

第十九章的存在是一种创新，是对缔约方执法机构的监督，但在实践中，力主推行该制度的美国反而是该制度的“受害者”：针对美国提起的申请是最多的，美国的败诉率也是最高的。这导致美国国内对第十九章普遍持有批评的态度。① 因此美国后续签订的一些自由贸易协定中也都没有再复制这一制度。

（六）一般争端解决

NAFTA 中的争端解决机制是分散的，除了前文所述的投资争端解决机制和贸易争端解决机制外，它还规定了适用于上述两项内容以外其他事项的一般争端解决机制。根据第 2004 条的规定，第二十章规定的一般争端解决机制适用于两种情形：缔约国之间由于解释或适用自由贸易协定引起的争端，或一缔约国认为另一缔约国的某项现行或拟定中的措施不符合该国根据协定所承担的义务或会引起缔约国权利的丧失或损害。

第二十章第 2005 条特别提到了一般争端解决机制与 GATT 下争端解决机制的竞合问题：“1. 对于既涉及本协定，同时也涉及 GATT 和后续谈判达成的任何协定或者任何后来签署的协定的任何争端，原告缔约方有权选择二者中的任何一个争端解决机构解决争端，但必须遵守下列第 2 款、第 3 款和第 4 款的规定。2. 对于根据本协定也可以解决的争端，一缔约方在提起 GATT 争端解决程序之前，应通知任何第三方。如果某一第三方意图采用本协定下的争端解决程序解决争端，应该立即告知给予通知的缔约方。缔约方应该就争端解决场所问题进行磋商以达成一致。如果缔约方之间未能达成一致，应根据本协定规定的争端解决机制解决争端。3. 对于第 1 款所述任何争端，如果被诉国认为其行为是根据第 104 条实施，并以书面形式要求根据本协定解决争端，原告只能援引本协定规定的争端解决程序。4. 在第 1 款所述

① 史晓丽《北美自由贸易区贸易救济法律制度研究》，法律出版社，2012 年。

并且与第七章B部分或者第九章有关的争端中，如果争端事项属于：（a）一缔约方为保护人类、动物或者植物的生命或者健康，或者保护环境而采取或者维持某些措施；（b）引起环境、健康、安全或者储备问题，包括与科技有直接关系的事项，那么，当被诉国以书面形式要求根据本协定规定的争端解决程序解决时，原告只能援引本协定下的争端解决方式。5. 被诉国应根据第3款或第4款的规定，向其他缔约方及其秘书处分处提交书面请求副本。如果原告就第3款或第4款规范的任何事项提起争端解决程序，被诉国应该在15天内提交其请求。一旦收到该请求，原告应该立即撤回正在进行的争端解决案件，改依本协定第2007条的规定提起争端解决程序。6. 一旦根据第2007条或者根据GATT提起争端解决，所选定的争端解决程序排除其他争端解决程序，除非一缔约方根据第3款或第4款提出请求。7. 当一缔约方根据GATT第23.2条提出设立专家组的请求，或者根据《海关估价协定》第20.1条提出由某一委员会进行调查的请求时，即视为启动了GATT争端解决程序。”根据该条规定，如果缔约国之间发生纠纷，且同时涉及NAFTA和GATT的规定，原告方可以选择解决争端的方式，不过一旦选定就不能再寻求另一方式的救济。至于如何判断当事国是否已经选定，协定中并没有明确的规定，不过鉴于两种争端解决机制都将磋商作为解决纠纷的首要和必经程序，那么当一方提出了磋商的书面请求时，就应当视为当事国已经做出了选择。

根据第二十章的规定，争端解决首先要经过当事国的谈判和磋商，一缔约方认为另一成员的实质性或计划性措施可能影响协议的实施，那么它可以在任何时候对此提出磋商的请求，争议各方应尽可能通过磋商解决问题。如果磋商在30天内不能解决问题，那么任何争端方都可以请求自由贸易委员会召开全体会议。会议应在提交请求后的10天内进行，自由贸易委员会可以在认为必要的时候咨询技术顾问或组建相关的工作组或专家组，采取斡旋、调解、调停或其他替代性争议解决方法，促成争议的解决。与其他争端解决机制不同的是，第二十章将自由贸易委员会的调停、斡旋等设为解决争端的必经程序，希望能够通过非法律的方式解决问题，但实际上很多这样的尝试都是以失败而告终。在召开全体会议 30 天后若还不能解决问题，就进入专家组审理的阶段。专家组成员从专家名册中选出，该名册由 30 名自愿并且有能力的专家组成，经缔约国一致同意而任命，任期三年，可以连任。专家组由五名成员组成，选择的方法因为争端主体数量的不同而有所差异。不过无论是何种情况，争端方应在请求设立专家组之日起 15 天内协议确定专家组的主席，若不能达成一致，则通过抽签的方式决定，且该人不能是当事方的国民。在确定专家组其他成员时，如果争端涉及两个缔约国，那么在主席选定后的 15 天内，每一当事方应各自再选择两名专家组成员，这两名成员可以是当事国一方国民；如果争端涉及三个当事方，则被诉方选择两名专家组成员，该两名专家组成员必须分别为另外两个申诉国的国民，申诉方则从被诉方的国民中选择两名专家组成员；如果对专家组的选定有异议，应通过抽签的方式决定，此时选出的专家须为非本国国民。可见，一般争端解决机制中专家组成员的确定十分烦琐，这或许也是少有争议利用该机制加以解决的原因之一。到目前为止只有三个案件（1996 年美国诉加拿大农产品关税案、1998 年墨西哥诉美国高粱扫帚案、2001 年墨西哥诉美国跨境卡车运输案）走完了从磋商到专家组审理的全部程序，相比投资争端解决机制和贸易争端解决机制，一般争端解决机制的利用效率相对较低。

专家组应在其正式组建完成后的 90 天内向争端方提供一份保密的初步报告，除非争端方另有约定。初步报告应包括对事实的调查结果、法律裁决以及对争端解决的建议。争端方应在专家组发布初步报告后的 14 天内提出书面评论，专家组在讨论该书面评论后，可要求任何一方提供进一步的评论，或重新讨论其报告，或在认为合适的情况下做更深入的调查。此外，未涉诉的成员国可作为第三方介入争端，享有听证、发表书面和口头评论以及接受争端方评论的权利，但第三方无权接收和评论专家组的初步报告。除非争端方另有约定，专家组应在初步报告做出后 30 天内发布最终报告，包括专家组成员独立的、未一致同意的意见。一旦收到专家组的最终报告，争端方应就如何解决争端达成一致的意见。如果最终报告裁定被申诉方的某项措施不符合协定规定，或者违反了附件 2004 条导致利益的丧失或减损，或者被申诉方未能在收到报告之日起30天内与申诉方达成双方满意的解决方法，那么申诉方可以考虑采取报复措施。与WTO不同的是，该报复措施无须授权即可由当事国自行采取，如果报复的程度明显超过了其受到的损害，被采取报复措施的国家可以书面申请自由贸易委员会设立专家组对报复行为进行审查。①

但专家组审理结果的执行效力是一个问题，这尤其体现在墨西哥诉美国跨境卡车运输案中。20世纪90年代初，由于美国的推动，美国、墨西哥和加拿大在成立北美自由贸易区的谈判中专门就卡车跨境运输服务的自由化做了安排。根据NAFTA附件一的规定，美墨之间的卡车跨境运输自由化将分两步实施。第一步，从1995年12月18日开始，美国允许墨西哥卡车驶入美墨边境的四个州（加利福尼亚、亚利桑那、新墨西哥以及德克萨斯），墨西哥同样对美国的卡车开放本国的边境州。第二步，自2000年1月1日开始，墨西哥卡车可以在美国全境行驶，美国的卡车同样也可以在墨西哥全境行驶。虽然协定于1994年1月1日正式生效，但美墨之间的卡车跨境运输条款并未能按时实施。1995年12月17日，美国交通部发表声明，声称不会取消禁止墨西哥卡车入境运输的法令，因为墨西哥的卡车达不到美国的安全标准，美墨之间的争端就此产生。墨西哥多次与美国进行磋商但未能取得实质性进展，最终于1998年根据第二十章的规定将争端提交争端解决机制。2001年专家组做出最终裁决，认为美国全面拒绝对墨西哥卡车运输商的跨境运输申请进行个案审查的做法违背了它所承担的条约义务，建议美国采取适当措施履行义务。然而，美国迟迟未履行自己的义务。虽然NAFTA规定，如果争端方在最终裁决做出后的30天内无法达成解决方案，胜诉方可实施贸易制裁，但墨西哥并未实施制裁措施。2007年，美国启动了一项试点项目，允许不超过100辆的墨西哥卡车穿越边境城市的商业区域进行运输和卸货，但该项目于2009年又被终止。墨西哥政府在多次磋商无果的情况下，终于决定对美国采取总额为24亿美元的贸易报复。2011年，美国贸易代表办公室与墨西哥经济部经过磋商，同意在互惠的基础上逐步推进双方卡车跨境运输服务的自由化。

① 顾嫩《NAFTA一般争端解决机制研究》，苏州大学硕士论文，2010年。

双方同意在正式签署《谅解备忘录》后的10个工作日内，墨西哥对美国实施的报复性关税减少50%，剩余50%将在墨西哥第一辆卡车获得授权驶入美国后的五个工作日内取消。2011年7月6日，美墨两国交通部在墨西哥城正式达成了《谅解备忘录》，美墨之间的卡车跨境运输服务争端终于得到解决。[①]这一漫长的过程反映了通过第二十章的争端解决机制维护和实现权利的困难，尤其美国是履行义务的一方时更是如此。由于专家组的裁决不具有强制执行力，义务的实现完全取决于当事方的意愿以及报复措施的威慑力。但美国的经济实力远远超过其余两国，这导致报复措施的有效性也大打折扣。由于国内利益集团的影响，加上美国长期以来秉持的实用主义国际法观念，美国在履行协定义务时并不积极，而不具有强制力的争端解决机制更是助长了美国的这种心理，相比之下，WTO的争端解决机制显得更有效率。

第三节 《跨太平洋伙伴关系协定》

一、《跨太平洋伙伴关系协定》的缔约背景与过程

《跨太平洋伙伴关系协定》（TPP）的前身是智利、新西兰、新加坡和文莱四国于2005年签订的《跨太平洋战略经济伙伴关系协定》，由于这四个国家都是小国，且当时的贸易大国都热衷于多哈回合的谈判，因而在成立之初并没有引来太多的关注。2008年2月，美国宣布加入，并于当年3月、6月和9月就金融服务和投资议题举行了三轮谈判。2009年11月，美国正式提出扩大谈判的计划，澳大利亚和秘鲁同意加入。美国借助TPP的已有协定，开始推行自己的贸易议题，全方位主导TPP谈判，并引起世界各国的高度重

① 吴峰《美墨卡车跨境运输争端案及其启示》，《国际商务研究》2015年第6期。

视。最终参与 TPP 谈判的国家共有 12 个，除上述国家以外，还包括墨西哥、日本、加拿大、马来西亚和越南。TPP 国家的经济规模占全球经济规模的 40%，贸易额达到了全球的三分之一。2015 年 10 月 5 日，12 个国家成功结束谈判，并于 2016 年 2 月 4 日在新西兰的奥克兰签署协定。虽然日本已经批准了该条约，但美国总统特朗普在上任后便宣布退出 TPP，使很多谈判国保持观望态度，该协议最终是否能够生效还存在着巨大的不确定性。尽管如此，作为一个内容全面、高水平的自由贸易协定，TPP 在一定程度上代表了未来自由贸易协定的发展方向，具有高度的研究价值。

TPP 之所以会产生重大影响主要是因为美国的加入和主导，而美国加入的原因，基于其多方面的考虑。长期以来，美国一直主推经济全球化，对区域一体化的关注并不多，尤其是二战之后，美国的战略重心一直放在欧洲，在亚太地区的地位和影响力持续下降。东亚一体化持续取得进展，逐渐形成了以东盟为核心、以中国为推手的合作机制，使美国的心态极不平衡。美国要想抗衡东亚，削弱中国的作用，就必须另辟蹊径，通过建立一个崭新和全面的自由贸易协定，架设美国参与亚太经济事务的有力杠杆，撬动包括东盟在内的亚太国家与美国开展自由贸易协定谈判的积极性，强化美国在亚太地区经济领域的话语权和行动力，为美国“重返亚太”、贯彻“亚太再平衡”战略提供必要的支撑。TPP 虽小，却几乎包含了美国需要的所有条款。它规定智利、新加坡和新西兰的全部征税品目及文莱 99%的税目都要取消，以负面清单的方式实现服务贸易的自由化，还将贸易救济、动植物检验检疫标准、贸易技术壁垒、知识产权、政府采购、竞争政策、海关合作、劳工和环境问题都纳入了谈判的议题范围中。美国希望通过修改或补充一些条款，使之更符合美国的要求，并将其打造成“21 世纪的自由贸易协定的样板”，整合已有的自由贸易协定，掌握区域一体化的主导权，最终实现建立亚太自由贸易区的目标。①

从 2006 年新加坡等四国最初的协定生效，一直到 2015 年 10 月谈判国基

---

① 陆建人《美国加入 TPP 的动因分析》，《国际贸易问题》2011 年第 1 期。

本达成共识，TPP的谈判经历了将近十年的时间。美国一直是谈判的主要领导者，为推动TPP进程付出了大量的努力。谈判的模式基本上是由美国和某个或多个国家先行达成协定再提交其他国家讨论。从2010年开始，谈判就以平均每年五次的速度在进行。谈判的内容主要集中在四个方面：决定市场准入谈判的基本框架，决定TPP和谈判国现存自贸协定之间的关系，讨论横向问题，如中小企业的保护、监管一致性和其他21世纪议题，起草协定文本。谈判方一共组织了24个小组，分别对工业品、农产品、纺织品、检验检疫标准、关税、金融服务、环境、电信、竞争问题、例外措施、政府采购、投资、技术性贸易壁垒、劳工、知识产权、原产地规则、中小企业保护、跨境保护、合作和能力建设、临时入境、电子商务和透明度问题展开工作。通过谈判，打开了日本和加拿大的农业市场，收紧了知识产权规则，还建立了一个强大的联盟。协定达成后，中国商务部新闻发言人在回答记者相关提问时表示，该协定是当前亚太地区重要的自贸协定之一，中方对符合世界贸易组织规则、有助于促进亚太区域经济一体化的制度建设均持开放态度，希望TPP协定与本地区其他自由贸易安排相互促进，共同为亚太地区的贸易投资和经济发展做出贡献。

二、《跨太平洋伙伴关系协定》的主要内容

已经达成的TPP协定文本除序言外共30章，分别为初始条款和一般定义、货物的国民待遇和市场准入、原产地规则和原产地程序、纺织品和服装、海关管理和贸易便利化、贸易救济、卫生和植物卫生措施、技术性贸易壁垒、投资、跨境服务贸易、金融服务、商务人员临时入境、电信、电子商务、政府采购、竞争政策、国有企业和指定垄断、知识产权、劳工、环境、合作和能力建设、竞争力和商务便利化、发展、中小企业、监管一致性、透明度和反腐败、管理和机构条款、争端解决、例外和总则、最终条款。此外还有货物的国民待遇和市场准入等六个相关章节的附件、投资和跨境服务贸易的不符措施等六个相关章节的不符措施负面清单，以及市场准入等12个问题的相

关换文。

协定规定，每一缔约方应根据《1994 年关税与贸易总协定》第三条及其解释性注释，给予其他缔约方货物国民待遇，为此，《1994 年关税与贸易总协定》第三条及其解释性注释经必要修改后成为 TPP 协定的一部分。除协定另有规定外，任何缔约方不得对原产货物提高现行关税，或采用新的关税税率。除非协定另有规定，否则每一缔约方应依照附件 2－D（关税取消）中的减让表逐步取消对原产货物的关税。应某一缔约方的请求，缔约国之间经过磋商，可以考虑加快取消关税的进度。一缔约方可以在任何时候单方面加速取消其在附件 2－D 减让表中规定的对一个或一个以上其他缔约方的原产货物的关税，缔约方在新的关税税率生效之前应尽早通知其他缔约方。附件 2－D 中包含了每个缔约国关于关税减让表的一般说明以及具体的减让表。例如澳大利亚关税减让表一般说明中规定："本减让表中条款一般根据《1995 年澳大利亚关税法》表述，其解释，包括本减让表所列子税目涵盖的货物范围，应受《关税法》管辖。当本减让表中条款与《关税法》相应条款相同时，二者含义相同。""本减让表基于 2007 年 1 月 1 日修订的协调制度制定，基准税率为 2010 年 1 月 1 日澳大利亚实施的最惠国税率。""本减让表所列原产货物关税的取消或削减应遵照如下降税模式：(a) 属于降税模式 EIF（协议生效时即取消关税）项下的原产货物关税应自本协议对澳大利亚生效之日起完全取消。(b) 属于降税模式 AU3－A 项下的原产货物关税应于协议对澳大利亚生效之日立即降至 2%，并于第二年 1 月 1 日降至 1%。此类货物应自第三年 1 月 1 日起免除关税。(c) 属于降税模式 AU3－B 项下的原产货物关税应于协议对澳大利亚生效之日立即降至 5%，并在第一年至第二年 12 月 31 日期间保持该税率。此类货物应自第三年 1 月 1 日起免除关税。(d) 属于降税模式 AU3－C 项下的原产货物关税应于协议对澳大利亚生效之日起保持基准税率，并在第一年至第二年 12 月 31 日期间维持该税率水平。此类货物应自第三年 1 月 1 日起免除关税。(e) 属于降税模式 B4 项下的原产货物关税应分四年取消。此类货物应自第四年 1 月 1 日起免除关税。(f) 属于降税模式 AU4－A 项下的原产货物关税应于协议对澳大利亚生效之日起降至 5%，并在第一年至第三年

12月31日期间保持该税率。此类货物应自第四年1月1日起免除关税。(g)属于降税模式AU4－B项下的原产货物关税应保持基准税率至第三年12月31日。此类货物应自第四年1月1日起免除关税。(h)属于降税模式AUR－1项下的原产货物关税的从价税部分应于协议对澳大利亚生效之日立即取消，非从价税部分应予以保留。”可以看出，澳大利亚在协定生效后的第四年几乎就取消了所有商品的关税，而且自协议生效之日就免除关税的商品占了其中的绝大部分，这一方面延续了澳大利亚以往签署的自贸协定的惯例，另一方面也体现了TPP协定在免除商品关税方面的努力。总体而言，TPP覆盖了11000种商品种类，其中98%的商品关税将被取消，其中大多数将在协定生效后立即取消，少部分商品关税则根据缔约国具体情况享受长短不同的过渡期，如美国承诺将在25年内取消对进口日本汽车征收的2.5%的关税。

协定中用单独一节规定了农产品问题。对农产品贸易，TPP将取消或削减关税和其他限制性的措施，促进成员国之间的农产品贸易并提升食品安全性。缔约方同意取消农产品出口补贴，提升与农业生物技术有关的活动的透明度和彼此的协作程度，并在WTO框架下就农业出口国营企业达成包含下列要求的协定：(a)取消农产品出口授权方面的扭曲贸易的限制。(b)取消WTO成员直接或间接给予国营贸易企业的任何特别融资，如果此类国营贸易企业的出口销售在该成员某一农产品的出口总额中占据显著份额。(c)就出口国营企业的运作和维持实现更大的透明度。根据WTO《农业协定》采取的任何特殊保障措施项下的关税，不得对任何缔约方的原产地农产品适用。

TPP要求成员国取消对纺织品和服装贸易征收的关税。美国把纺织品贸易的原产地规则分为“纤维后原产地规则”“纱源后原产地规则”“织品后原产地规则”“裁缝后原产地规则”和“区内价值含量规则”，其中“纱源后原产地规则”是美国对外签署自由贸易协定时惯用的规则，TPP中同样也采取了这种做法。但是对某些在成员国不生产或产量较低的纱源或织品，TPP设置了短缺清单，允许在成员国外进行采购。TPP还针对纺织品和服装设置了专门的保障措施，以避免成员国国内产业因为突然增加的进口而遭受严重的损害或者威胁。

在服务贸易方面，TPP 打破了 WTO 多哈回合谈判的僵局，实现了在金融服务、专业服务、电信服务、快递和电子商务领域更大程度的市场准入。协议第十章将跨境服务贸易或跨境服务提供定义为“自一缔约方领土内向另一缔约方领土内提供服务，在一缔约方领土内向另一缔约方的人提供服务，或一缔约方的国民在另一缔约方领土内提供服务。但不包括在一缔约方内通过涵盖投资提供服务”。这样的定义，与《服务贸易总协定》中的“境外消费、跨境提供、商业存在、自然人流动”这四种服务贸易方式存在较大的差别。协定中规定了对服务和服务提供者的国民待遇以及最惠国待遇，在市场准入中规定缔约方对服务的供给不能实施数量限制，例如限制服务提供商的数量或交易的数量，或者不能要求服务提供商必须采用合资企业等某种特定的企业组织形式。任何缔约方不得要求另一方的服务提供者在其领土内设立或维持办事处或任何形式的企业或成为居民，作为跨境提供服务的条件。协定对不符措施进行了规定，前述的国民待遇、最惠国待遇、市场准入、当地存在不得适用于缔约方在附件一和附件二中列明的部门、分部门或活动所采取或维持的措施，也就是说，TPP 对服务业的开放采取的是负面清单的模式，这一模式得到了所有缔约方的普遍认可。TPP 对投资和跨境服务贸易的不符措施制定了两份附件，附件一中规定的是不受国民待遇等条款约束的缔约方现行措施，附件二中规定的是缔约方在未来可以自由采取不符措施的领域。但是 TPP 的服务贸易章节不适用于为了规避某缔约方的禁止措施而组建的壳公司和非成员国国民拥有或控制的服务提供商。TPP 的第十章特别规定了专业服务和快递服务这两个附件，前者鼓励缔约方彼此合作认可对方针对服务和服务提供者的专业资质、许可证等管理制度，包括工程和建筑设计服务、对工程师的临时许可或注册、法律服务等；后者规定维持邮政垄断的各缔约方应基于客观的标准界定垄断的范围，如果一缔约方认为另一缔约方未维持该市场的开放程度，可要求进行协商，另一缔约方应提供充分的协商机会，并且在可能的范围内，提供回应市场开放程度及任何相关事项的信息。

在投资领域，TPP 在满足东道国政府实现其合理的公共政策诉求的同时，规定了非歧视的投资政策和保护措施。协定将国民待遇的范围扩大至准入阶段，明确指出投资争端解决程序和机制不适用最惠国待遇。习惯国际法中给予外国人待遇的最低标准作为给予涵盖投资的待遇标准，公平公正待遇及充分保护和安全的概念不要求给予额外的或超出上述标准的待遇，且不创设额外的实质性权利。缔约方不得对涵盖投资进行直接征收或国有化，或采取与征收、国有化具有同等效力的措施进行间接征收或国有化，除非是为了公共目的、以非歧视的方式、根据正当法律程序进行，并给予了及时、充分、有效的补偿。补偿应当无迟延地支付，与被征收投资者在征收发生之前的即刻（“征收之日”）的公平市场价值相等，并要能够完全实现且自由转移。协定规定，缔约方不得对另一缔约方投资者提出业绩要求，包括出口规定水平或比例的货物或服务、达到规定水平或比例的当地含量等。协定第九章规定了中立和透明的国际投资仲裁制度，但要求投资者不能利用该制度提出过度和无意义的诉求，以确保东道国管理涉及卫生、安全和环境保护等公共利益事务的权力。如果发生投资争端，申请人与被申请人可首先寻求通过磋商和谈判解决争端，如果在被申请人收到书面磋商请求后 6 个月内还未能解决，则申请人可以自身名义或代表其直接或间接拥有或控制的被申请人的企业法人提出仲裁申请。不过附件 9－H 中规定澳大利亚、新西兰、加拿大、墨西哥四国在某些情况下做出的是否批准一项应经审查的投资的决定不得被提交争端解决机制。协定对仲裁的进行做了详细的规定，例如仲裁应符合透明度的要求，允许法庭之友和非争议成员国参与并提交意见材料，对无意义的诉请进行快速审查并且有可能要求提出无意义诉请的投资者承担对方的律师费用，设立中期裁决的审查程序，成员国对协议内容的解释对仲裁庭具有约束力，仲裁应当在协议规定的时间内做出裁决等。当仲裁庭做出最终裁决时，仲裁庭只能单独或一并裁决金钱损害赔偿和任何适用的利益以及财产返还，但裁决应规定被申请人可支付金钱损害赔偿和任何适用的利息以替代财产返还。投资仲裁的上诉机制是国际投资法领域十分热门的话题，但 TPP 对此并没有涉及，只是规定如果在其他机制性安排下建立审查投资者-国家争端解决仲裁庭裁决的上诉机制，各缔约方应考虑依据第 9.28 条（裁决）做出的裁决是否适用该上诉机制，各缔约方应努力保证其考虑采用的上诉机制具有与第 9.23 条

(仲裁程序的透明度)确立的透明度规定相类似的透明度。[①]

TPP 的知识产权章节涵盖专利、商标、著作权、工业设计、地理标识、商业秘密和其他形式的知识产权,以及知识产权权利的实施规则。总体而言,TPP 的知识产权规则是以美国与韩国自由贸易协议中的 TRIPS-plus(升级版)的内容为范本制定的,很大程度上参考了美国法的规定,对商标、著作权和专利等知识产权进行高于 TRIPS 标准的保护。在商标保护方面,对于可注册商标的类型,TRIPS 规定作为注册商标的条件之一是从视觉上可以辨别的,但 TPP 第 18.18 条规定注册商标并不以满足可视性为条件,声音和气味都可申请注册为商标,从而扩大了可注册商标的条件和类型。在商标保护期限上,TPP 第 18.26 条规定,每一缔约方应规定商标的初始注册和每次续展注册的有效期不少于十年,高于 TRIPS 规定的六年。在地理标识方面,TPP 规定了诸多条款阻止不当的包含地理标识名称的注册,例如,容易导致与之前存在的商标产生混淆的地理标识。在域名方面,TPP 规定了更合理的低成本的争端解决原则,并要求缔约方应对以盈利为目的的、导致对现有商标产生混淆的恶意抢注域名行为采取恰当的救济措施,例如撤销、取消、损害赔偿等。TRIPS 协议中并没有关于域名、国名方面保护的条款,但 TPP 第 18.28 条和第 18.29 条分别对域名和国名予以了规定。美国一直强调对于域名,特别是国家顶级域名的保护,TPP 第 18.28 条的内容基本上体现了美国国内法以及与他国签订的自由贸易协定中的相关条款。例如针对每一缔约方的国家顶级域名(ccTLD)管理制度中的域名,应依照每一缔约方的法律以及适用的有关保护隐私和个人数据的相关管理员政策,提供争端解决的适当程序和在线公开访问有关域名注册人联系信息的可靠准确的数据库;针对每一缔约方的 ccTLD 管理制度中的域名,适当的救济应至少可用于一人以恶意营利为目的注册或持有与一商标相同或混淆性相似的域名的情况。第 18.29 条规定,每一缔约方应为利害关系人提供法律手段,防止以在货物原产地方

① 石静霞、马兰《〈跨太平洋伙伴关系协定〉(TPP)投资章节核心规则解析》,《国家行政学院学报》2016 年第 1 期。

面误导消费者的方式在货物上商业性地使用一缔约方的国名。在对驰名商标的保护上，TPP 规定缔约方应拒绝或撤销与驰名商标相同或相似以致容易产生混淆的商标的注册，这就放宽了 TRIPS 第十六条所规定的驰名商标保护条件，加强了对驰名商标的保护力度。在专利保护方面，跟 TRIPS 相比，TPP 对于可授予专利的条件规定得比较具体，对新颖性、创造性、实用性的认定进行了界定，同时降低了对新颖性的要求。TPP 第 18.37 条规定：每一缔约方应保证所有技术领域的任何发明，无论是产品还是方法，均可授予专利，只要此类发明具有新颖性，包含创造性步骤且可供工业应用。每一缔约方确认以下至少一种类型主张的发明可授予专利：已知产品的新用途、使用已知产品的新方法、使用已知产品的新工序。缔约方可将此种新工序的范围限定为并非主张对产品本身的使用。TPP 还比 TRIPS 进一步突出和明确了未公开数据以及新的生物药品的保护。TPP 对未公开数据采用类似于专利保护的专有保护形式，而非 TRIPS 那样采用不正当竞争法的保护模式，并且规定了至少十年的保护期限。TPP 第 18.52 条规定了对新的生物药品的保护，缔约方要么提供至少八年的数据保护，要么在有效的市场保护的情况下，给予自首次批准上市之日起五年的保护。对于专利的保护期限问题，TPP 在第 18.46 条和第 18.48 条分别对因专利局的延迟而调整专利保护期和不合理缩短而调整专利保护期做出了规定，赋予了缔约方相关的义务，不但要求每一缔约方应尽最大努力及时有效地处理专利申请，以避免不合理或不必要的延迟，而且如果一缔约方不合理地延迟授予专利，该缔约方应提供途径，并应专利所有人的请求，调整专利权的期限以补偿该延迟。在对著作权和版权的保护上，TPP 赋予了著作权人更加广泛的排他性权利，规定缔约方应确保作者、表演者、唱片制作者等有权禁止或授权对其作品、表演等进行任何形式的永久性或暂时性的复制，包括电子形式的临时复制或保存。这一规定扩大了 TRIPS 中“复制”一词的含义，加强了对著作权的保护。对著作权的保护期限，TRIPS 第十二条规定，除实用性艺术作品及摄影作品外，在不以自然人的生命为计算基础时，保护期限为 50 年。TPP 则将其延长至 70 年。[①] TPP 还就著作权的技术保护措施做出了新的要求，规定缔约方应制定有关法规和相应的民事及刑事处罚机制，除非营利性的教育机构、图书馆、档案馆等机构以外的任何人，如果以谋求个人利益或商业收益为目的，从事以下行为，则应承担相应的刑事责任和处罚：（1）未经授权，规避对受保护作品、表演、唱片等的技术保护措施；（2）以规避前述技术保护措施为目的而生产、销售有关器材或提供相关服务等。相比之下，TRIPS 并没有涉及刑事责任的规定。TRIPS 之前的国际知识产权条约，大多只是对知识产权的保护范围，如客体、期限等实体事项予以了规定，缺乏相应的执法、司法方面的规定，这些事项基本留给各缔约方国内法去解决，而 TRIPS 对知识产权的执法措施予以了全面、明确的规定。TPP 在 TRIPS 的基础上进一步增加和提高了知识产权的执法措施，例如提出缔约方海关部门可在边境依法扣押有仿冒嫌疑或盗版侵权的商品，并可以对“从被指控侵权行为中获得的资产”行使刑事扣押权。此外，TPP 还允许缔约方对进口、准备出口以及运输在途的有假冒嫌疑或侵权的货物实施依职权的边境措施。在执法措施上，TPP 还有一项比较大的创新，那就是规定了数字环境下的执法措施。不少 WTO 成员方坚持现有的知识产权保护条款不能用于线上产品和数字产品，TPP 则是第一个主张知识产权保护条款不仅可以用于实体产品，而且在数字环境下同样适用的国际条约。[②]

TPP 必须要解决的一个问题是其与缔约方已经签署的自由贸易协定之间的关系。谈判过程中，一些国家，如新加坡、澳大利亚、新西兰等，主张用 TPP 取代现存的诸多自由贸易协定，形成单一的统一的市场准入时间表，消除诸多自由贸易协定叠加形成的“意大利面碗”效应，降低交易成本，真正建立起一个高水平的 21 世纪自由贸易协定，而美国倾向于 TPP 与其他的自由贸易协定并存，以维持在现有的自由贸易协定中的各项权利。最终各成员

---

① 庄媛媛、卢冠锋《TPP 与 TRIPS 知识产权规则比较研究》，《亚太经济》，2016 年第 3 期。

② 吕国民《TPP 知识产权规则：高标准保护与中国的因应》，《暨南学报》（哲学社会科学版）2016 年第 9 期。

国接受了美国的方案，但 TPP 的成员国仍然可以用相互换文的方式对协定间的关系进行处理。如澳大利亚与秘鲁、墨西哥、越南分别换文，约定于 TPP 生效时终止彼此间《关于促进和保护投资的协定》的效力；与新西兰换文，约定 TPP 协定的任何内容不得减损新西兰或澳大利亚在《澳大利亚新西兰更紧密经济关系贸易协定》或《建立东盟-澳大利亚-新西兰自贸区的协定》下的任何权利或义务，TPP 协议第六章（贸易救济）不得对新西兰和澳大利亚增加任何权利或义务，新西兰或澳大利亚的任何投资者都不得依据 TPP 协议第九章 B 节（投资者-国家争端解决机制）向另一方提出争端解决，等等。总的来说，TPP 的签署实际上使亚太地区的自由贸易格局显得更加复杂了。

三、《跨太平洋伙伴关系协定》与中国

不少观点认为，美国推动 TPP 的目的旨在对抗中国在亚太地区的影响力：第一，TPP 协议的达成将对中国产生贸易歧视和贸易转移效应。第二，TPP 是在 APEC 框架外达成的协议，无须得到中国的认可，从而在相当大的程度上会改变中国倡导的“APEC 方式”，也使中国逐渐丧失对 APEC 在实质问题上的控制权。第三，美国试图通过 TPP 覆盖或替代现有的“10＋3”“10＋6”和中日韩三国峰会机制。第四，TPP 将使美国与中国在东亚和东南亚地区争夺盟友和建立贸易集团的斗争更加激烈。第五，美国希望借助 TPP 来约束中国的发展空间和影响力，要求中国承担更大的国际责任。然而在美国总统大选的影响下，TPP 的前途命运显得十分黯淡，虽然日本抢先批准了 TPP，但更多的国家仍然保持着观望的态度。如果协议最终无法落实，那么对中国的影响也将处于一个可控的状态。

即使 TPP 未能生效，也不意味着区域经济合作的退潮。在经济危机余波的影响下，世界经济整体处于缓慢复苏的状态，虽然一些国家的贸易政策日益趋于保守，但更多的国家仍然相信只有加强彼此之间的合作，才能重振经济的发展。亚太地区的经济一体化一直充满坎坷，在 APEC 框架下未能实现目标，TPP 也是前途未卜，由东盟主导，中国、日本、韩国等亚太地区国家

共同参与的区域全面经济伙伴关系协议（RCEP）仍然处在紧张的谈判过程中。由于各种原因，中国未能参与到TPP的谈判过程中，失去了一次参与制定国际规则的机会，而在RCEP框架下，少了美国的掣肘，中国理应发挥更加重要的作用。TPP倡导消除关税和非关税壁垒、实现投资自由化、扩大服务贸易、保护知识产权、保护劳工和环境等，与我国进一步深化改革、实现转型升级的大目标是一致的，通过对TPP规则的学习和研究，将其运用到RCEP的谈判进程中，也是中国为世界经济发展所做的一种贡献。

近年来，中国连续设立了上海、福建、广东、天津等自由贸易试验区，它们很明显地承担着进一步深化开放、加强国际经济合作的重任。与国际先进规则相比，我国不少制度还存在着缺陷和漏洞。自由贸易试验区是制度创新的高地，应主动承担应对TPP影响的重任，一方面学习借鉴TPP的高标准开放措施，在规则制度上主动缩小差距，另一方面探索本土规则，在新规则中彰显中国元素，应对高标准的自由贸易协定可能带来的挑战。

第四节 正在谈判中的其他主要自由贸易协定

一、《跨大西洋贸易与投资伙伴关系协定》

美欧之间深化经贸合作、推动跨大西洋经济一体化进程并最终建成美欧自贸区的想法由来已久。早在1949年加拿大就提出让北约成为军事和经济联盟的建议，但被欧洲拒绝，此后，美欧自贸区的设想不断被提及。20世纪90年代中期，欧洲就将变革跨大西洋关系作为重要议题，力图在新的现实基础上构建欧美同盟关系。1990年，美欧签署了《跨大西洋宣言》，确定了双方伙伴关系的基本准则，明确了彼此间在经济、外交、安全、文化等诸领域的合作，还建立了美欧双方领导人的定期磋商机制。该宣言是冷战后美欧跨大西洋伙伴关系得以巩固和推进的第一份基础文件，为双边自贸区谈判的开展奠定了基础。1995年，美欧又签署了《新跨大西洋议程》和《美欧联合行动计划》，首次提出建立"跨大西洋市场"的设想，该市场将极大地增加大西洋两岸的经贸往来、扩大彼此间的投资、创造更多的就业机会并为整个世界的经济发展注入巨大的活力。但是由于美欧在立法、技术标准、监管举措等领域存在巨大的分歧和差异，短期内难以磨合，加上美国于1996年出台的带有治外法权和经济排外色彩的《赫尔姆斯-伯顿法》和《达马托法》令欧盟不满，因而建立共同市场的计划迟迟未能落实。进入21世纪后，有关大西洋经济一体化的讨论再次升温。2007年，美欧签署了《跨大西洋经济一体化框架协议》，在协议中双方正式决定组建"跨大西洋经济理事会"，负责建立跨大西洋统一市场的监督和筹备工作。2011年，双方成立了"就业与增长高级别工作组"，该工作组的宗旨是研究和制定推动美欧双边贸易与投资水平增长的政策，促进双边互利互惠的实务合作，以达到增加就业、激发经济活力、提升欧美整体国际竞争力水平的目的。2012年，该小组发布了提高跨大西洋贸易与投资水平的中期报告，指出美欧要想在跨大西洋经贸关系领域达成全面的协议就需要以令人满意的方式妥善解决双方在关税和非关税壁垒、监管措施差异、服务贸易和投资、知识产权保护、采购市场开放、贸易法规制定等领域的协调与合作。2013年，该小组在其最终报告中正式提出美欧应针对跨大西洋贸易与投资关系展开谈判并缔结一份全面的协定，涵盖"关税、服务、投资和采购领域的市场准入""监管机制和非关税壁垒""制定应对全球贸易挑战和机遇的规则"这三大基本议题。同年2月，美国总统奥巴马、欧洲理事会主席范龙佩和欧盟委员会主席巴罗佐发表联合声明，宣布双方将于2013年6月正式启动《跨大西洋贸易与投资伙伴关系协定》（TTIP）的谈判。欧盟与美国的双边经济合作由此进入了一个新的阶段。①

TTIP谈判的开启与欧美面临的经济局势有密切的关系。经济危机之后，

① 磨惟伟《美欧TTIP自贸谈判：动因、进展和影响》，外交学院硕士论文，2014年。

欧美经济迟迟未能显露出恢复迹象。据国际货币基金组织的统计，欧盟经济占世界经济的比重由2007年的30.3%下降到2012年的23.1%。美国经济虽然好于欧洲，但也不容乐观，从2008年到2013年，美国经济规模只增加了4%，年均经济增长率仅为0.75%。在轮番的财政与货币政策刺激后，欧美国内的政策空间已经相当有限，只能把振兴经济的希望寄托在国际市场的拓展上。据统计，2012年欧美双边贸易额约20万亿美元，占全球总量的45%，双方GDP规模合计达32.144万亿美元，占全球产出的44.5%，是彼此最重要的贸易和投资伙伴。TTIP的谈判若能成功并全面实施，将极大促进双边经济增长，为跨大西洋经贸关系注入新的活力。

除经济因素的考虑外，美欧开启TTIP谈判还有着多重战略因素的考量。首先，冷战以后，随着共同敌人的消失、欧洲一体化进程的加快和新兴大国市场的兴起，以马歇尔计划和北约为经济和安全支柱的欧美战略关系的重要性逐渐减弱，奥巴马政府提出的“亚太再平衡”战略更是引发欧洲被美国抛弃的失落感。TTIP谈判的开启，对于抚平欧洲情绪、加强双方战略伙伴关系有着重要的意义。其次，如今的国际商务活动变得空前复杂，发达国家对国际贸易问题的关注超越了存在于一国边境线上的关税和非关税壁垒，开始转向边境线后的各种壁垒，为此它们在各种场合开始不断地提出新的谈判议题。但在WTO框架下的谈判迟迟不能取得进展，使美欧对通过多边方式重塑国际贸易规则逐渐失去信心，转而希望通过区域经济合作的方式先行达成协议，再通过示范效应影响更多的国家和地区。最后，经济危机前后新兴经济体尤其是金砖国家的迅速崛起使美欧感受到一定程度的威胁。2012年中国、印度、俄罗斯、南非、巴西的经济增幅都有不错的表现，而发达经济体的平均增长率仅有1.1%。面对挑战，在做出一定让步的同时，美欧也寻求应对这一局面的方法。美欧希望通过TTIP的谈判以协同行动的方式产生规模效应，抬高新兴经济体进入美欧贸易市场的门槛，限制和延缓新兴国家尤其是金砖国家经济前进的步伐。

然而，TTIP的谈判并不像美国想象的那样一帆风顺。美国启动TTIP协定谈判的一个重要前提是美欧同为发达经济体，双方在贸易规则上的分歧较小，谈判能够在短期内结束，因此在谈判启动时，美国对在 2014 年年底前结束谈判充满信心。但经过五轮谈判后，双方的分歧不断显现，美欧双方均意识到，短期内达成共识结束谈判绝无可能。在知识产权、农业以及一些非贸易领域，双方存在着较大的分歧。双方在知识产权领域的问题主要在于如何统一双方不同的知识产权保护策略。在农业领域，如何处理众多的补贴条款也是双方头疼的问题。由于美国在农业补贴上的坚持，欧盟已将牛肉、猪肉、鸡肉等产品从降低关税列表中删除。① 欧盟难以接受美国转基因食品和含有生长激素的牛肉产品进入和占领欧洲市场，同时，欧洲化学品标准也比美国同类标准更加严格。在欧洲，任何化学品必须在证明安全以后才能在产品中使用，而美国的监管方式是直到证明此化学品有害以前，都可以使用。监管方式的不同导致欧盟目前在化妆品行业禁止 1200 种化学品的使用，而美国只禁止 12 种。② 在投资领域，双方同样显现出较大差异。美国提倡将 ISDS 仲裁机制引入 TTIP 中，而欧盟则有不同观点。反对者认为，ISDS 条款将给予美国大公司损害欧盟成员国主权权利和公共利益的机会，并且 ISDS 机制本身还存在着一系列的结构性问题，如仲裁员的公正和独立性、仲裁程序的透明度、仲裁裁决的不一致和不可预测等，因此欧盟委员会提出设立双边投资法院，取代传统的 ISDS 制度。但美国很明显对此缺乏兴趣。对比美国主导的 TPP 对投资争端解决的规定就可以发现，美国并未考虑要在投资仲裁中引入上诉机制或设立投资法院，而是更看重对 ISDS 制度本身的完善。③

正是由于双方分歧较大，在各自内部也存在不少反对的声音，导致原定于 2014 年结束的谈判到 2016 年年底仍然处于胶着状态。随着奥巴马任期的终结，特朗普执政后的 TTIP 将走向何方处于极大的不确定之中，在欧洲有一些观点认为 TTIP 实质上已经失去希望。如若如此，这将意味着世界上最

---

① 许多《论 TTIP 协定谈判对 TPP 协定谈判的影响》，《南京社会科学》2014 年第 11 期。

② 瞿亢、侯振博、李安琪《欧美 TTIP 谈判进展、展望及政策建议》，《国际金融》2016 年第 8 期。

③ 赵雅玲《TPP 和 TTIP 中的投资议题及影响研究》，《港口经济》2016 年第 6 期。

大的两个经济体的联合再一次宣告失败，这对于增长乏力的世界经济来说并不是一个好消息，甚至有可能在全球范围内引发新一轮的保守主义。对中国来说，即使 TPP 和 TTIP 最终都以失败告终，也只是缓解了一时的压力。要想真正解决自身经济发展的难题，中国仍然要不断地推进体制机制改革，加强自由贸易区建设，开展国际合作，调整国内产业结构，完善规则和标准的制定，这样才能更好地承担和履行自己的国际责任。

二、《国际服务贸易协定》

《服务贸易总协定》（GATS）是全球第一份具有法律约束力的国际服务贸易行为准则，从 1995 年生效至今，已有 20 多年的历史。GATS 在促进贸易自由化、推动世界服务贸易方面取得了一定的成效，但其本身也存在一些缺陷。随着世界经济与科学技术不断发展，它也越来越不能适应时代发展的需要。WTO 本希望通过多哈回合谈判促进服务贸易规则的发展，但由于多哈回合采用一揽子的谈判方式，将农业、非农产品市场准入、发展、服务贸易谈判、贸易规则等九大议题合并在一起，“要么全有，要么全无”，从而无法就某项议题先行达成一致，使谈判陷入了僵局。为了突破多边谈判的困境，推动服务贸易进一步自由化，由美国、欧盟主导的，以诸边谈判方式为基础的《国际服务贸易协定》（TiSA）应运而生。①

谈判从 2013 年开始，截至 2016 年，共进行了 17 轮谈判。由于谈判文本没有对外公开，谈判的内容仅能从各方的报道中知悉一二。其中，第一轮到第五轮为初步磋商阶段。本阶段谈判主要提出金融服务、国内管制、跨境人员流动、电子商务、海陆空运输等议题，并确定市场准入为谈判重心。第六轮到第十四轮谈判为广泛讨论阶段。该阶段主要特点是将谈判内容从政府层面下沉到行业层面，逐渐邀请相关行业人士和专家加入讨论，并提出部分新

---

① 李伍荣、冯源《〈国际服务贸易协定〉与〈服务贸易总协定〉的比较分析》，《财贸经济》2013 年第 12 期。

议题，各方开始提交准入清单。第十五轮到第十七轮谈判为成果初步取得阶段。经过前期多轮“滚动式”的谈判，谈判成果开始显现，谈判日程也更加密集。TiSA谈判涉及的服务贸易领域十分广泛，重点内容包括金融服务、通讯服务、电子商务、国内管制、自然人跨境流动等。根据欧盟官方发布的材料以及外界的分析，金融服务、电子商务、通信领域等议题进展缓慢的原因是发展中国家成员对发达国家的一些“超前”提案持谨慎或者反对态度。以美国、欧盟和澳大利亚为代表的发达国家希望TiSA谈判最终能够形成自由化程度较高的服务业市场。而TiSA成员中的发展中国家在资本积累、技术水平、市场机制方面与发达国家还存在一定差距，出于本国利益考虑，它们在自由化程度上难免与发达国家存在分歧。例如乌拉圭在参与了多轮谈判之后，认为TiSA将会给本国经济带来较大负担，因而退出谈判。发达国家在人员流动方面则相对保守，它们担心政策门槛放低之后大量的移民和专业技术人员将会涌入本国，挤占国内就业市场，给社会稳定和治安带来较大压力。①

TiSA的目标是要达成一个高水平、全面的服务贸易协定，从目前透露出的谈判信息来看，谈判各方的确是在向着这个目标努力着。TiSA减让表的样式与GATS的样式基本相同，都包括服务部门、市场准入、国民待遇和附加承诺等项目，不过在市场准入上采用的是正面清单，在国民待遇上采用的是负面清单，这比GATS在国民待遇上设置的正面清单要求更高。TiSA在谈判中引入了“冻结”和“棘轮”条款。冻结条款是指一个国家对于外国服务及提供者保持现有的待遇，即承诺不会实施新的限制或就现存限制附加提高贸易障碍的措施，它约束了现有的开放水平。棘轮条款指一个国家通过自主方式实现进一步的服务贸易自由化，其后不得回退而使其具有永久效力，并纳入贸易协定中受其约束，因此棘轮条款具有自动修正减让表之功能。冻结条款和棘轮条款都有效地促进了成员形成更高水平开放的观念，有利于更深程度服务贸易自由化的实现。再如，TiSA还提出了“延伸最惠国待遇”条款，

① 段子忠、林海《服务贸易协定(TiSA)谈判追踪》，《WTO经济导刊》2016年第6期。

即参与方必须把先前达成的双边或多边贸易协定中提供的市场准入最惠国待遇自动延伸至 TiSA 成员方之间。众所周知，区域贸易协定中的市场开放程度往往高于多边协定，但过多的自由贸易协定也会导致各种优惠待遇重叠甚至无所适从；延伸最惠国待遇将会实现更高水平的自由化，而且能消除过多的自由贸易协定带来的“意大利面碗效应”，但也会因为过于激进招致其他国家的反对。在 2016 年 11 月的谈判中，成员方就这一问题基本达成妥协，同意将其作为一个选项来适用。TiSA 还特别强调了“21 世纪新议题”，将“新的和增强的纪律”纳入谈判的范围中，包括对国有企业提出竞争中立的要求、跨境数据自由流动、减少地方强制化等，而这些都是 GATS 中缺少的内容。[①]

总体而言，虽然美国对 TiSA 谈判的进程和内容并非“一言堂”，但其在议题设置、制度设计和进程把控上的主导地位是显而易见的。[②] 美国希望通过主导 TiSA 的谈判开拓全球服务贸易市场，促进经济的增长。1996 年至今，美国服务贸易出口额总量居世界第一，服务贸易顺差在一定程度上弥补了货物贸易逆差。金融危机之后，为了快速恢复经济和增加国内就业，美国一方面开始筹划“再工业化”进程，提升实体经济地位，另一方面也在谋求服务贸易的进一步自由化，扫除贸易壁垒，创造更加有利的市场环境，将服务贸易的比较优势转化为竞争优势，创造更多的经济效益。美国还希望通过主导 TiSA 的谈判掌握新一代国际贸易规则的制定权，这与美国推动 TPP 和 TTIP 的动机具有一定程度的相似性。随着新兴市场国家的崛起，美国日益感觉自己在多边体制下的地位受到了挑战，对国际经贸发展的控制力有所削弱，美国希望通过新一代高标准的国际经贸规则设定较高的准入门槛，选择合作对象，对某些国家进行遏制，恢复自己在世界舞台上的地位，这也是美国对中国设置严苛的谈判条件的一个重要原因。然而，随着 TPP 和 TTIP 的前景日益黯淡，TiSA 最终将走向何方、将会取得什么样的谈判结果、是否能如美国

---

① 李伍荣、周艳《服务贸易协定（TiSA）市场开放承诺的机制创新》，《国际贸易》2015 年第 3 期。

② 李伍荣、李玉文、周艳《美国对〈服务贸易协定〉谈判的主导权分析》，《亚太经济》2015 年第 6 期。

预期那样形成对中国的包围，如今都成了未知数。

参加 TiSA 谈判的国家和地区共有 24 个，分别是澳大利亚、加拿大、冰岛、以色列、日本、韩国、列支敦士登、新西兰、瑞士、挪威、美国、欧盟、智利、哥伦比亚、哥斯达黎加、毛里求斯、墨西哥、巴拿马、秘鲁、土耳其、巴基斯坦、巴拉圭，以及我国的香港、台湾地区。中国曾于 2013 年向美国提出加入谈判的想法，但美国的态度并不积极。据报道，2013 年 10 月底，美国贸易谈判代表迈克尔·弗罗曼提出了决定中国是否能够加入 TiSA 谈判的五大评估要素，包括：中国在与美国谈判双边投资协议时的立场、上海自由贸易试验区中的投资改革情况、十八届三中全会可能宣布的改革政策、中国在过去谈判中是否积极做出高规格的服务贸易承诺，以及中国是否完全执行两国电子支付服务争端的 WTO 裁决。这样的特殊要求显然是有失公平的。在 2013 年 11 月的 TiSA 谈判会议前，中国明确表示拒绝美国提出的这些标准，也未参加随后的谈判。目前中国仍在与美国以及其他谈判方进行协商，其中如澳大利亚和欧盟等，对中国的加入表示欢迎。

中国的加入将使 TiSA 成员的服务贸易总量达到世界服务贸易总量的 75%，并对 TiSA 谈判造成很大的影响。中国的加入将会削弱金砖国家对 TiSA 谈判的反对立场，可能会进一步瓦解金砖国家的团结一致性，迫使印度、巴西和南非考虑加入 TiSA 谈判，甚至还会吸引其他东南亚国家尤其是东盟国家的加入。更重要的是，在中国的带动作用下，随着越来越多国家的加入，TiSA 很可能会架空多哈回合谈判，导致多哈回合谈判的终结。对中国来说，虽然已经成为货物贸易的大国，但在服务贸易方面并不具有竞争优势。据 WTO 统计，2014 年中国的服务贸易出口仅占世界的 4.6%，服务贸易逆差进一步扩大到 1599.3 亿美元。加入 TiSA 谈判对中国来说既是挑战也是一种机遇。就机遇而言：第一，中国在一些劳动密集型和资源密集型的服务行业具有一定的比较优势，例如国外工程承包、劳务输出、远洋运输服务等，如果中国加入 TiSA 谈判将能够获得其他成员方的市场准入，为中国服务贸易的发展提供更大的空间。第二，中国加入 TiSA 谈判将会促进本国服务业市场的开放，外国竞争者的进入能够刺激本国服务行业的发展，并且提高消费者的消费体验。第三，TiSA 谈判中包含了国有企业竞争中立原则，中国加入 TiSA 谈判将会推动中国的国有企业改制和行政管理制度改革，增强中国服务行业的公开性、透明度，提高服务效率，为服务业发展创造更加有利的环境。第四，中国加入 TiSA 谈判能够把握制定服务贸易规则的主动权，避免被边缘化，如果在谈判达成后再选择加入，可能需要承担额外的成本和做出更多让步。就挑战而言：第一，TiSA 高度开放的市场要求会给中国服务行业带来较大的竞争压力，对一些幼稚行业造成冲击，不利于国内产业的发展和完善。第二，TiSA 要求采用负面清单的方式进行承诺，对我国的立法水平也是一个不小的挑战，虽然我国上海自由贸易试验区已经对此进行了尝试，但是否能够扩展到全国范围内还存在较大的不确定性。第三，加入 TiSA 可能会对中国的国家安全，尤其是经济安全和信息安全带来威胁。在经济安全方面，由于 TiSA 带来的服务贸易高度自由化会削弱中国的经济独立性，一些服务业部门可能会被外来资本影响或控制，丧失部分经济决策的自主权。在信息安全方面，TiSA 要求跨境数据的自由流动，一旦其他国家同意开放，即不再要求境外数据提供商的服务器必须位于接受服务国境内，这对隐私保护和国家安全都将形成威胁。在挑战和机遇面前，中国需要认真衡量利弊，谨慎地做出决策。[①] 如果中国一直未被接纳加入 TiSA 的谈判，那么中国应当考虑是否需要推动 TiSA 的多边化。2014 年，中国的服务贸易占全球服务贸易约 6.3%的份额，加上其他金砖国家的份额大约为 12.7%，这对 TiSA 能否多边化具有决定性作用。如果 TiSA 只能作为诸边协议，不能实现多边化目标，那么对中国的约束力有限，中国可以继续推动在多哈回合框架下完成有关服务贸易的谈判，通过国内改革和缔结国际条约对抗 TiSA 可能带来的冲击和影响。如果 TiSA 多边化的趋势不可阻挡，那么中国应当吸取“入世”时的经验教训，谋求加入 TiSA 的更加有利的谈判条件，重点考虑谋求与初始谈判成员方的平等地位，防止被施加歧视和要求做出更高的承诺。应该看到，TiSA 较好地回应

---

① 屠新泉、莫慧萍《服务贸易自由化的新选项：TiSA 谈判的现状及其与中国的关系》，《国际贸易》2014 年第 4 期。

了当今的技术、经济和营商环境的发展要求，对促进服务贸易、经济增长和就业是有益的，中国应该秉持正确的态度，积极参与到服务贸易自由化的行动中。①

① 周艳、李伍荣《〈服务贸易协定〉会否多边化?》，《国际经济评论》2016年第3期。

第三章
区域经济一体化的中国实践

第一节　中国推进区域经济一体化的背景

2007 年 10 月，党的十七大报告首次明确提出中国要实施自由贸易区战略，加强双边多边经贸合作。2012 年 11 月，十八大报告再次强调中国要统筹双边、多边、区域、次区域开放合作，加快实施自由贸易区战略，推动同周边国家互联互通。2015 年 12 月，国务院发布了《关于加快实施自由贸易区战略的若干意见》，提出了我国建设自由贸易区的目标任务：近期，加快正在进行的自由贸易区谈判进程，在条件具备的情况下逐步提升已有自由贸易区的自由化水平，积极推动与我国周边大部分国家和地区建立自由贸易区，使我国与自由贸易伙伴的贸易额占我国对外贸易总额的比重达到或超过多数发达国家和新兴经济体水平；中长期，形成包括邻近国家和地区、涵盖“一带一路”沿线国家以及辐射五大洲重要国家的全球自由贸易区网络，使我国大部分对外贸易、双向投资实现自由化和便利化。要进一步优化自由贸易区建设布局，力争与所有毗邻国家和地区建立自由贸易区，不断深化经贸关系，构建合作共赢的周边大市场。积极推进“一带一路”沿线自由贸易区，逐步形成全球自由贸易区网络。要加快建设高水平自由贸易区，提高货物贸易开放水平，扩大服务业对外开放，放宽投资准入，推进规则谈判，提高贸易便利化水平，推进规制合作，推动自然人移动便利化，加强经济技术合作。自贸区战略之所以上升为中国的国家战略并持续推进，有其深刻的时代背景。

正如前文所说，近年来由于WTO多边贸易谈判陷入僵局，多边贸易自由化进程受阻，而随着国际贸易贸易量相对减少，对外产业投资放缓，各国贸易保护主义开始抬头。为了更有针对性、更具实效地实现本国利益，各国更加重视和依赖通过推进互惠性区域贸易谈判强化经济合作、解决经济纠纷，区域经济一体化的势头有增无减。不仅如此，自由贸易区也已经成为大国开展战略合作与竞争的重要手段，改变着世界的经济政治格局。大国通过扩大和深化经济一体化，将新兴经济体吸收到它们主导的区域经济集团中，通过更加优惠的贸易和投资条件，将成员国的经济利益紧紧联系在一起；经济利益的融合又加强了成员之间的政治、外交合作，形成了利益共同体，大国在国际规则制定中的话语权随着利益共同体实力的提升而不断增强，维持和巩固着自己在现有经济格局中的领导地位。因此，从全球角度看，提出并实施自由贸易区战略是中国顺应区域经济一体化发展趋势的必然之举。

具体到亚洲太平洋地区，1998年之前，只有亚太经合组织、北美自由贸易区、东盟自由贸易区、澳大利亚新西兰紧密经济关系协定等少数的几个区域贸易安排，但在1997年金融危机之后，亚太各国逐渐开始重视地区合作并积极推进区域经济一体化。截至2013年，亚太经合组织成员之间已经达成并生效的自由贸易协定就有46项，各种自由贸易协定重叠交叉，呈现出十分复杂的格局。对中国来说，实施自由贸易区战略是强化自身在亚太地区领导力、推动亚太区域经济一体化的十分重要的举措。

就中国国内的情况来说，经过30多年改革开放的发展历程，中国经济取得了令人瞩目的成果，同时也遭遇了新的瓶颈和阻力，落后的经济发展方式、不合理的收入分配制度、陈旧的管理体制等，都需要通过不断深化改革、扩大对外开放来解决。中国将推进自由贸易区建设作为一项国家战略，是新时期拓展对外开放维度、提高开放型经济水平的现实需要，充分体现了中国积极融入世界经济、主动适应国际规则、坚持互利共赢的开放理念。从 2002 年与东盟签订第一个自由贸易协定至今，中国的自由贸易区从无到有、从少到多，取得了明显的效果，为今后继续推进自由贸易区建设积累了宝贵的经验。当前，中国的综合国力和国际竞争力已大大增强，深度参与区域经济合作、全方位开展自由贸易区建设的时机和条件已基本成熟。

根据中国自由贸易区服务网的统计，截至 2016 年，中国已签署自由贸易协定 14 个，涉及 22 个国家和地区，包括东盟、新加坡、巴基斯坦、新西兰、智利、秘鲁、哥斯达黎加、冰岛、瑞士、澳大利亚、韩国，以及中国的香港、澳门和台湾；正在谈判的自由贸易协定有 9 个，包括《区域全面经济合作伙伴关系协定》，中国与海合会、日本韩国、斯里兰卡、马尔代夫、格鲁吉亚、以色列、挪威的自由贸易协定以及与巴基斯坦的自贸协定第二阶段谈判；正在研究的自贸区有 6 个，包括印度、哥伦比亚、摩尔多瓦、斐济、尼泊尔、毛里求斯。此外，中国还加入了《亚太贸易协定》。《亚太贸易协定》的前身为《曼谷协定》，它是亚太区域中唯一由发展中国家组成的关税互惠组织，其宗旨是通过该协定成员对进口商品相互给予关税和非关税优惠，不断扩大成员之间的经济贸易合作与共同发展。2005 年 11 月 2 日，《曼谷协定》第一届部长级理事会在北京举行。会上，各成员代表共同宣布协定正式更名为《亚太贸易协定》，现有成员国为中国、孟加拉、印度、老挝、韩国和斯里兰卡。截至 2014 年，各方已在该协定下进行了四轮关税减让的谈判，取得了良好的贸易效果。

总的来说，中国自由贸易区的建设遵循着“审慎稳重、循序渐进”的原则，在立足周边的同时，从双边向区域扩展，从小到大寻求升级。与中国签订自由贸易协定的国家和地区中，既有地理位置接近的东盟、新加坡、巴基斯坦，也有地理位置稍远，但经济联系密切、互补性强的澳大利亚、智利、秘鲁。亚太地区是中国自由贸易区建设的重点，中国签订的自由贸易协定对象中的大部分都是环太平洋国家和地区，这意味着中国正以更加积极的姿态融入地区一体化的进程中。在当前的国际政治局势下，想要立刻与美欧等主要贸易伙伴展开自由贸易协定的谈判还存在一定的困难，已建成的自由贸易区中除东盟与中国的贸易规模占较大比重外，其他经济体与中国的贸易规模都比较小。选择中小经济体展开谈判，一方面达成协定的难度比较小，另一方也有助于积累经验，为与大国的谈判奠定基础。目前，我国已经初步建立起横跨东西、辐射四周的自贸区网络，对我国经济社会的发展起到了重要的作用。通过做出高于WTO水平的承诺，在货物、服务、投资领域扩大开放，带动各部门与各行业的深化发展，有力提升了我国对外开放的水平，优化了我国对外贸易的结构，促进了经济的可持续发展。在出口方面，中国向自贸伙伴出口的劳动密集型产品增势明显，高新技术产品和机电产品快速增加，剩余生产能力得到有效转移。在进口方面，中国从自贸伙伴国进口的能源、资源和原材料迅速增长，一定程度上缓解了国内资源、能源和环境的压力。此外，自贸区的建设还带动了国内有关区域的协调发展，例如广西、云南与东盟的贸易额增长明显，广东、福建与港澳台的经贸合作也更加密切。①

第二节　中国区域经济一体化建设的成果

一、中国与东盟自由贸易区

亚洲各国在地理上相互毗邻，但历史因素和领土纠纷严重影响了各国之间的信任与合作，冷战带来的意识形态上的对抗也起到了阻碍作用，这令亚洲地区的一体化水平远远低于北美与欧洲。在2001年之前，亚洲地区只有东盟这一个区域一体化组织，中国、日本和韩国均未参与到一体化进程中。随着世界其他地区一体化进程带来的竞争和压力，亚洲各国也开始认识到加强

① 王琳《全球自贸区发展新态势下中国自贸区的推进战略》，《上海对外经贸大学学报》2015年第1期。

彼此之间合作的必要性。东盟从 20 世纪 90 年代中期开始就一直积极地推行大国平衡战略。东盟认为，单纯依靠自身的力量难以保障本地区的安全，而大国出于利益的驱动和对权力的追求，一定会在东南亚地区进行扩张和竞争；利用大国之间的相互竞争可以达到某种均衡的态势，从而保证本地区的安全、稳定和繁荣。但在经历了金融危机的教训之后，东盟各国也认识到依靠西方国家和国际组织的救援是不现实、不成功的，要想提高自身抵御风险的能力、克服经济危机带来的发展瓶颈，就必须加强区域经济的一体化。更何况"9·11"事件之后，欧美各国相继陷入衰退，这对大多数以出口为主的东盟国家也是一个沉重的打击。中国作为亚洲地区经济迅速增长、实力不断增强的大国，既有着巨大的发展潜力和广阔的市场，又在金融危机中表现出高度负责的态度和抗压能力，对东盟各国具有强大的吸引力。而从中国的角度来说，在 2001 年加入世界贸易组织之后，中国越来越认识到区域经济合作潜在的巨大效益，与东盟建立自由贸易区，可以使中国摆脱长期游离于区域和次区域贸易集团之外的不利境地，在新的国际分工格局中确立自己的地位，为中国创造更加良好的外部发展环境。更何况东盟各国与中国之间存在复杂的地缘政治关系，经济的发展和共同利益的形成对维护地区安全和稳定、和平解决争端、捍卫亚洲共同价值观也有重要的意义。

2002 年 11 月 4 日，在柬埔寨首都金边举行的中国-东盟第六次领导人非正式会议上，双方签署了《中国-东盟全面经济合作框架协议》（以下简称《框架协议》），这是中国签署的第一个自由贸易协定，由此掀开了中国参加区域经济一体化的新篇章。《框架协议》包括序言、三大部分 16 个条款和 4 个附件，确立了中国-东盟自由贸易区的基本架构。在此协议中，双方同意加紧在货物贸易、服务贸易和投资等领域的谈判，争取在十年内实现建设自由贸易区的目标。为加速此协议的实施，双方在协议中提出了"早期收获"计划，率先在农产品贸易领域进行降税，先行开放市场。2004 年 11 月 29 日，中国与东盟签署了《货物贸易协议》和《争端解决机制协议》，规定从 2005 年 7 月起对除已经实施降税的早期收获产品和少量敏感产品外的约 7000 个税目的产品实施降税。《货物贸易协议》的签署具有里程碑式的意义，为全面开展中国-东盟自由贸易区的建设奠定了基础。尤其是在《货物贸易协定》第十四条中，东盟十国明确承认中国是一个完全市场经济体，并且承诺对中国不适用《中国加入世界贸易组织议定书》第十五条（反倾销替代国定价条款）和第十六条（特殊保障措施条款）以及《中国加入世界贸易组织工作组报告书》第242段（纺织品特保条款），这对中国有着特殊的意义，不仅为中国企业在自由贸易区内争取了公平公正的贸易环境，对推动世界其他国家承认中国市场经济地位也有着良好的示范作用。《争端解决机制协议》则是落实《框架协议》的重要举措，加强了《框架协议》的法律效力和社会影响力，使中国与东盟间全面的经济合作进一步走向制度化和规范化。2007年1月14日，中国与东盟签署了《服务贸易协定》，2009年8月双方又签署了《投资协议》，这标志着自由贸易区主要协议的谈判基本完成，自由贸易区如期成立。

自贸区建成后，中国对来自东盟十国90%以上的产品实现了零关税，东盟六个老成员国——文莱、菲律宾、印度尼西亚、马来西亚、泰国和新加坡也对从中国进口的90%以上的产品实现了零关税，中国对东盟平均关税从9.8%降低到了0.1%，东盟六个老成员国对中国的平均关税从12.8%降到了0.6%；东盟四个新成员国——越南、老挝、柬埔寨和缅甸也在2015年实现了90%零关税的目标。在服务贸易领域，我国在WTO承诺的基础上，在建筑、环保、运输、体育和商务等5个服务部门的26个分部门向东盟国家做出了市场开放承诺，包括进一步开放部分服务领域、允许设立独资企业、放宽设立公司的股份比例限制和享受国民待遇等。东盟十国也分别在金融、电信、教育、旅游、建筑、医疗等行业向我国做出市场开放承诺。在投资领域，双方相互给予投资者国民待遇、最惠国待遇和公平公正待遇，提高投资相关法律法规透明度，为双方投资者创造一个自由、便利、透明、公平的投资环境并给予充分的法律保护，进一步促进投资便利化和逐步自由化。

中国-东盟自由贸易区的建成为双方经贸合作带来了极大的便利，对双方贸易和投资的促进作用是显而易见的。自由贸易区的成立产生了明显的贸易创造效应。2002年，中国与东盟的双边贸易额仅有547.7亿美元，到了2014年这一数据为4803.94亿美元，年均增幅达19.8%，较上一年同比增长

8.3%，约占当年中国对外贸易总额的11.16%，中国连续五年成为东盟最大的贸易伙伴，而东盟也超过日本，连续四年成为中国第三大贸易伙伴，仅次于欧盟和美国。不过，中国与东盟同属发展中国家，在产业结构和经济发展水平上属于同一层次，双方在贸易国别分布上和进出口商品结构上都具有很大的相似性。中国与欧盟、美国、日本、韩国以及港澳台地区的贸易额占中国对外贸易总额的70%以上，这些国家和地区同样也是东盟成员国重要的贸易伙伴。在进出口商品结构上，中国和东盟国家都是以出口初级产品和低附加值的劳动密集型和资源密集型制成品为主，尤其集中在服装、纺织品、日用品、组装电子产品、机械设备等产品上；进口则是以高附加值的资本密集型和技术密集型制成品为主。因此，无论从哪个方面看，自贸区的建成都不会产生很大的贸易转移效应，双方区内的相互贸易将很难替代各自与区外发达国家的贸易往来，这为双方各自的经济发展和贸易合作带来了诸多不利的影响。在双方低端劳动力成本本身就很低廉的情况下，劳动密集型产业上的竞争会导致贸易条件的恶化，制造业结构的过于接近不利于自贸区的永续发展，而双方在第三方市场上的竞争则有可能助长“中国威胁论”的思想。

自由贸易区的建成，一方面增强了区域内部宏观环境的稳定性，另一方面，随着资本、熟练劳动力、专业技术人员和技术在成员国之间逐步实现自由流动，阻碍成员之间投资流动与投资项目运行的管制和限制也将得以消除，这都有利于促进双边投资的增加，产生显著的投资创造效应。从签订《框架协议》起，东盟对中国的投资总体上就呈现出逐年增加的态势，尤其是签订《投资协议》后，从2009年到2013年，东盟对中国的投资额几乎翻了一番，中国对东盟的投资额也增长了168%，分别达到了85.4亿美元和86.4亿美元。由于自由贸易区的建成，成员国之间进一步取消关税和非关税壁垒，使区外的跨国公司在与区内成员国的跨国公司的竞争中处于更为不利的地位，诱使区外跨国公司向区内投资、建设工厂，以享受各种优惠待遇、保持其原有的市场份额，从而增加了区外对区内的资本流量。2013年，区外对东盟的投资额达到了1206亿美元，不仅远远超过了2009年的引资水平，比2007年金融危机爆发前的历史最高点也高出了40多个百分点；中国吸收区外投资也保持了平稳增长的态势，2013 年达到 1155.6 亿美元，比 2009 年提高了近 30 个百分点。可是，虽然我国对东盟的投资数额逐渐增长，但与日本、欧盟相比，投资规模仍有很大的差距。2013 年，欧盟对东盟地区的投资达 269.8 亿美元，占世界各国对东盟总投资的 22%，排名第二位的日本占比为 19%，达 229 亿美元，而中国的占比仅有 7.1%。截至 2014 年 9 月，中国与东盟双向投资累计 1231 亿美元，其中东盟国家对华投资超过 900 亿美元，远远超过了我国对东盟的投资额度，这很容易引发东盟成员国对中方投资相对较少的担忧。①

2015 年 11 月 22 日，在李克强总理和东盟十国领导人的共同见证下，中国商务部部长高虎城与东盟十国部长分别代表中国政府与东盟十国政府，在马来西亚吉隆坡正式签署中国-东盟自贸区升级谈判成果文件——《中华人民共和国与东南亚国家联盟关于修订〈中国-东盟全面经济合作框架协议〉及项下部分协议的议定书》（以下简称《议定书》）。这是我国在现有自贸区基础上完成的第一个升级协议，涵盖货物贸易、服务贸易、投资、经济技术合作等领域，是对原有协定的丰富、完善、补充和提升，体现了双方深化和拓展经贸合作关系的共同愿望和现实需求。《议定书》的达成和签署，将为双方经济发展提供新的助力，推动实现 2020 年双边贸易额达到 1 万亿美元的目标，并将促进《区域全面经济合作伙伴关系协定》谈判和亚太自由贸易区的建设。②《议定书》共 500 多页，内涵丰富，包括序言及货物贸易、服务贸易、投资、经济技术合作、未来工作计划和最后条款等章节，还包括原产地规则、原产地规则操作程序、第三批服务贸易具体承诺减让表等附件。在原产地规则领域，双方对原产地规则进行了优化并完善了相关的实施程序。之前的原产地规则以“40%的区域价值百分比”为主，标准比较单一，原产地的认定也比较复杂。通过升级谈判，双方同意对 46 个章节中的 3000 多种产品同时适用

① 李玉贵、韩文静《中国-东盟经贸关系发展成果与展望》，《前沿》2015 年第 5 期。

② 刘斌、刘欣《中国-东盟自贸区升级版的经济效应——基于 GTAP 模型分析》，《亚太经济》2016 年第 4 期。

“税目改变”和“40%的区域价值百分比”标准，其中有许多都是中国具有较强竞争优势的产品。这两种原产地标准，企业可自行选择适用，这将大大便利有关企业利用自贸区的优惠政策。中国和东盟之前的协定中未涉及海关程序和贸易便利化的问题，在升级谈判中，双方同意进一步简化海关通关手续，确保双方相关法律法规公开透明，运用自动化系统、风险管理等手段，为双方企业提供高效快捷的通关服务，解决通关阻碍，以便利合法贸易，并就预裁定、复议与诉讼制度以及对程序的定期审议等达成共识，以保障货物流动畅通，共同提高便利化水平。在升级谈判中，中国和东盟启动并完成了第三批服务贸易具体减让承诺谈判。与前两批相比，各国均做出了更高水平的承诺，进一步提升了中国-东盟自贸区服务贸易自由化水平。我国在集中工程、建筑工程、证券、旅行社和旅游经营者等部门做出改进承诺，东盟各国在商业、通讯、建筑、教育、环境、金融、旅游、运输等 8 个部门约 70 个分部门向我国做出更高水平的开放承诺；具体的改进措施包括扩大服务开放领域，允许对方设立独资或合资企业，放宽设立公司的股比限制，扩大经营范围，减少地域限制等。《议定书》关于投资的内容集中于投资促进和投资便利化合作，为投资者和其投资创造稳定、有利和透明的商业环境。在投资促进领域，双方同意通过包括组织投资促进活动、增强行业互补性和促进生产网络化、举办投资相关的研讨会和信息交流等方式促进相互投资。在投资便利化领域，双方同意简化投资批准手续，促进投资相关规则、法规、政策的信息发布，并在必要时建立一站式投资中心或相关机制，为商界提供包括便利营业执照和许可发放的支持与咨询服务。

总体来说，中国-东盟自由贸易区运行正常，发展前景良好，但也存在着一些不和谐的因素，尤其是中国与东盟部分成员国之间存在的领土争议成为经贸关系发展的隐患。虽然早在 2002 年中国就与东盟各国签署了《南海各方行动宣言》，主张通过和平手段解决南海问题，但迄今为止南海问题仍没有实质性的进展。尤其是 2013 年 1 月，菲律宾政府不顾中国反对就南海问题提起仲裁，并于 2016 年 7 月得出最终的仲裁结果，声称“并无证据显示历史上中国对该水域或其资源拥有排他性的控制权”“中国对‘九段线’内海洋区域的资源主张历史性权利没有法律依据”，这引起了中国的强烈愤慨和抗议。中国表示不接受也不承认仲裁结果，并坚决主张通过友好磋商和谈判，以和平方式解决领土争端。

2015年3月28日，国家发展改革委、外交部、商务部联合发布了《推动共建丝绸之路经济带和21世纪海上丝绸之路的愿景与行动》。东盟是中国最重要的周边地区之一，也是21世纪海上丝绸之路建设的优先方向，从东盟经济共同体蓝图规划看，它与“一带一路”倡议有许多契合点。伴随着东盟经济的迅速崛起和“一带一路”倡议的实施，东盟在“一带一路”的经济地位与作用将进一步提升，东盟经济共同体与“一带一路”倡议可逐步实现战略对接，它在“一带一路”国际产能合作中的重要性将逐渐显现，并在“一带一路”基础设施的互联互通中扮演重要角色。[①] 在“一带一路”理念和倡议的引领下，秉持和平发展的共同理念，发挥中国与东盟传统友好优势、地缘毗邻优势、经济互补优势，中国-东盟自由贸易区将能够有效地促进共同利益，创新区域合作模式，促进发展安全，增进可持续发展，进而实现中国-东盟命运共同体的建设目标。[②]

二、中国与新加坡自由贸易区

2002年中国与东盟签订《中国-东盟全面经济合作框架协议》之后，中国与东盟各成员国的经济合作取得良好进展。2008年，金融危机爆发给新兴市场与发展中国家的金融稳定带来了极大的压力，全球贸易和投资保护主义盛行，很多国家对进口产品和服务设置了名目繁多的壁垒。在这样的历史背景下，中国仍然坚持贯彻对外开放的基本国策，倡导自由贸易，积极推进自由贸易区建设，在与东盟国家集体谈判的基础上，率先与新加坡实现突破，建

---

① 王勤《东盟经济共同体的形成与发展——兼论东盟经济共同体与“一带一路”倡议》，《人民论坛·学术前沿》2016年第19期。

② 李文《“一带一路”与中国-东盟命运共同体建设》，《东南亚纵横》2015年第10期。

立了中国与东盟单个成员国之间的第一个自由贸易协定。新加坡经济是典型的外向型经济，2007年新加坡的GDP为1613.49亿美元，对外贸易总额为5624.53亿美元，其中进口额为2631.56亿美元，出口额为2992.97亿美元，对外贸易总额是GDP总额的约3.5倍，因此与主要的贸易伙伴建立良好的合作关系对新加坡尤为重要。2007年中国与新加坡的贸易总额为471亿美元，其中中国从新加坡进口175亿美元，出口296亿美元。中国是新加坡第二大贸易伙伴，新加坡是中国在东盟重要的贸易合作伙伴，中国（出口）与新加坡的贸易结合度自1994年以来一直呈上升态势，新加坡（出口）与中国的贸易结合度自1995年以来也都保持在良好稳定的水平上，这也为双方开展自由贸易合作奠定了良好的基础。① 对新加坡来说，长期以来，美国和日本都是它最重要的贸易伙伴，而这两个国家恰恰在金融危机中受到严重的影响，这势必会对新加坡自身的经济发展产生负面效应。与中国签订自由贸易协定，能有效帮助新加坡减少对美国和日本的依赖程度，使新加坡在世界经济不景气的情况下拥有更多的活力和发展空间。2008年10月23日，两国政府在北京签署了《中国-新加坡自由贸易协定》以及关于双边劳务合作的谅解备忘录。这是中国与东盟自由贸易协定的进一步深化和发展，也是中新双边关系发展的新的里程碑，对中新双边经贸关系以及东亚经济一体化都将产生积极的影响。

《中国-新加坡自由贸易协定》是一份内容全面的自由贸易协定，双方在中国-东盟自贸区的基础上，进一步加快了贸易自由化进程，拓展了双边自由贸易关系与经贸合作的深度与广度。协定除序言外，还包括初始条款，总定义，货物贸易，原产地规则，海关程序，贸易救济，技术性贸易壁垒、卫生与植物卫生措施，服务贸易，自然人移动，投资，经济合作，争端解决，例外，总条款和最后条款等14章115条，此外还包括关税减让表、产品特定原产地规则、原产地证书格式、技术性贸易壁垒和卫生与植物卫生措施联系点、

① 赖明勇、谢锐《中国-新加坡自由贸易协定的背景、内容及影响》，《国际经贸探索》2009年第8期。

服务贸易具体承诺减让表、自然人临时入境承诺，以及仲裁程序的规则和程序等 7 个附件。

对于货物贸易，在中国与东盟《货物贸易协议》的基础上，新加坡从 2009 年 1 月 1 日起取消所有原产于中国的进口产品关税，中国从 2010 年 1 月 1 日起取消 97.1%的原产于新加坡的进口产品关税，其中 87.5%的产品从协定生效时起就实现零关税。双方还同意，应一方要求，双方应当通过磋商，考虑加速取消关税减让表中所列原产货物的关税，双方就加速取消原产货物关税达成的协议应当取代双方关税减让表中规定的该货物的税率，并应根据各自适用的法律程序经批准后生效。一方可随时单方面加速取消其关税减让表所列的针对另一方原产货物的关税。有意采取此举的一方应当在新的关税税率生效前，尽早通知另一方。在数量限制和非关税措施方面，双方承诺在 WTO 之外在任何时候都不保留任何数量限制措施以及采取或维持非关税措施。各方应该确保 WTO 框架下保留的数量限制和非关税措施透明化。在原产地规则方面，完全在中国/新加坡获得的或区域价值含量增值超过 40%或满足累积原则与特定产品规则规定的产品应当视为中国/新加坡原产货物，并享受优惠关税减让待遇。双方还将在自由贸易区合作框架下，加强双方海关在风险管理等方面的合作，简化海关程序，提高货物和运输工具的通关便利。除此之外，双方还将认真履行 WTO《实施卫生与植物卫生措施协定》与《技术性贸易壁垒协定》，促进和便利双边贸易，避免对双边贸易造成不必要的障碍，同时保护人类、动物及植物的生命与健康或实现其他合法目标。

对于服务贸易，从中国和新加坡服务贸易进出口的部门结构看，两国存在一定的相似性，同时也有较大互补性，总体而言，新加坡的服务业较中国更有竞争力。中新双方在自由贸易协定中的承诺明显高于双方在中国与东盟《服务贸易协议》中所做的承诺。在 149 个服务分部门中，中国共对 92 个部门做出了约束承诺，承诺比例为 61.7%。在市场准入方面，中国对 62.75%的服务活动做出了具体承诺。在国民待遇限制方面，中国对 41.61%的服务活动做出了具体承诺。就市场准入的限制来说，中国对商业存在和自然人流动的限制相对严格，其中，对商业存在没有限制的部门比率仅为 4.7%，对自然人流动没有限制的部门不足 1%。相对而言，中国对境外消费和跨境支付的限制较为宽松，特别是对境外消费，除 44%的部门不做承诺外，近一半的部门没有限制。对国民待遇的限制比市场准入的限制相对较低，从服务提供方式来看，对境外消费没有限制的部门比率最高，为 56.38%，对自然人流动没有限制的部门为零。① 不过随着中国和东盟自由贸易协定升级议定书的签订，中国和新加坡的服务贸易也向着更高水平的承诺方向发展。

中国与新加坡签订自由贸易协定时，中国与东盟的《投资协议》正在谈判过程中，中新双方同意，共同推动《投资协议》尽早达成，《投资协议》中与双方无关的任何权利、义务、限制或者例外不在中新自由贸易协定下适用，如果《投资协议》与自由贸易协定的规定不一致，优先适用自由贸易协定的条款。自由贸易协定生效后的任何时候，应任何一方请求，双方应为鼓励和便利双方之间的投资进行磋商。截至 2015 年年底，新加坡对华投资达 792.21 亿美元，是中国第四大外资来源地。而中国对新加坡的投资在 2015 年年底也达到了 319.85 亿美元，新加坡是中国第五大投资目的地国。这反映了中新双方相互投资促进机制，尤其是中国与东盟《投资协议》的积极效用。

在签订《投资协议》之前，中国已经与东盟十国分别签订了双边投资协议，除与文莱的协议外，其余协议均已生效。由于缔约时不同东盟国家的理念差异，加上中国在不同历史时期对双边投资协议核心条款问题上的态度变迁，导致与东盟各国签订的投资协议保护水平参差不齐，这种碎片化的状态阻碍了中国与东盟各国之间的投资往来。为促进双方的投资流动，建立自由、便利、透明和具有竞争性的投资体制，中国与东盟《投资协议》应运而生。《投资协议》第十八条第 1 款规定："在协议实施之时或之后，若缔约方之间的国际义务使得另一缔约方投资者的投资有权获得比本协议更优惠的待遇，则该优惠地位不应受本协议的不利影响。"也就是说，虽然该协议的确在自由贸易区内创设了统一的国际投资保护规则，但由于原先的双边协议仍然存在，

① 张丹、张威《中国-新加坡自由贸易协定框架下中国服务贸易开放承诺与实践》，《东南亚纵横》2014 年第 6 期。

实际上使中国与东盟各国之间的投资法律环境更加复杂化了。具体而言，中国与东盟各国的双边投资协议基本上采用的是欧式模板，篇幅较短，内容较为简单，而《投资协议》采用的是美式模板，篇幅较长，除规定了投资待遇、征收、损害与损失的补偿、汇回、代位、缔约方之间争端解决、缔约方与投资者间争议解决等一般内容之外，还规定了利益拒绝、透明度、安全例外等新型条款，从投资保护水平上来说，因为中国与东盟国家之间双边协议的规定各不相同，导致《投资协议》与双边协议之间的差别也呈现出纷繁复杂的局面。例如，《投资协议》规定了有限制的投资仲裁机制，根据协议第十四条和第六条的规定，可以提交投资仲裁的争端仅限于违反协议中规定的国民待遇、最惠国待遇、投资待遇、征收、损失补偿、转移和利润汇回以及通过对某一投资的管理、经营、运营、销售或其他处置等行为给投资者造成损失或损害的投资争端。但中国与东盟国家间的双边投资协议的规定可以分为三种情况：第一，投资者无权对东道国提起任何投资仲裁，目前仅中国-泰国投资协议采取这种立场，这很显然不利于保护投资者的利益；第二，外国投资者只能对征收补偿款额的纠纷提起仲裁，这体现在中国与柬埔寨、老挝、越南、马来西亚、新加坡、菲律宾、印度尼西亚的双边投资协议中；第三，外国投资者有权就其与东道国之间的所有争端提起仲裁，目前仅有中国与缅甸签署的投资协议是这样规定的，而这样的做法很容易引起投资者的滥诉，增加了东道国的被诉风险。第一种情况和第三种情况下投资者的选择相对简单，可以分别根据更优的方案维护自己的利益，而在第二种情况下，投资者需要进行更多的考虑，如果争议中的国家行为具有普遍适用性，也就是抽象的、非特定行为，投资者可以酌情依据双边协议或《投资协议》提起仲裁，如果争议中的国家行为与征收补偿额有关且不具有普遍适用性，那么只能根据双边投资协议来提起仲裁。①

除了以上所说新旧协议之间的差异，就《投资协议》本身来说，它是中

① 魏艳茹《中国-东盟框架下国际投资法律环境的比较研究——以〈中国-东盟投资协议〉的签订与生效为背景》，《广西大学学报》（哲学社会科学版）2011 年第 1 期。

国近年来签订的具有较高水平、一定程度上代表了中国未来缔约趋势的国际投资立法。它的第一条将投资定义为“一方投资者根据另一缔约方相关法律、法规和政策在后者境内投入的各种资产”，这种宽泛的界定有利于投资者在自贸区内以多种方式进行投资。《投资协议》下的投资者包括自然人和法人，自然人不仅包括缔约国国民，也包括具有永久居留权的外国人；法人是指根据一个缔约方法律组建的包括公司、信托、合伙企业、个人独资企业或协会在内的任何实体，且不论是否以营利为目的，也不论是私营还是政府拥有的。因此，自贸区并非封闭的，自贸区外的公司依然有机会在自贸区内进行投资并享受优惠待遇，不过，为了避免出现“搭便车”的行为，区域外投资必须在缔约方境内开展实质经营。在体例上，《投资协议》将国民待遇规定在第四条，将最惠国待遇规定在第五条，这反映了缔约方对于国民待遇的重视，也是对双边投资协议缺乏国民待遇规定的重要补充。第四条规定，从投资进入到另一缔约方境内开始直至清算，投资者及其投资都享受国民待遇，这是一种较为全面的准入后国民待遇，但不适用于投资准入之前。而最惠国待遇既可以适用于投资准入前，也可以适用于投资准入后。《投资协议》第七条还专门对公平公正待遇做出了规定，将其与国民待遇和最惠国待遇并列，这也不同于我国与大部分东盟成员国之间签订的双边投资协议的体例。《投资协议》第八条关于征收和国有化的条件与双边投资协议的内容基本一致，但明确了补偿数额应以征收发布时或征收发生时被征收投资的公平市场价值计算，并以先者为准。虽然它没有就如何认定“公平市场价值”做进一步解释，但至少为补偿设定了一个相对明确的标准。《投资协议》还规定补偿的清偿和支付不能有不合理的拖延，一旦发生拖延，补偿应包括按主要商业利率计算的从征收发生日到支付日之间的利息。在投资促进方面，《投资协议》第二十条提出了中国-东盟投资区的概念，要求缔约方通过组织投资促进活动、组织并支持形式多样的有关投资机遇和投资法律的发布会和研讨会等措施来加强中国-东盟投资区的意识。在投资便利化方面，《投资协议》第二十一条规定缔约方应开展如下合作：（1）创造必要的投资环境；（2）简化投资手续；（3）促进包括投资法律、法规、政策和程序在内的投资信息的发布；（4）建立一站式投资中心，为商界提供包括便利营业执照和许可发放的支持与咨询服务。尽管这样的规定尚显笼统，也没有具体的时间表或行动规划，但毕竟提出了较为具体的合作方式，为缔约方采取积极措施促进投资和投资便利化提供了指南。① 总而言之，《投资协议》虽然还存在一些模糊和不完善的地方，但它对促进中国和东盟以及中国与新加坡之间的相互投资的增长，都起到了十分积极的作用。

2009 年中新自由贸易协定的生效，弱化了国际金融危机的影响，起到了稳定中新贸易与投资发展的作用。它还第一次把参与中国区域发展的条款写入了自由贸易协定中，明确指出“参与中国的区域发展是双边合作的重要支柱之一，以旗舰项目苏州工业园区为范例，双方应继续紧密工作，拓展和深化在该领域的合作”。中国与新加坡合作开发的苏州工业园于 1994 年 2 月由国务院批准设立，同年 5 月正式启动。多年来，园区开发建设保持了持续健康快速的发展态势，主要经济指标年均增幅超过 30%，综合开发指数位居国家级开发区第二位，成为苏州经济社会发展的重要增长极。中新双方以苏州工业园为范例，拓展和深化区域合作，将有利于新加坡的先进管理经验和科学技术在中国的应用，并有助于中国产业结构的优化和升级。虽然中国与新加坡的经济贸易合作还存在着一些问题，如经济规模较小、合作层次较低等，但中国的深入开放和加速发展，必将为两国经贸合作提供更加广阔的空间，未来，随着中新自由贸易协定效用的逐步发挥，双方之间的经贸合作将不断取得新的进展。

三、中国与新西兰自由贸易区

中国与新西兰自由贸易协定是中国与发达国家签署的第一个自由贸易协定，也是中国与其他国家签署的第一个同时全面涉及货物贸易、服务贸易、

① 张智勇《解析中国-东盟自由贸易区〈投资协议〉》，《甘肃政法学院学报》2011 年第 1 期。

投资等诸多领域的自由贸易协定，自实施以来，协定对促进中新两国经贸关系的作用已初步显现，示范带动效应也日益显著。

自 1972 年两国建交以来，中国与新西兰的经贸合作始终保持稳定、健康发展，签署了一系列的双边协议，在投资促进与保护、市场准入、产业合作等方面建立了紧密的合作关系。1997 年 8 月，新西兰率先与中国就加入 WTO 问题达成双边协议，成为与中国就该问题达成一致的第一个发达国家。2004 年 5 月，中国和新西兰签署《贸易与经济合作框架》，在合作框架中，新西兰承认中国已经建立起市场经济体制，对其他国家起到了良好的表率作用。2004 年 11 月，胡锦涛主席与克拉克总理共同宣布，中新两国将启动自由贸易区的谈判，从而拉开了双边自由贸易区建设的序幕。2007 年 12 月，双方就谈判中所有实质性问题达成一致，2008 年 4 月，《中国-新西兰自由贸易协定》正式签署，并于同年 10 月生效。

中新自贸协定共 18 章，214 个条款，加上 14 个附件，形成了一套涵盖范围广、内容繁多、可操作性强的法律体系。在货物贸易方面，新西兰将在 2016 年 1 月 1 日前取消全部自华进口产品关税，中国将在 2019 年 1 月 1 日前取消绝大部分自新进口产品关税。由于新西兰农牧产品强大的竞争力，为避免实施零关税后给中国国内相关产业带来严重冲击，协定对来自新西兰的进口农产品（乳制品）、羊毛、毛条等货物的降税做出了特别的安排。协定对特定年限内每年从新西兰进口的四大类 11 个税号的农产品（基本上都是乳制品）设定了最高数量限制。当中国每年从新西兰进口的上述产品超过了该限制水平时，中国政府将采取特殊保障措施，其中三类产品 7 个税号的产品的保障措施将在 2021 年结束，一类产品的特殊保障措施将在 2023 年结束。特殊保障措施将以附加关税的形式进行。为避免因关税减让导致的进口增长给中国奶业造成冲击，协定设置了中期审议机制，在 2013 年关税减让实施后、2014 年关税实施前，货物贸易委员会根据需要可以减缓关税减让的步伐。以中国政府的统计数据为主要依据，经货物贸易委员会的中期审议，如果由于关税减让以及所涉产品自新西兰进口量的增加给中国奶业造成总体上实质性的负面影响，则中方可以减缓 04021000、04022100、04022900 及 04029100

税号产品的关税减让速度，延缓至 2020 年实现零关税，同时对这些产品引发特殊保障措施的数量触发水平进行调整，降低触发水平的数量，并将实施特殊保障措施的时间延长至 2024 年。中国还对从新西兰进口的羊毛、毛条实行关税配额，配额内的进口享受零关税待遇，配额之外的享受最惠国税率，羊毛、毛条的国别配额从 2009 年至 2017 年逐年递增，之后的配额维持在 2017 年水平，除非双方另有约定。

原产地规则是货物贸易关税实施的基础，中新自贸协定的原产地规则规定于第四章及附件五、六、七中，内容涉及定义、原产地认定标准、直接运输规则、原产地证书等。为执行该规则，海关总署于 2008 年 10 月 1 日开始实施有关中新自贸协定的进出口货物原产地管理办法，从中国海关执行报关任务的角度对如何理解原产地规则进行了针对性解释。在原产地的认定方面，协定区分“完全获得”和“非完全获得”产品，前者主要适用于农林畜牧渔产品和矿物产品，后者主要适用于制成品。所谓完全获得指的是不包括任何源于第三国的原料和成分，产品的整个生产过程完全在区内完成，或者是用上述产品在区内加工；而非完全获得的产品需要有实质性的改变，以税则归类改变标准为基础，综合使用区域价值含量标准和加工工序标准。协定第 21 条规定了税则归类改变标准的含义：经过一方或双方境内的加工，货物生产过程中使用的非原产材料发生税则归类改变。在协定中，该标准综合采用了章目改变、品目改变和子目改变标准，其中品目改变标准使用范围最广，占全部税则归类改变标准的 53.89%。协定第 22 条规定了区域价值含量标准的计算方法和规则，不同货物对区域价值含量的要求也有所差别，附件中规定的涉及区域价值含量要求的货物共 48 项，其中要求符合 40%—45%标准的超过了 80%。协定对加工工序标准的应用主要体现在附件五的第二十七章、第二十八章、第三十七章、第六十一章、第六十二章和第六十三章，例如第二十七章下的“2710 石油及从沥青矿物提取的油类，但原油除外”，在要求发生四位税目改变外，还要求该货物须经过化学反应、常压蒸馏或真空蒸馏获得。除具体产品的原产地规则外，中新自贸协定还规定了诸多制度性的原产地规则，例如运输用包装及容器，零售用包装材料及容器，附件、备件及工具，中性成分，可互换材料，微量条款，微小加工和处理，累积规则等。中新自贸协定原产地规则要求进口货物不仅应符合原产地标准，还应符合直接运输规则。真正意义上的直接运输应是产品不经过任何第三国直接从原产国运到进口国，但由于地理原因或运输需要，这往往是不可能的。于是，为了适应现实的需要，各自贸区纷纷对哪些情形下可把产品经由第三国的运输视为直接运输做了规定。中新自贸协定中的直接运输包含两种情形：运输未经非缔约方；在必须途经第三国的情形下，转运是出于地理原因或运输需要，货物未在第三国进入贸易消费领域，且除装卸或其他为使货物保持良好状态的处理外，货物未经任何其他操作。原产地证书应当仅由出口方的授权机构签发。原产地证书的主管机构，中国是中华人民共和国海关总署，新西兰为新西兰海关总署。

与《北美自由贸易协定》中的原产地规则相比，二者在法律结构的文本上具有较大的相似性，既有普遍适用于大多数产品的一般条款，也有针对特殊产品的附件中的特别规定。在具体产品的原产地规则方面，二者都采用了完全原产标准和非完全原产标准，且完全原产标准基本一致，非完全原产标准也都采用了税则归类改变、区域价值含量和加工工序三个标准，且都侧重于采用税则归类改变标准。在制度性原产地规则方面，中新自贸协定与《北美自由贸易协定》具有很大的相似性，二者都以区内要求为主线，每个条款都强调产品的来源或加工制造要在一个或多个成员境内进行，也都规定了累计规则和直运规则。这些都体现了中新自贸协定对《北美自由贸易协定》的学习。如前所述，《北美自由贸易协定》是发达国家与发展中国家共同缔结的高水平的自由贸易协定，而中新自贸协定同样是中国与发达国家缔结的第一个自由贸易协定，这种天然的相似性是学习和借鉴的基础和前提。当然二者之间也存在着些许不同，例如在计算产品增值时中新自贸协定是以货物的离岸价格为准，而《北美自由贸易协定》是以产品的交易价值或净成本为基础。总的来说，《北美自由贸易协定》的标准更多、更复杂、更严谨，而中新自贸协定的规则更简单一些。与《中国-东盟自由贸易区原产地规则》及其项下的《产品特定原产地标准》相比，二者之间的差异较大，中新自贸协定的水平也显得更高一些。例如中新自贸协定以税则归类改变标准为主，而《中国-东盟自由贸易区原产地规则》以区域价值含量标准为主；前者规定了微量条款，有利于制造商充分利用区内各种资源，而后者没有这样的规定，在微小加工和处理、直运规则、运输用包装及容器、中性成分等方面，前者也比后者规定得更详细一些。二者的这种差异，或许是因为经济产业结构、区域特点等多方面原因造成的。就中国与东盟自由贸易区而言，成员主要是发展中国家，以劳动密集型产业为主，彼此之间存在一定的竞争关系，而中国与新西兰具有明显的分工，经济互补性也更强一些。总之，中新自贸协定对原产地认定的方式简单、客观、透明，具有较强的可预测性和可操作性，与本区域的贸易结构紧密结合，但也存在一些细微的瑕疵有待进一步的完善和补充。①

新西兰作为发达国家，其服务业已经相当成熟，服务业产值占国民生产总值三分之二左右。旅游、教育等行业是新西兰主要的服务业部门。中国是新西兰第二大海外游客来源国，2015 年前往新西兰旅游的中国游客突破了 30 万人次。来自中国的留学生也成为新西兰教育产业重要的服务对象。中国是新西兰目前最大的留学生来源国，2014 年新西兰的中国留学生人数达到了 30179 人，占新西兰国际学生总数的 27%。中国的服务业竞争优势主要集中在传统服务部门，尤其是一些劳动力需求较大以及具有中国文化特色的服务部门，例如建筑、中医、中文教学等，这使双方存在产业上的互补关系，有利于深化服务贸易领域的合作。中新自贸协定采取特定产业重点开放的战略，在自身具有优势的领域督促对方加大开放力度，以更好地进入对方市场、增进区域福利，这种做法有利于在短期内取得明显的经济效应。中国与新西兰在股权限制、地域限制和开放领域等方面相互做出了高于 WTO 的开放承诺以及给予最惠国待遇的承诺。新西兰在商务、建筑、教育、环境四大部门的 16 个分部门做出了高于 WTO 的承诺，中国在商务、环境、体育娱乐、运输四大部门的 15 个分部门做出了高于 WTO 的承诺。双方还在环境、建筑、农

① 武青青《〈中国-新西兰自由贸易协定〉原产地规则法律问题研究》，广东商学院硕士论文，2010 年。

林、工程、整体工程、计算机、旅游等 7 个领域相互给予最惠国待遇，以保障对方的服务和服务提供者享受到不低于第三国同类服务和服务提供者所享受的待遇。

中新自贸协定作为《服务贸易总协定》框架下的区域性自由贸易协定，在服务贸易的国民待遇规则制定上与《服务贸易总协定》基本保持了一致。中新自贸协定第 106 条第 1 款规定，对于列入承诺减让表的部门，一方应当依据其承诺减让表所列的条件和资格，对影响服务提供的所有措施，给予另一方服务和服务提供者的待遇，不得低于其给予本国同类服务和服务提供者的待遇。例如在中方具体承诺减让表的水平承诺栏中，国民待遇限制项下写明，对视听服务、空运服务和医疗服务部门中的国内服务提供者的所有现有补贴不做承诺，这一限制适用于商业存在，但不适用于跨境交付和境外消费。第 106 条第 2 款和第 3 款规定的是实质性国民待遇的要求。所谓实质性国民待遇，即要求竞争条件的平等，至于形式上是否相同不做硬性的要求。具体而言，第 2 款规定缔约方可通过对另一方服务或服务提供者给予与本国同类服务或服务提供者形式上相同或不同的待遇来满足第 1 款的要求；第 3 款进一步规定，如果缔约一方给予另一方同类服务或服务提供者在形式上相同或不同的待遇，改变了竞争条件，使其本国服务或服务提供者处于有利的地位，则应被视为违反了国民待遇的要求。协定第 108 条规定的是市场准入的内容，从内容上看与《服务贸易总协定》第 16 条并没有什么太大的差别。所谓市场准入，就是一国允许以及在什么程度上允许其他国家的服务进入本国市场。服务贸易自由化的一大任务就是促使各国逐步取消限制外国服务或服务提供者进入国内市场的限制措施，向外国开放其国内服务市场。由于市场准入的措施一旦做出，缔约国就只能不断提高做出承诺的服务部门的自由化水平而不能再采取任何有碍他国服务和服务提供者进入国内市场的举措，因此这些也需要在具体承诺表中列出。从协定中中国的具体承诺表来看，对于列入承诺表的服务部门，在跨境交付和境外消费方面，市场准入的限制较少，对采用商业存在方式的专业性较强的服务部门则存在一定程度的限制。以法律服务为例，中国的具体承诺表要求，外国律师事务所只能在北京、上海、广州、深圳、海口、大连、青岛、宁波、烟台、天津、苏州、厦门、珠海、杭州、福州、武汉、成都、沈阳和昆明以代表处的形式提供法律服务。外国律师事务所的代表应为执业律师，为一 WTO 成员的律师协会或律师公会的会员，且在中国境外执业不少于两年。首席代表应为一 WTO 成员的律师事务所的合伙人或相同职位人员（如一有限责任公司律师事务所的成员），且在中国境外执业不少于三年。与中国在《服务贸易总协定》下的具体承诺相比，中新自贸协定中设置的要求更多、门槛也更高。而新西兰的具体承诺表中，除了在保险领域稍加限制外，对服务部门的市场准入限制远远少于中国，这与两国服务业发展水平和竞争力差距也有密切的关系。

在投资问题上，中国与新西兰早在 1988 年就签订了双边投资协议，但它显然已经难以满足日益增长的双边投资和不断发展的国际投资规则的需要，因此中新自贸协定第十一章以专章的形式对投资进行了补充规定。根据国际法一般原则，在投资协议和自由贸易协定中都规定了的内容，根据后法优于前法的原则应当适用自由贸易协定中的规定，若某项内容只在投资协议或自由贸易协定中被规定，那么依然适用该规则。第十一章的第一节规定的是实体性的内容，包括国民待遇、最惠国待遇、业绩要求、不符措施、转移、公平公正待遇、损失补偿、征收、透明度等内容。第二节规定的是投资者与国家争端解决。一方投资者与另一方之间产生的与该投资者在另一方境内投资直接相关的法律争端，应尽最大可能通过投资者与另一方的磋商与谈判友好解决；如果自提出磋商与谈判要求之日起 6 个月内无法解决争端，则应当根据投资者的选择将争议提交至解决投资争端国际中心进行调解或仲裁，或根据联合国国际贸易法委员会规则进行仲裁。如果争端已被提交国内管辖法院，只有在最终裁决做出前，投资者从国内法院撤诉，该争端才可被提交国际争端解决机构。若仲裁庭针对争端国家一方做出最终裁决，则仅可单独或合并做出以下裁决：（一）货币损害赔偿及可能的利息；（二）财产恢复原状，在此情况下，裁决应当规定争端国家一方可通过支付货币损害赔偿和可能的利息代替恢复原状。仲裁庭还可根据第十一章及可适用的仲裁规则裁定开支及费用，但不得裁定惩罚性损失赔偿。协定还特别说明，除限于争端方之间及该特定案件外，仲裁庭做出的裁决不具约束力，从而否定了裁决的先例效力。不过值得注意的是，协定中并没有规定可以提起仲裁的事项，这还需要根据双方之间的投资协议加以确定。

中国在加入 WTO 前明确反对将贸易与劳工标准问题相挂钩，也不同意把劳工标准作为新一轮贸易谈判的议题，这与绝大多数发展中国家的态度是一致的，即避免劳工标准成为发达国家限制发展中国家产品出口的新型贸易壁垒。但随着中国在国际贸易中的地位日益重要，中国也越来越难以回避与国际贸易相关的各种问题，这其中就包括劳工标准问题。当越来越多的双边协定开始纳入劳工条款时，中国也承受着这样的压力。在中国一直关心的“市场经济地位”上，美国就表示，货币的自由兑换和劳工问题是影响中国市场经济地位的两大障碍，劳工标准是美国承认中国市场经济地位的重要条件。从国内环境来说，我国正处在体制转换、结构调整和社会变革过程中，这也是各种政治和社会问题的易发多发期。劳动关系的紧张既会造成普通劳动力供给虚假短缺，也会影响到社会的安定与和谐。如何解决劳动关系矛盾，维护劳工权益，是中国需要面对的现实问题。在这样的背景下，中新自贸协定附加《劳动合作谅解备忘录》的签署是中国在国际社会上的一次表态，具有特别的意义。《劳动合作谅解备忘录》的签署将为两国提供一个务实合作的平台，推动健全的劳动政策和实践的发展，促进双方更密切和更广泛的合作，并通过在劳工领域的合作，最终促进和加强新西兰和中国之间的经济增长和政治关系。该备忘录的总规定中提出：“双方重申他们作为国际劳工组织成员的义务，特别是在《国际劳工组织关于工作中基本原则和权利宣言及其后续措施》下的义务。”该宣言由国际劳工组织于 1998 年提出，国际劳工组织要求其会员国，即使尚未批准公约，也有义务真诚地根据章程要求，尊重作为这些公约之主题的基本权利的各项原则。这种表述是发达国家主导之下的自由贸易协定中的标准条款，也体现了中国作为国际劳工组织成员，愿意遵守国际劳工组织规定义务的态度。双方表示，将在共同关注的劳工事务上进行合作。合作的方式包括最优方法和信息的交流、联合项目、研究、交流访问、参观、双方共同约定工作组的活动和对话等，还可以适当邀请其工会和雇主及/或其他个人和组织参加潜在的合作领域的合作活动。双方强调应将有关就业、培训和劳工监察政策领域所获得的知识和经验进行分享。双方特别强调，通过弱化或者不执行劳动法律的方式来鼓励贸易或者投资的做法是不恰当的，出于贸易保护主义的目的制定或者实施劳动法律、法规、政策或实践也是不恰当的。①

中新自贸协定的签订促进了两国双边关系的发展，也带来了双边贸易额的快速增长。两国贸易额自 2008 年以来年均增幅超过 15%，中国连续三年成为新西兰第一大货物贸易伙伴和第一大出口市场，并连续五年成为新西兰第一大进口来源地。同时，双向投资快速增长，双方企业和消费者均从中受益。正因如此，2014 年 11 月，在习近平主席对新西兰进行国事访问期间，习近平主席与约翰·基总理共同决定开始探讨自贸协定升级问题。2016 年 4 月 18—19 日，习近平主席和李克强总理分别会见来华访问的约翰·基总理，双方同意秉持务实态度，充分协商，寻找共赢，争取早日启动升级谈判。按照两国领导人的共识，2015 年 3 月，双方建立了中新自贸协定升级谈判联合评估机制。在联合评估机制下，双方不断克服相互之间的分歧，加快磋商进程，提出了《联合评估工作组关于〈中国-新西兰自由贸易协定〉升级的建议》。根据该建议，升级谈判范围将涵盖服务贸易、竞争政策、电子商务、农业合作、环境、技术性贸易壁垒、海关程序合作和贸易便利化、原产地规则等众多领域，将推动中新自贸协定升级为更高水平的贸易协定。2016 年 11 月 20 日，在秘鲁利马举行的 APEC 领导人会议期间，中国商务部部长高虎城与新西兰贸易部部长麦克莱共同宣布正式启动中新自贸协定升级谈判。

四、中国与澳大利亚自由贸易区

澳大利亚位于南太平洋和印度洋之间，是世界上唯一一个国土覆盖整个

---

① 汪培、佘云霞《从中国与新西兰〈劳动合作谅解备忘录〉看国际贸易与国际劳工标准问题》，《中国劳动关系学院学报》2009 年第 1 期。

大陆的国家，矿产资源丰富，农牧业和服务业发达。从20世纪90年代起，中国与澳大利亚的双边贸易突飞猛进，随着中国加入世界贸易组织，双边合作也进入了新的阶段。据统计，2014年中国向世界各国（地区）出口总额为2.34万亿美元，其中向澳大利亚出口总额达到391.48亿美元；2014年中国进口总额为1.96万亿美元，其中自澳大利亚进口总额达到976.75亿美元。澳大利亚是仅次于韩国、日本、美国、德国的中国第五大进口来源国。从中澳双边贸易的总体发展趋势来看，除1998年亚洲金融危机外，中国向澳大利亚进出口总额连年增长，双边贸易额由1992年的23.32亿美元上涨至2014年的1368.23亿美元，年均增长率为20.24%，且进口总额远高于出口总额。从出口来看，2014年中国向澳大利亚出口总额达到391.48亿美元，除2009、2013年外各年增长率均为正值，年均增长率为20.29%；从进口来看，2014年中国从澳大利亚进口总额达到391.48亿美元，除1997、1998、2014年外各年增长率均为正值，年均增长率为20.21%。从2014年中澳进出口贸易的结构来看，中国出口商品集中度远远低于进口商品，按照海关HS（协调制度）编码分类，中国进口额最大的前五类商品占进口总额的92.56%，对应出口额仅占到73.8%。中国从澳大利亚进口最多的商品是矿产品，其进口总额达到725.7亿美元，占到总进口额的74.3%。中国向澳大利亚出口最多的商品是机器、机械器具、电气设备等，录音机及放声机、电视图像/声音的录制和重放设备等，其出口总额达到134.15亿美元，占总出口额的34.27%；其次为纺织原料及纺织品、杂项制品、贱金属及其制品和化学工业及其相关产品。从中澳两国进出口商品结构变化来看，各大类商品进出口增速有所不同，总体结构变化不大，且阶段性特征明显，中国一直处于贸易逆差状态。① 在投资方面，澳大利亚是我国境外投资仅次于香港的第二大目的地。近年来，中国企业赴澳大利亚投资增长较快。中国对澳直接投资额从2005年的约5.87亿美元增至2013年的34.58亿美元，年均增长54.3%。截至2014年年底，

① 王士权、常倩、李秉龙《中澳贸易商品结构与成因分析——基于中澳FTA签订为背景》，《武汉纺织大学学报》2016年第2期。

中国累计对澳各类投资 749.4 亿美元，其中直接投资累计 199.5 亿美元。中国企业对澳投资集中于采矿业和油气开发等资源能源行业，其中采矿业占投资总量的三分之二。截至 2014 年 4 月底，澳大利亚累计在华投资设立企业 10428 家，累计实际使用外资金额 75.95 亿美元。

2003 年 8 月和 10 月，澳大利亚总理霍华德和中国国家主席胡锦涛分别进行互访，并就加强双方全面合作关系深入交换了意见，在此基础上，两国正式签署了贸易与经济合作框架协议。该协议不仅明确了中澳两国的经贸合作的长期发展方向和基本原则，还确定了一些两国共同关注的重点合作领域。以协议为基础，中澳两国从 2004 年开始了自由贸易协定的可行性研究，并于一年后完成。2005 年 4 月，两国在北京签署了中澳双方关于承认中国完全市场经济地位和正式启动中澳自由贸易协定谈判的谅解备忘录。在此基础上，双方开始了多轮双边自由贸易协定的谈判，经过十年、二十一轮的谈判，虽历经波折但最终获得实质性成效。2014 年，两国签署了关于实质性结束中澳自贸协定谈判的意向声明。2015 年 6 月 17 日，双方在澳大利亚堪培拉正式签署《中国-澳大利亚自由贸易协定》。

中澳自贸协定包括正文部分和四个附件。正文部分除序言以外共 17 章，分别是初始条款定义、货物贸易、原产地规则和实施程序、海关程序与贸易便利化、卫生与植物卫生措施、技术性贸易壁垒、贸易救济、服务贸易、投资、自然人移动、知识产权、电子商务、透明度、机制条款、争端解决、一般条款与例外、最终条款，其中包括各章附件共 11 个。协定的四个附件分别是货物贸易减让表、产品特定原产地规则、服务贸易承诺减让表以及关于技能评估、金融服务、教育服务、法律服务、投资者与国家争端解决透明度规则的五份换文。除协定正文和附件之外，中澳自贸协定谈判一揽子成果还包括两国政府关于“投资便利化安排”和“假日工作签证安排”的两个谅解备忘录，以及关于中医药服务的合作换文。这三个文件与协定同时签署。中澳自贸协定是我国首次与经济总量较大的主要发达经济体谈判达成自贸协定，也是现今我国与其他国家签署的贸易投资自由化整体水平最高的自贸协定之一。

中澳自贸协定在货物领域达到了很高的自由化水平。中国96.8%的税目将实现自由化，且均采用线性降税这一简单直接的降税方式，其中五年内完成降税的税目比例为95%，剩余产品降税过渡期最长不超过15年。澳大利亚所有产品均对中国完全降税，自由化水平达到100%，其中91.6%的税目关税在协定生效时即降为零，6.9%的税目关税在协定生效第三年降为零，最后1.5%的税目关税在协定生效第五年降为零。

关于货物原产地的判定，“完全获得”标准采用了国际上通用的原则，强调货物必须完全在缔约一方获得或者生产。“非完全获得”标准则考虑了货物国际化生产的客观现实，包括税则归类改变标准、区域价值成分标准和加工工序标准。税则归类改变标准要求货物生产中所使用的非原产材料在一方或双方领土内经过加工后发生税则归类改变。区域价值含量按特定的公式进行计算，对于不同的产品所要求的区域价值含量也不一样，一般在30%－60%之间进行波动。加工工序标准指货物在某一国家（地区）实施了赋予制造、加工后所得货物基本特征的主要工序，则以该国（地区）作为货物的原产地。

在服务贸易领域，澳大利亚是首个以“负面清单”形式对中国服务贸易做出开放承诺的贸易伙伴。中方在“入世”承诺基础上，以正面清单方式，向澳方承诺开放部分服务部门。中澳自贸协定第八章第二部分的第一节分别对中国正面清单方式承诺下的具体承诺减让表、国民待遇、市场准入、最惠国待遇及附加承诺进行规定。第四条第一款规定，以正面清单方式承诺的缔约方，应出具一份“具体承诺减让表”，并在表中列明具体减让承诺所依据的市场准入条款、限制和条件，国民待遇的条件和资格，与附加承诺有关的承诺，以及实施此类承诺的合理期限。第四条第二款规定，与本章国民待遇和市场准入均不一致的措施，应列入本章有关市场准入规定的相关栏目中，并认定该措施的国民待遇亦受到限制。第四条第三款规定，本协定附件三具体列明中方正面清单下承诺开放的服务部门，是本协定的组成部分。附件三B是中国对澳大利亚服务贸易承诺的具体减让表，包括水平承诺和具体承诺。减让表水平承诺包括表内所有部门，主要是对以商业存在模式及自然人移动模式进行的服务贸易在市场准入和国民待遇内做出承诺。减让表具体承诺部分对11个部门39个分部门做出了承诺，具体承诺表中没有列出的分部门为中方未做出承诺的部门。与《中国-新西兰自由贸易协定》相比，在中澳自贸协定中，中国对服务贸易的具体承诺更加优惠，给予了澳大利亚更宽松的市场准入条件和更灵活的运营方式选择。例如在法律服务部门（CPC861，不含中国法律业务），中国给新西兰的市场准入条件是新西兰的律师事务所只能在北京、上海、武汉、青岛等19个地区以代表处的形式提供服务，而澳大利亚的律师事务所可在中国任何地区以代表处的形式提供服务。同时，中国允许已在上海自由贸易试验区设立代表机构的澳大利亚律师事务所在该试验区内与中国律师事务所签订协议，以协议为基础相互派驻律师担任顾问，双方在各自独立的商业范围内进行合作；允许已在上海自由贸易试验区设立代表机构的澳大利亚律师事务所在该试验区内与中国律师事务所联营，联营期间，双方的法律地位、名称和财务保持独立，各自独立承担民事责任，联营组织的客户不限于上海，联营组织的澳大利亚律师不得办理中国法律事务。在房地产和笔译口译服务部门（CPC822、87905），新西兰的服务提供者只能以合资企业的形式出现，而澳大利亚的服务提供者可以设立外商独资企业。在市场调研服务、与采矿和制造业相关的服务、建筑物清洁服务、包装材料印刷服务、与健康相关的服务与社会服务、机场运营服务、专业航空服务和机场地面服务等部门，中国对新西兰的具体承诺表中并未涉及，而中国允许澳大利亚企业进入这些领域。

协定第八章第二部分第二节是对以负面清单方式做出承诺的规定。第二节分四条对负面清单方式下的不符措施清单、国民待遇、市场准入、最惠国待遇做出规定。第九条第一款规定，若以负面清单方式做出承诺，则本节有关国民待遇、市场准入及最惠国待遇的规定不适用于：（1）本协定生效之日，一方中央政府或地区政府在本协定附件三不符措施清单第一节中列明的其所维持的不符措施；（2）协定生效之日，地区政府外的地方政府维持的任何不符措施；（3）对上述两款所指任何不符措施的延续或及时更新。第九条第二款规定，国民待遇、市场准入及最惠国待遇也不适用于本协定附件三不符措施清单第二节列明的其所采取或维持的与部门、分部门或活动相关的任何措施。这样，澳大利亚的负面清单中就包含了两类共56项不符措施。根据第八章（服务贸易）第九条（不符措施清单）和第九章（投资）第五条（不符措施）的规定，澳大利亚清单第一节列出了不受协定部分或全部义务约束的澳大利亚现行措施。这节负面清单共35项，采用部门、涉及义务、政府级别、措施来源、描述五个栏目列出。"部门"是指该清单项所针对的部门；"涉及义务"规定的是引言第一款所提及的义务根据第八章（服务贸易）第九条（不符措施清单）和第九章（投资）第五条（不符措施）的规定不适用于所列措施；"政府级别"是指维持所列措施之政府的级别；"措施来源"是指作为清单项所涉不符措施来源的法律法规或其他措施，"措施来源"里提及的措施是指截至协定生效之日修订、延续或更新的措施，并且包括依据该措施的授权而采纳或维持的并与该措施协调一致的任何附属措施；"描述"说明的是该清单项所涉及的不符措施。清单第二节列出了澳大利亚可以维持现行措施或采纳新的或限制性更高的措施且不受义务约束的特定部门、分部门或活动。这节负面清单共21项，采用涉及部门、涉及义务、描述、现行措施四个栏目列出。总而言之，通过负面清单的规定，在专业服务方面，除法律、房地产等少数部门外，在其他部门中方将与澳大利亚本地竞争者享受同等待遇。例如在电信服务方面，中方可以在澳设立独资电信公司，没有地域和业务范围的限制，还可以入股澳大利亚电信公司；在分销服务方面，除烟草、武器、酒类等特殊商品外，中国企业可以在澳从事佣金代理、批发零售和特许经营等业务；在金融服务方面，除负面清单中列明的银行、保险、证券领域的具体保留事项和限制措施外，中方也将享受到国民待遇。此外，澳大利亚负面清单对建筑、环境和旅游服务部门基本没有限制，这意味着它们将向中国服务提供者完全开放。

中澳双方在平等互利的基础上，构建自贸协定项下全面的投资规则框架，鼓励和促进双边投资以加强两国在投资领域全方位的合作，为双方投资者创造了更加自由、便利、透明、公平和安全的投资环境。第九章的第一节（投资）中规定的是实体条款，包括定义、适用范围、国民待遇、最惠国待遇、不符措施、利益的拒绝给予、投资委员会、一般例外以及未来的工作计划。

值得注意的是，第三条“国民待遇”中规定，澳大利亚在其领土内投资的设立、获得、扩大、管理、经营、运营、出售或其他处置方面应给予中国投资者和涵盖投资不低于在同等条件下给予其本国投资者的待遇，而中国在其领土内投资的扩大（现有投资的扩大，不包括建立或获得新的、单独的投资）、管理、经营、运营、出售或其他处置方面应给予澳大利亚投资者和涵盖投资不低于在同等条件下给予其本国投资者的投资的待遇。也就是说，在投资准入方面，澳大利亚给予了中国投资者准入前国民待遇，这与澳大利亚做出的负面清单的承诺也是相适应的。而中国目前暂时仍没有给予澳大利亚投资者同等的待遇。至于最惠国待遇，双方都将其适用范围扩展到投资设立阶段，并且顺应国际缔约趋势的发展，明确约定最惠国待遇并不适用于投资者与国家争端解决机制。中澳自贸协定中并没有过多地规定有关投资的实体内容，相关的问题还有待两国之间的双边投资协议来解决。但两国之间的投资协议签订于 1988 年，已经难以满足两国迅速发展的投资往来的需要，例如十分重要的“国家安全条款”目前仍缺少投资法上的依据。近年来，澳大利亚政府多次以保护国家安全的名义，拒绝了中国企业对澳洲的投资收购行为，影响了两国之间的经济交往。中澳自贸协定因此在未来的工作计划中也特别指出，双方应在自贸协定生效后三年内审议双方之间的投资法律框架，审议对象既包括自贸协定中的投资章节，也包括中澳双边投资协议。审议结束后应立即开启全面投资章节的谈判，以体现审议的结果。谈判应包括但不限于对现有投资章节的修改，以及在现有投资章节中加入补充条款，如最低待遇标准、征收、转移、业绩要求、高层管理人员与董事会、关于投资的国家与国家之间的争端解决、将投资保护和投资者-国家争端解决机制适用于通过商业存在提供的服务，以及中国以负面清单方式做出投资承诺减让表等。

第九章的第二节对投资者与国家争端解决做了较为详细的规定。如一方与另一方投资者产生与依据该方法律、法规和投资政策所进行的涵盖投资相关的争端，可以适用第二节的规定。当发生投资争端时，申诉方（投资者）可在致使争端产生措施实施或事件发生起两个月后，向被诉方送达书面磋商请求。申诉方与被诉方（东道国）应首先寻求通过友好磋商解决争端，一方采取的非歧视的和出于公共健康、安全、环境、公共道德或公共秩序等合法公共利益目的的措施，不应作为诉请的对象。若投资争端无法自收到磋商请求之日起 120 日内通过磋商程序得到解决，申诉方可以自己名义或代表其直接或间接控制的被诉方企业法人提出仲裁请求。申诉方可依据《关于解决国家和他国国民之间投资争端公约》及相关规则或《联合国国际贸易法委员会仲裁规则》提出仲裁请求，如申诉方与被诉方达成一致，也可以向其他任何仲裁机构提交仲裁或依据其他任何仲裁规则进行仲裁。在仲裁审理的过程中，在获得争端双方的书面同意后，仲裁庭可允许争端方以外的一方或实体针对争端范围内的事项，向仲裁庭递交书面的法庭之友陈述。协定中还规定了非常严格的透明度要求，如需要转给非争端缔约方的文件类型、需要向公众公开的文件类型、在被诉方同意时仲裁庭举行公开听证会等等。在防止受保护信息泄露的同时，争端方还需要在提交据称有受保护信息的文件之日起七天内，提交一份编辑过的、不含受保护信息的该文件版本，并提供给非争端缔约方及公众。通过这样的规定，在保护投资者机密信息的同时，还可以保证其透明度，既增加裁决的可信度，也避免可能的不公平仲裁。协定还特别提到了上诉审查的问题。虽然它没有直接建立这样的制度，但约定自协定生效之日起三年内，双方应启动谈判，以期建立上诉审查机制，审查仲裁结果。此上诉审查机制将审理有关法律问题的上诉。这一规定同样也是对当下国际投资立法趋势的反映。

除上述有关货物贸易、服务贸易、投资的内容以外，中澳自贸协定还对其他问题做了丰富而细致的规定，例如自然人流动、知识产权保护、竞争规则、电子商务等等，既紧密结合了中澳两国经济往来的实际需要，又充分反映了国际规则的发展趋势。签订协定以来，中国继续保持作为澳大利亚第一大贸易伙伴、第一大出口目的地和第一大进口来源地的地位。澳大利亚统计局数据显示，2015 年中澳双边贸易额为 1072.1 亿美元，其中澳大利亚对中国出口 609.8 亿美元，占澳大利亚出口总额的 32.4%，澳大利亚自中国进口 462.4 亿美元，占澳大利亚进口总额的 23.1%，澳大利亚与中国的贸易顺差为 147.4 亿美元。根据中国商务部的统计，2015 年澳大利亚对中国出口的主要产品为矿产品、贵金属及纺织品。矿产品一直都是澳大利亚对中国出口的主力产品，由于中国经济增长放缓及国际矿产品价格大幅下跌，导致澳大利亚对中国矿产品出口下降较多。2015年澳大利亚对中国矿产品出口同比下降35.5%，但铁矿石出口额仍占澳大利亚对中国出口总额的62%。中澳贸易虽有多元化趋势，但其他产品的比例依然较小，中国从澳大利亚进口产品的结构过于单一和集中，容易受到来自澳大利亚市场波动的影响，因此应当改变这种贸易投资过于单一和集中的局面。①

中澳自贸协定的签订还会对中国与新西兰之间的经济往来产生一定的影响。中新自贸协定签署于2008年，比中澳自贸协定早了七年，正因为签署和生效时间早，前者的开放程度和水平也明显偏低。澳大利亚和新西兰同处大洋洲，经济结构相似，中澳自贸协定的“全面、高质量”，使新西兰面临着较大的竞争压力。例如澳大利亚和新西兰都是中国重要的乳制品来源国，但中新自贸协定对新西兰的限制更多，中国对新西兰实行农产品特殊保障措施的税目均集中在乳制品上，对11个税目设定了14—16个阶段的数量触发水平。中国对澳大利亚实行农产品特殊保障措施的八个税目中仅两个税目为乳制品，对这两个税目设定的数量触发水平有15个阶段。在原产地规则上，中澳自贸协定与中新自贸协定相比，二者的区别主要集中在区域价值成分的要求上。总体来看，中澳自贸协定对区域价值成分的要求更高，对原产地的要求更加严格。原产地规则的限制性越强，对投入品的采购越容易从第三国转向自由贸易协定成员国，同时对成员国的投资会增加，因此，中澳自贸协定的签署可能会吸收原本要投到新西兰的资本，增加对澳大利亚中间产品的需求量。就原产地规则的程序而言，中澳自贸协定也比中新自贸协定的要求更松。在直接运输条款中，中澳自贸协定允许货物临时储存的时间不超过12个月，而中新自贸协定仅允许临时储存的时间不超过6个月；中澳自贸协定给予出口商更大的空间，若有意外事件发生导致需要临时储存时，更长的储存期能避

① 刘馨蔚、王世钰《自贸协定为中澳带来投资新机遇　投资热点渐多元》，《中国对外贸易》2016年第7期。

免可能发生的损失。中澳自贸协定同意，在一批次原产货物的完税价格低于限额时，出口方可以不用提交原产地证书或原产地声明并能享受优惠关税待遇，这种程序的简化将大大降低时间成本，给出口商带来极大便利，这是中新自贸协定中没有的一项条款。在服务贸易方面，澳大利亚对中国采取的是负面清单，新西兰采取的还是正面清单。在知识产权方面，中澳自贸协定与中新自贸协定都设有独立的知识产权章节，但后者的规定侧重于两国的合作与信息交流，而前者更加侧重于两国各自需要尽到的责任。中澳自贸协定对知识产权的定义更加广泛，而且强调了企业维护其机密信息的权利。为此，中澳自贸协定知识产权章节中专门规定了保护未披露信息的条款，防止自然人和法人合法控制的信息在未经其同意的情况下被披露出去。它还多了透明度的规定，如允许申请者了解自己的创新能否获得知识产权，以及申请知识产权的程序和被拒后需改进的地方。中澳自贸协定中还专门设有执法条款，虽然只是两项简单的说明，却体现了中澳双方对知识产权保护更为严格的执法要求。中澳双方还对进出口商品设有边境措施，对涉嫌假冒商标的商品或盗版商品，主管部门可以中止放行并将发货人和涉案货物的相关信息告知权利人。这有助于避免假冒产品出口他国的现象，遏制侵犯知识产权的行为，保障权利人的利益。考虑到这种种差异，中国和新西兰也开始了自由贸易协定的升级谈判，而中新自贸协定升级的方向完全可以参考中澳自贸协定中已有的成果，甚至在中澳自贸协定的基础上达成更具创新性、更有前瞻性的自由贸易协定。①

五、中国与韩国自由贸易区

2015 年 6 月，几乎是在签署中澳自由贸易协定的同时，中国与韩国也结束了接近三年的自由贸易协定谈判，正式签署了自由贸易协定。这是中国在

---

① 庄芮、林佳欣《中国-新西兰 FTA 与中国-澳大利亚 FTA 比较研究——兼论中新 FTA 的升级路径》，《太平洋学报》2016 年第 7 期。

东北亚地区的第一个自由贸易区，对于促进区域经济一体化和产业链的全面融合具有重要的意义，对推进中日韩自贸区、《区域全面经济伙伴关系协定》乃至未来的亚太自贸区进程也有十分重要的意义。中韩两国于 1992 年建交，20 多年来双方经济交往密切，双边贸易额从建交时的 50.6 亿美元跃升至 2014 年的 2905.63 亿美元，约占世界贸易总量的 2.6%。如今中国是世界第二大经济体，是韩国的第一大贸易伙伴；韩国是世界第十二大经济体，是中国的第三大贸易伙伴，仅次于美国和日本。中韩自贸区的启动，将会进一步降低进口成本，扩展经贸增长的新空间。

自两国建交以来，中国长期保持对韩国的贸易逆差，中韩自贸区建成后，贸易壁垒减弱，进口商品价格大幅度降低，将为韩国商品进入中国市场提供有力的帮助，加上中韩两国在产业结构上的差异，至少在短期内，中韩两国的货物贸易逆差将持续增大，产业内垂直贸易关系将更加密切。从长期来看，中韩自贸区给中国相对弱势产业带来的外部刺激，将倒逼国内政策调整和产业结构升级。随着中国对先进设备的投资引进，以及技术创新能力的不断增强，中国自韩国进口原材料和零部件的需求将逐步下降，转为国内自给，而且产品质量不断提高，中韩两国的贸易关系将从垂直互补渐渐走向平衡竞争。在货物贸易出口优势逐步减弱的趋势下，韩国对中国的出口重心将从货物贸易转向服务贸易。旅游、文化休闲、视听、专有权利许可费和使用费等服务贸易方面，韩国处于优势地位。中韩自贸区建成后，两国货币互换直接交易机制的建立，以及签证规则的简化与放宽，将成为韩国向中国出口优势服务贸易的催化剂。① 自贸协定中对投资问题的规定也将有利于中韩两国之间形成稳定、互利的投资环境，进一步提高中国对韩国企业的投资吸引力。韩资企业是我国环渤海经济圈外资经济的重要组成部分，中韩自贸协定中对投资内容的完善有利于促进韩资流入、推动韩国对华投资规模的进一步扩大、增强双方企业和劳动者权益的保护力度，同时，也为中国企业扩大对韩投资创造

① 汤婧《中韩自贸区的未来趋势：化解困境、开拓发展》，《国际经济合作》2015 年第 4 期。

条件，加快中国企业走出去的步伐。①

中韩自贸协定除序言外共22个章节，包括初始条款和定义、国民待遇和货物市场准入、原产地规则和原产地实施程序、海关程序和贸易便利化、卫生与植物卫生措施、技术性贸易壁垒、贸易救济、服务贸易、金融服务、电信、自然人移动、投资、电子商务、竞争、知识产权、环境与贸易、经济合作、透明度、机构条款、争端解决、例外、最终条款。此外，协定还包括货物贸易关税减让表、服务贸易具体承诺表等18个附件。中韩自贸协定在货物贸易方面具有较高的开放度，涉及的产品种类多、关税削减幅度大。从总体开放水平看，中韩双方绝大多数产品和贸易将实现零关税。中韩两国生产门类都非常齐全，相互之间竞争性较强，因此，双方几乎对各个细分产业甚至产品都有核心关注。双方在谈判中将各类产品区分为普通产品、敏感产品和超敏感产品三类，通过过渡期、部分降税、关税配额、例外等方式，进行了有区别的妥善处理。

在服务贸易方面，中韩双方参照世贸组织《服务贸易总协定》条款，就适用范围、市场准入、国民待遇、具体承诺减让表、其他承诺、国内规制、透明度、支付与转移、利益的拒绝给予、服务贸易委员会等相关义务要求做出安排。双方出价均实现了较高的自由化水平，以各自在世贸组织多哈回合谈判的改进出价为参照，进一步解决了彼此的重要利益关注。韩国在中国关注的快递和建筑服务领域，做出了超出其现有自贸协定水平的承诺。关于快递服务，中国的快递企业不用在韩国设立办事处，即可在韩国开展包括空运和海运在内的各项国际速递业务，并可以开展除韩国邮政部门依法保留业务以外的所有国内速递业务。由此，中国的快递企业在韩国开展业务的限制条件进一步减少，业务范围得到空前扩大，为支持中国快递企业发展壮大，鼓励和推动其向韩国市场“走出去”创造和提供了良好的政策环境和法律保障。关于建筑服务，中国的建筑企业不用在韩国设立办事处，即可签订建筑合同

---

① 杨文生《建设中韩自贸区的机遇、挑战及对策》，《宏观经济管理》2015年第4期。

提供服务，作为总包方获得建筑合同后，也不用必须将业务分包给韩国企业。因此，中国的建筑公司在韩国拓展业务的限制条件进一步减少，企业利润可以进一步扩大，企业具有更大的动力拓展韩国建筑市场。中国也在韩国关注的法律、建筑、环境、体育、娱乐服务和证券领域，根据现行法律法规做出进一步开放承诺。关于法律服务，韩国律师事务所可以代表处的形式提供法律服务。代表处可从事营利性活动。代表处可从事本国、第三国及国际法律事务，但不得从事中国法律事务。在中国上海、福建、广东、天津自由贸易试验区中，在区内设立代表处的韩国律师事务所可以与中国律师事务所以协议方式相互派驻律师担任法律顾问并实行联营。联营期间，双方的法律地位、名称和财务保持独立，各自独立承担民事责任。联营组织的外国律师不得办理中国法律事务。关于建筑和相关工程服务，韩国建筑企业在中国申请建筑企业资质时更为便利。此外，在上海自由贸易试验区内设立的韩国建筑企业可以承揽位于上海市的中外联合建设项目。在这种情况下，将不受此类项目中的外资投资比例限制。关于环境服务，韩国环保企业可以在中国成立独资企业，从事城镇污水（不含50万人口以上城市排水管网的建设经营）、垃圾处理、公共卫生、废气清理和降低噪音服务，这有利于两国产业加强环保技术交流，提升中国的环境保护能力和水平。关于娱乐服务，韩国企业可以通过合资、合作的形式在中国开展演出经纪、演出场所经营等业务，这有利于扩大两国娱乐文化交流。关于体育和其他娱乐服务，韩国企业可以在中国设立独资企业，从事除高尔夫和电子竞技外的体育活动宣传、组织及设施经营业务。关于证券服务，韩国证券企业可以拓展与中国的合格境内机构投资者的合作领域，这有利于其深度参与中国的合格境内机构投资者发起的各类理财产品营销，也有利于中国的境内投资者参与韩国资本市场投资。

另外，中国首次在自由贸易协定中单设了电信和金融服务这两章。在金融服务这一章中，中国在加入世贸组织承诺和其他协定承诺水平基础上，依法依规做出了进一步开放的承诺。例如对于列入附件8－A具体承诺减让表的金融服务部门，在遵守其中所列任何条件和资格的前提下，针对影响金融服务提供的所有措施，一缔约方给予另一缔约方的金融服务和金融服务提供者的待遇，不得低于其给予本国同类金融服务和金融服务提供者的待遇。一缔约方可通过对另一缔约方的金融服务和金融服务提供者给予与其本国同类金融服务和金融服务提供者形式上相同或不同的待遇，以满足第一款的要求。如形式上相同或不同的待遇改变了竞争条件，与另一缔约方的同类金融服务和金融服务提供者相比，更有利于该缔约方的金融服务或金融服务提供者，则此类待遇应被视为低于国民的待遇。对于通过金融服务提供实现的市场准入，一缔约方给予另一缔约方金融服务和金融服务提供者的待遇，不得低于其在附件 8-A 具体承诺减让表中同意和列明的条款、限制和条件。在做出市场准入承诺的部门，除非在其附件 8-A 具体承诺减让表中另有列明，否则一缔约方不得在其一地区或在其全部领土内采取或维持以数量配额、垄断、专营服务提供者的形式，以及以经济需求测试要求的形式，限制金融服务提供者的数量，或以数量配额或经济需求测试要求的形式，限制金融服务交易或资产总值等。各缔约方承诺将提高金融服务领域的监管透明度，确保以合理、客观和公平的方式适用第九章所有的规定。一缔约方可要求另一缔约方就该协定产生的、影响金融服务的任何问题进行磋商。另一缔约方应对该请求给予适当考虑。当金融机构的投资者依据协定中有关投资者与国家争端解决的规定提起诉讼时，在应诉方援引第九章第 9.5 条进行辩护的情况下，在应诉方的要求下，缔约方之间应进行磋商，并尝试善意做出决定。该决定在诉讼请求提交后的 180 日内对仲裁庭有约束力。在电信这一章中，双方同样做出了高水平的承诺，例如双方承诺确保另一缔约方的服务提供者能够及时地依照合理和非歧视的条款和条件，在各自境内或跨境接入和使用包括专用线路在内的任何公共电信服务。各缔约方应确保其境内的公共电信网络或服务提供者，直接或间接地与在其境内按照相关法律法规取得相应电信业务经营许可的另一方公共电信网络或服务提供者互联互通；互联互通涉及的费率、条款和条件通常应符合当地法律法规，通过服务提供商之间的商业谈判决定。各缔约方都应采取合理的措施，阻止本领土内公共电信网络或服务的主导提供商以单独或联合的形式，介入或继续从事反竞争行为。各缔约方对普遍服务义务的管理应采取保持透明、非歧视以及竞争中立的方式，并应确保普遍服务义务不会过于繁重，不超出其所定义的普遍服务的必要程度。公共电信网络或服务提供商可以向其所在领土内的电信监管机构或其他相关机构及时请求帮助，解决公共电信网络或服务提供商间的纠纷；另一缔约方公共电信网络或服务提供商在该方境内取得相关电信业务经营许可，并要求与缔约方境内的主导电信提供商进行互联互通后，在合理、公开的特定期限内，可向电信监管机构或其他相关机构申请帮助以解决与主导提供商有关条款、条件及互联互通费用的争议。任何公共电信网络或服务提供商的合法利益因一缔约方电信监管机构决定或决议受到负面影响的，可以依据该国法律获得该国司法机构的审查。任何一缔约方不应允许以司法审查申请为由不遵守监管机构的裁定或决定，除非相关司法机构做出了相反判决。电信监管机构的监管决定，包括监管决定的依据，应及时公布或以其他方式向相关利益方提供。缔约双方应鼓励其电信服务提供商降低缔约方间国际漫游结算价水平，推动降低国际漫游资费水平。电信与金融服务这两章内容的规定为中国未来与其他发达国家商谈高标准的自贸协定奠定了扎实的基础，也向“形成面向全球的高标准自贸区网络”目标迈出了重要的一步，是中国扩大服务业开放的重要举措。

目前，中韩双方在具体承诺表中采用的仍然是正面清单，只有明确做出承诺的部门才对对方承担义务，但双方已约定，在协定生效后两年内，以负面清单模式启动服务贸易的第二阶段谈判，争取达到更高的自由化水平。这对于大力发展中国的服务业，稳定和增加就业，调整经济结构，提高发展质量效率，培育新的增长点具有积极的意义，同时也有利于中国改革并完善服务业的管理模式，为中国服务业和服务贸易发展创造更为宽松良好的政策环境。在中国与澳大利亚签订的自由贸易协定中，澳大利亚已经对中国采用了负面清单的承诺方式，中国也同意尽快制定对澳大利亚的负面清单，中澳之间的合作对于中韩负面清单的制定具有积极的启示和借鉴意义。

在中韩建交之前，由于政治障碍突出，双方几乎不存在相互投资。1988年为韩国对华实施投资的起点，截至1991年年底累计规模为105件6787.9万美元，大多是100万美元以下的小规模投资。1992年8月中韩建交后，韩国对华投资增长迅猛。从累计投资额来看，1988—2014 年这 27 年间，制造业的投资项目数和金额的比重分别为 69.55%和 77.54%，在制造业中，电子部件、计算机、影音及通信装备制造业高居前列。这些制造业领域的投资往往表现出规模大、周期长等特点，因此投资比较稳定，而且企业往往会根据市场变化进行产业链或价值链环节上的调整性投资。纵观韩国对华投资的目的，主要有三大类型：促进出口、利用廉价劳动力、进入当地市场。总体来看，从 1992 年中韩建交到 2001 年中国加入 WTO，乃至加入 WTO 后五年过渡期结束的 2006 年，“促进出口”和“利用廉价劳动力”一直是韩国投资的主要目的。以进入当地市场为目的的投资自 2002 年以来明显增加，2007 年以后迅速跃升为最主要目的。① 近年来，韩国对华投资项目数大体回落到了 1995—1997 年的水平，项目数在韩国海外投资项目总数中的比重在 30%左右，低于 1992 年 33%的水平。可见，中国的投资环境的吸引力对韩国企业来说有所下降。尤其是自 2007 年以来中国劳动力成本上升和外资税收优惠政策的取消，使一些对成本敏感且以加工贸易为主要经营模式的韩国中小企业撤离中国而转向东南亚。

在中韩建交之前，中国对韩国直接投资的金额和件数也都很少，1992 年之前，中国对韩国投资项目总共不到 10 件，而 2014 年全年，中国对韩国投资申报件数就有 525 件，投资申报额为 11.9 亿美元。截至 2014 年年底，中国对韩投资申报件数为 9371 件，累计申报规模为 61.37 亿美元。从直接投资的金额来看，从 1992 年至 1999 年，中国对韩国直接投资的金额呈现出总体不高、无规律波动的状态。从 1999 年往后，投资金额大幅度增加，但仍然波动明显，2004 年中国对韩投资达到 11.64 亿美元，但随后迅速回落并保持波动，一直到 2014 年又重新达到 11.9 亿美元的高峰。从投资件数来看，1993—2000 年中国对韩国投资的申报件数逐年递增，并且在 2000 年达到高峰，总数为 1165 件。2000 年以后，中国对韩国的直接投资的投资件数出现数次回落

---

① 何喜有《中韩 FTA 生效形势下的韩国对华投资研究：基于 1988—2014 年数据的分析与展望》，《韩国研究论丛》2016 年第 1 期。

和上升的波动状态。从行业占比来看，历年来，中国对韩投资主要分布在服务业和制造业，其他产业的投资很少。1999—2014年，每年的服务业占比均超过80%，2000年至2009年期间的比例甚至超过了90%。从投资规模看，韩国在多个年份曾是中国对外投资的主要目的地之一，但排名起伏不定。2003—2012年这十年间，按照对外直接投资流量计算，韩国有六次列入中国对外直接投资目的地的前二十位，尤其是2003年和2005年都名列第四位，但在2006—2008年，排名迅速下降，甚至在2007年下降至第三十五位。按照对外直接投资存量计算，2003—2012年这十年间，韩国有八次列入中国对外直接投资目的地的前二十位，尤其是2003—2007年连续五年名列前十位，此后出现下降，最低为2010年的第三十四位。中国对韩投资在中国对外直接投资总额中的占比一直较低。中国对韩投资的起伏不定可能是两国政策导向、中国企业成长阶段以及对外投资动力等多方面因素共同导致的结果。① 中韩自贸协定的签订，为双方投资提供了更加良好的外部环境和制度保障。2016年1—5月，韩国对华投资额为22亿美元，同比增加了12.2%。2016年上半年，中国对韩直接投资额为7.1亿美元，同比增加了79.5%。

中韩自贸协定第十二章（投资）共19个条款和三个附件，包括了国际投资协定通常包括的重要内容。该章可以分成三个部分：一是定义，即对投资、涵盖投资、投资行为、投资者、企业、可自由使用货币等概念进行了定义。二是实体规则，具体包括：投资促进及保护、国民待遇、最惠国待遇、最低待遇标准、国内法救济、禁止性业绩要求、透明度、征收和补偿、转移、代位、特殊程序及信息要求、安全例外、拒绝授惠、环境措施、投资委员会、服务贸易和投资、提升投资环境联络点等条款，以及习惯国际法、征收、转移这三个附件。三是程序规则，规定了投资者与一缔约方之间的投资争端解决机制，具体包括投资争端解决的方式、提请仲裁的条件、仲裁规则和仲裁裁决等内容。此外，中韩双方还商定，将以准入前国民待遇加负面清单模式

① 何喜有《中国对韩国直接投资的结构性分布及其原因分析》，《韩国研究论丛》2015年第1期。

进行投资议题的后续谈判。

从内容上看，中韩自贸协定中对投资问题的规定基本上是对中日韩投资协定的延续。2012 年 5 月 13 日，中日韩三方在北京签署了《中华人民共和国政府、日本国政府及大韩民国政府关于促进、便利及保护投资协定》及《议定书》（即中日韩投资协定）。2014 年 5 月 17 日，该协定正式生效。这是三国在经济领域促进和保护三国间投资行为的首份法律文件和相应制度安排。

中日韩三国同为东亚国家，不仅在地理上邻近，其经济总量之和也占到了亚洲经济总量的 70%，三国的经济发展对于东亚乃至整个世界经济的复苏具有重要意义。鉴于中日韩三国在经济上具有很强的互补性，2010 年 5 月 29 日在韩国济州岛召开的第三次中日韩领导人会议通过了《2020 中日韩合作展望》，三国承诺努力在 2012 年前完成中日韩自由贸易区的联合研究。为加速并促进三国自由贸易协定的谈判，三国同意先行谈判并签署投资协定。中韩自贸协定的投资章节在对投资的界定、国民待遇、最惠国待遇、禁止性业绩要求、透明度，以及征收和补偿等大多数条款上与中日韩投资协定的内容基本一致，但个别条款也有一些变化：一是没有将知识产权诉讼和金融服务的审慎措施作为争端解决的例外情况，即这两种类型的诉讼也可以和其他类型的争端一样提请国际仲裁，二是没有专门规定临时性保证措施和知识产权条款。① 但无论如何，中韩自贸协定中对投资的规定已经达到了一个相当高的水准，对于鼓励和促进投资、实现投资的自由化具有十分重要的意义，对于中国正在和将要进行的各类自贸协定和投资协定的谈判也有十分积极的意义。

若将中韩自贸协定和中澳自贸协定相比，可以发现二者之间既有相同之处也有诸多不同之处。相同之处在于它们都是中国近年来缔结的高水平的自由贸易协定，反映了国际经贸规则的发展潮流和趋势以及各国经济发展的需要，无论是削减关税、在更多的服务领域做出具体承诺，还是促进自然人流动、鼓励和保护投资等，都是建立在中国与这两个国家日益紧密的经贸合作

① 郝洁《中美与中日韩投资协定及中韩自贸协定的比较》，《中国经贸导刊》2015 年第 22 期。

的基础上的。随着经济交往的加深，缔约方相互之间的依存度不断加大，自贸协定的内容也就越详细，能够产生的效用也会越来越丰富。但二者之间还存在不少差别，这与各自经济发展水平和国内经济环境有密切的关系。相对来说，中澳自贸协定中，澳大利亚给予中国更高的自由度和开放水平，而韩国对中国的限制仍然较多，同时商品自由化所需要的时间多为10—20年，远高于中澳自贸协定中规定的时间。不过从内容上来说，中韩自贸协定涉及的议题更加丰富，完成度也更高，金融服务、电信、投资、竞争、合作、政府采购的相关内容已经达成具体协议，而这些议题在中澳自贸协定中仍未达成协议或没有提及。①

但无论如何，中韩自贸协定与中澳自贸协定的签署与实施，不仅对缔约国会产生重要的影响，对整个亚太地区也有着十分重要的意义。在区域经济一体化日益盛行的背景下，中国必须积极参与甚至影响相关谈判的进行，这不仅要求中国具有较高的经济发展水平，还要求中国对国际经贸规则有着深刻的理解和掌握。中韩和中澳自贸协定的签署，表明了中国不断深化和扩大对外开放、推进自由贸易区战略、加强国际经济合作、促进各国协同发展的理想和目标。

第三节　中国未来区域经济一体化的发展战略

除上述五个自由贸易区以外，中国还另外签订了多个自由贸易协定，并有多个自由贸易协定正在研究和谈判的过程中，可以说，随着中央大政方针的确定和各方面的努力，中国的自由贸易区网络已经初步形成并将不断完善。中国与新西兰自由贸易协定可以看作是中国自由贸易区发展历程中的一个转折点，在此之前，中国签订的自由贸易协定无论是在深度上还是在广度上与

① 刘文、蔡智超《中韩FTA和中澳FTA比较研究》，《当代韩国》2016年第3期。

其他国家的自由贸易协定相比都有所差距，虽然都强调协定包括货物贸易、服务贸易和投资三个方面，但采取的却是分项谈判的方式。从中国与新西兰自由贸易协定开始，一个协定中开始同时包含以上三块主要内容，同时还对自然人流动、知识产权等非传统议题进行了规定。在此之后，中国签署的自由贸易协定都包含了丰富的内容，逐步向深度的一体化和高度的自由化方向发展，大大提高了中国掌控国际经贸关系的水平和能力。这种发展趋势与中国自身的进步以及所处的国际环境有密不可分的关系。

2012 年以来，中国经济发展进入新常态，经济增长速度从过去的高速增长转变为中高速增长，经济结构开始逐步调整、优化升级，经济发展的动力从过去依赖劳动力、土地和投资等要素驱动，转变为更多地依靠创新驱动。在经济新常态下，我国自由贸易区战略的实施离不开本国经济发展的支撑、经济结构的调整和产业竞争力的提高。晚近签订的几个自由贸易协定大幅度削减了关税、开放了越来越多的服务部门、给外国投资者更优惠的待遇和更多的保护，在其他与贸易和投资相关的领域也做出了重大的让步、给予了大量的优惠，这一方面是对本国经济发展的自信，另一方面也对自己提出了更高的要求。经济结构的调整与自由贸易区的建设本就是相辅相成的关系，未来的自由贸易协定谈判毫无疑问将更多地涉及服务业的开放和投资准入，如果我国经济顺利实现转型升级，在自由贸易协定的谈判中就会有更大的回旋余地和要价可能，而符合我国利益需求的自由贸易协定当然也会更加有利于我国经济的发展和国民福利的提高。此外，无论是中国晚近签署的自由贸易协定还是世界其他国家同时期的自由贸易协定，都将削减关税，甚至实现零关税作为重要的目标，面对如此高标准的开放，各国只有切实加强本国的产业竞争力，才能承诺相应条件、开放本国市场。我国自由贸易区战略的实施，根本的支撑还是在于产业竞争力，产业竞争力越强，就越能争取谈判的主动权，反之则会捉襟见肘。改革开放以来，我国逐步发展成为全球制造业规模最大的国家，然而由于缺少核心技术和自有品牌，我国制造业在全球价值链中仍处于低端水准，加之劳动力成本等传统比较优势趋于下降，我国制造业正面临着如何形成新的竞争优势、提升国际分工地位的问题。我国的服务业同样也面临着巨大的压力。中韩、中澳自由贸易协定中都已规划未来中国要以负面清单的方式向对方做出承诺，负面清单的做法将在中国未来的缔约实践中被广泛采用。但中国的服务业相比其他国家尤其是发达国家仍然较为弱势，如何应对随之而来的压力，在谈判中争取更多主动，更好地实现中国自由贸易区战略的目标，是个不容忽视的问题。

自由贸易区战略的推进也离不开外部的国际环境。2008 年以来，受全球金融危机和经济危机的影响，欧美等国际传统市场萎缩，国际贸易增长缓慢，2012—2014 年，国际贸易年平均增速不到 3%，与危机前相比大幅下跌。历史经验表明，在宏观经济不景气的情况下，各国难以有足够的动力和信心推动地区经济合作，这对中国自由贸易区战略的实施毫无疑问是非常不利的。除经济因素外，政治环境也会影响区域经济一体化的进行。政治是经济的保障，在构建自由贸易区网络的过程中，良好的国际和地区政治局势以及良好的双边关系，是各成员进行自由贸易协定谈判的重要前提。目前与中国签订自由贸易协定的国家都与中国有着悠久且良好的政治往来，世界上签订自由贸易协定的其他国家的相互关系也莫不如此。相比之下，中日韩自由贸易协定的谈判迟迟不能取得进展的一个重要原因便是三方之间缺少政治互信。自 2012 年中日韩自由贸易区谈判启动以来，过程一直不够顺利，主导权问题、区域外因素、历史问题、地区安全问题等导致了中日韩自由贸易协定谈判的困难与复杂。三国间的政治互信建立不起来，谈判就很难取得预期的进展。未来中国要以“和平共赢”的理念推进自由贸易区战略，就必须妥善处理好与各国之间的友好合作关系，在和平发展的国际环境下推进国际合作。

2013 年 9 月和 10 月，国家主席习近平在出访中亚和东南亚国家期间，先后提出共建“丝绸之路经济带”和“21 世纪海上丝绸之路”的重大倡议。2015 年 3 月 28 日，国家发改委、外交部、商务部联合发布了《推动共建丝绸之路经济带和 21 世纪海上丝绸之路的愿景与行动》。文件指出，当今世界正发生复杂深刻的变化，国际金融危机深层次影响继续显现，世界经济缓慢复苏、发展分化，国际投资贸易格局和多边投资贸易规则酝酿深刻调整，各国面临的发展问题依然严峻。共建“一带一路”顺应世界多极化、经济全球化、文化多样化、社会信息化的潮流。共建“一带一路”旨在促进经济要素有序自由流动、资源高效配置和市场深度融合，推动沿线各国实现经济政策协调，开展更大范围、更高水平、更深层次的区域合作，共同打造开放、包容、均衡、普惠的区域经济合作架构。“一带一路”建设是沿线各国开放合作的宏大经济愿景，需要各国携手努力，朝着互利互惠、共同安全的目标前行。投资贸易合作是“一带一路”建设的重点内容，要着力研究解决投资贸易便利化问题，消除投资和贸易壁垒，构建区域内良好的营商环境，积极同沿线国家和地区共同商建自由贸易区，激发释放合作潜力，做大做好合作“蛋糕”。由此可见，我国未来的自由贸易区战略，一方面要完善现有的自由贸易区布局，加强已签署的自由贸易协定的落实，提高对自由贸易协定的利用效率，另一方面还要依托“一带一路”规划，认真系统地设计我国未来自由贸易协定的拓展范围和层次，坚持互利共赢的开放理念，积极与沿线国家商签自由贸易协定，构建我国在“一带一路”框架下的自由贸易区网络。

截至 2016 年 6 月，中国与“一带一路”沿线经济体已经签署的自由贸易协定共五个，正在谈判的自由贸易协定有七个，可行性研究进行完毕但尚未启动谈判的有一个，正在研究的有三个。中国与“一带一路”沿线国家和地区商签的自由贸易协定存在数量少、地区分布不均衡的问题。从数量上看，“一带一路”沿线经济体共 60 多个，但截至 2016 年 6 月，中国与“一带一路”沿线经济体签订的自由贸易协定仅有五个，算上正在谈判的和正在研究的也只有十多个，数量总体偏少，不过这也反映出中国与“一带一路”沿线经济体建设自由贸易区前景广阔，具有很大的开发空间。从分布地区看，中国与“一带一路”沿线经济体所签订或拟签订的自由贸易协定主要集中在中国周边，包括东亚地区的东盟、韩国、新加坡，南亚地区的巴基斯坦、斯里兰卡、印度、马尔代夫、尼泊尔，西亚、北非地区的海合会，独联体地区的摩尔瓦多、格鲁吉亚，尚未辐射到中亚、中东欧地区。此外，“一带一路”沿线国家和地区普遍存在着较大的政治、经济、安全风险。例如：2011 年缅甸改革派新政府执政后叫停中国电力投资集团密松水电站大坝项目；2015 年 1 月斯里兰卡新总理上台后叫停中国位于科伦坡的港口项目；中南半岛部分国家近年来遭受民主化冲击，维持政局稳定的难度加大；叙利亚、伊拉克、也门等西亚、北非国家内乱与外患并存，并且深受教派斗争和区外大国等因素干扰；部分国家的关税水平较高，且一些国家，如哈萨克斯坦、乌兹别克斯坦、土库曼斯坦等尚未加入 WTO，对投资贸易自由化和便利化态度较为谨慎。尽管如此，“一带一路”沿线毕竟幅员辽阔，具有深厚的经济合作潜力。2015 年 12 月，国务院发布《关于加快实施自由贸易区战略的若干意见》，明确提出要坚持与推进共建“一带一路”和国家对外战略紧密衔接，坚持把握开放主动和维护国家安全，逐步构筑起立足周边、辐射“一带一路”、面向全球的高标准自由贸易区网络。①

中国在与“一带一路”沿线国家进行自由贸易协定谈判时，要注意选择适当的谈判对象和谈判策略。中国进口贸易与东南亚、东欧、中欧、南亚地区国家的出口贸易互补性较强，中国对这些地区的国家具有较大的进口贸易发展潜力，与这些地区和国家开展自由贸易区谈判相对容易。中国的进口贸易与西亚北非、中亚地区国家出口贸易互补性低，但这些地区国家能源资源相对丰富，出口结构以资源能源产品为主，而这些正是中国进口依存度较高的产品，中国与这些国家推进自由贸易区建设可以确保能源资源稳定供应，缓解能源资源紧张问题。目前，“一带一路”沿线主要经济体中，半数左右已经同中国建立了不同层级的伙伴关系。中国在推进“一带一路”自由贸易区建设时可以优先考虑这些国家，在没有其他影响因素的情况下，与这些国家商签自由贸易协定的政治风险相对较低。

根据 WTO 的统计，截至 2015 年，“一带一路”沿线国家签订有不少的自由贸易协定，主要包括东盟、独联体自由贸易区、南盟自由贸易区以及海湾阿拉伯国家合作委员会等。东亚地区在“一带一路”范围内经济相对发达，开放程度高，已经形成区域生产网络，是“一带一路”繁荣的一端。该地区经济体参与自由贸易区建设的积极性较高。南亚地区经济总体落后，深受贫

① 张晓君《“一带一路”战略下自由贸易区网络构建的挑战与对策》，《法学杂志》2016 年第 1 期。

困困扰，投资贸易壁垒较高，该地区大多数经济体参与区域经济合作的热情不高。除南盟自由贸易区外，这一区域的国家很少签订自由贸易协定。独联体国家于1993年9月签订了《经济联盟条约》，随后，又签订了《独联体自由贸易协定》，但由于各种原因，《独联体自由贸易协定》未能执行，直到2011年10月，俄罗斯、白俄罗斯、哈萨克斯坦等八国才签署了《独联体自由贸易区协定》，并于2012年9月正式生效。此外，俄罗斯、哈萨克斯坦、白俄罗斯等国还签订了一系列的多边或双边区域贸易协定，如《俄白哈关税同盟》等。相对而言，俄罗斯、乌克兰、亚美尼亚构建了较高水平的自由贸易区网络，而塔吉克斯坦、乌兹别克斯坦则较为落后。至于中东欧国家，大多数是欧盟成员国，由于欧盟成员国无权与其他经济体单独签订自由贸易协定，因而欧盟的态度决定了这一区域经济合作的发展方向。

除中国的“一带一路”倡议以外，沿线其他国家和地区也提出了不少自己的政策主张，例如蒙古国于2014年11月提出了“草原之路”计划，旨在通过运输贸易振兴本国经济；韩国于2013年10月提出“欧亚倡议”，旨在通过深化与欧亚地区国家的经济合作，扩展韩国对外贸易，带动朝鲜开放，消除半岛紧张局势；欧盟也于2014年11月提出“欧盟战略投资计划”，旨在通过加大对基础设施领域的投资来重振欧盟经济。这些策略和主张与中国的“一带一路”倡议有着不谋而合之处，彼此之间完全有条件并且有可能进行对接合作。通过寻求各自的利益汇合点，构建各国共同认可的范式与规则，推动双方之间的政策沟通、设施联通、贸易畅通、资金融通、民心相通，可以为推进我国的自由贸易区战略创造良好的条件。①

---

① 张国军、庄芮、刘金兰《“一带一路”背景下中国推进自贸区战略的机遇及策略》，《国际经济合作》2016年第10期。

第四章
国外典型的自由贸易园区

世界上究竟有多少个自由贸易园区？这并没有一个确切的统计，但可以确认的是，不管是发展中国家还是发达国家，都将其作为一项发展外向型经济、刺激经济进步的重要举措。不同国家和地区的自由贸易园区根据各自的区位条件、基础设施和进出口发展水平有着不同的功能定位，并会随着国内外经济形势的发展而不断调整。归纳、分析、研究国外自由贸易园区的建设经验，对于完善我国自由贸易试验区制度、促进自由贸易试验区发展有着十分重要的意义。

第一节　美国的对外贸易区

美国的自由贸易园区称为对外贸易区，它是指在美国海关和边境保护局的监督下，由美国对外贸易区委员会授权建立的一个安全区域。1936 年，纽约市的布鲁克林区设立了美国第一个对外贸易区，如今，美国共有大约 250 个对外贸易区和 500 多个对外贸易分区。美国对外贸易区的空间分布具有显著的地域分异特征，形成了临空、临港和陆路枢纽这三大基本区位类型。临港型对外贸易区又分为濒临海港和濒临河港两种类型，主要分布在太平洋、大西洋、五大湖以及墨西哥湾沿岸地区，包括洛杉矶 202 号、长滩 50 号、怀尼米港 205 号、波士顿 27 号、布劳沃德 25 号、新奥尔良 2 号、格拉姆西 124 号等著名的对外贸易区；临空型对外贸易区是依托综合航空运输体系设立的对外贸易区，通常临近航空港，其中依托全球最大的货运机场孟菲斯国际机场设立的 77 号对外贸易区的入区商品价值总额在美国一直居于前列；除此之外，美国的一些对外贸易区还依托高速公路、铁路等交通运输枢纽设立，它们的规模通常较小，但分布十分广泛。①

一、美国对外贸易区的发展

美国对外贸易区的出现有着特定的时代背景。20 世纪一二十年代，经济中的极高通量、连续性的大规模生产以及农业上农业机械的广泛使用带来的生产效率的显著提高使生产能力过剩的问题一直困扰着美国经济，为帮助受困的农民，执政的共和党人决定提高关税。1930 年，美国国会通过《斯穆特-霍利关税法案》，将 2000 多种进口商品的关税提升到历史最高水平，这一做法导致许多国家对美国采取报复性关税措施，使美国的进口额和出口额都大幅度下降。为消除上述法案带来的负面影响，美国国会于 1934 年通过了《对外贸易区法》，希望鼓励和加速美国对外贸易的发展。

但对外贸易区在设立之初，并没有如预想般受到人们的欢迎，到 1950 年的时候，也仅仅只有五个对外贸易区投入运营。之所以如此，一个可能的原因是最初的法案将对外贸易区的功能定位于出口贸易、转口贸易和仓储，货物运入对外贸易区后可以进行“加工”，但不能进行“制造”或“展示”，因为有人担心，一旦放开制造，将会导致外国便宜货物的大量进口，从而给美国国内制造业带来风险。这种功能上的单一性降低了对外贸易区的吸引力。为解决这一问题，美国国会于 1950 年通过了博格斯修正案，对《对外贸易区

① 殷为华、杨荣、杨慧《美国自由贸易区的实践特点透析及借鉴》，《世界地理研究》2016 年第 2 期。

法》进行修订，删除了原法案中“不得在对外贸易区内展销和制造商品”的规定，准许在对外贸易区内进行“制造”活动，货物在对外贸易区内制造后再运入关境内用于国内消费时，就将根据它的全部价值征收关税，同时，允许对商品进行展示也使原本会在别国或别的地区进行展销的商人对对外贸易区重新有了兴趣。

特别对外贸易区（对外贸易分区）的设立也增强了美国对外贸易区的吸引力。对外贸易区内成本高昂使很多大规模制造业望而却步，为此，对外贸易区委员会在 1952 年制定法令，在原有的对外贸易区的基础上增加了对外贸易分区。二者的区别在于，对外贸易区是通用的，其中包含了众多企业，而对外贸易分区通常针对的是个别企业，它位于现有的对外贸易区范围之外，但在货物的进出口方面能够享受到一样的优惠待遇。对外贸易分区是为帮助那些无法重新安置或利用现有通用对外贸易区的优势的公司而设立的，它们不再需要搬迁，也不需要建造新的设施或者雇佣新的工人，这降低了企业的成本，同时也激发了对外贸易区的活力。

1970 年的阿姆科钢铁公司诉思坦斯案被认为是美国对外贸易分区发展史上的重要节点。① 该案中，船舶制造商伊奎特公司拿到了一份制造船舶的订单，它希望通过设立一个对外贸易分区以实现从日本免税进口钢铁的目的，然后在此对外贸易分区中制造船舶并免税进口到美国海关关境内（当时美国对进口钢材征税，但对进口船舶免税）。这种做法相对于使用美国本土生产的钢铁可以节约一大笔费用，为此，原本为伊奎特公司提供钢铁的阿姆科钢铁公司向法院起诉，请求宣告对外贸易区委员会设立对外贸易分区的决定违法且无效。围绕着是否能够在对外贸易分区中制造船舶、是否会导致避税的后果、该对外贸易分区是否属于公用设施、委员会的事实认定是否正确以及分区真正的申请人是否合法等问题，当事人进行了深入的辩论，经过初审法院和联邦第二巡回法院的审理，原告的请求被驳回。法院的判决在法律上解决

① 周阳《美国对外贸易区分区发展的里程碑——“阿姆科钢铁公司诉思坦斯”案述评》，《美国问题研究》2014 年第 2 期。

了围绕对外贸易分区的争议，此后，分区逐渐进入了良性发展的态势。

20 世纪 70 年代，随着日本和欧盟的钢铁、汽车、半导体以及民用飞机等工业的不断发展，美国相关产业不断萎缩。为了扭转制造业下滑的趋势，在美国对外贸易区协会的推动下，海关决定对于某些商品的零部件征收低于成品的关税，以鼓励进口零部件并促进本国工业的发展。1980 年，财政部做出决定，不再将对外贸易区的加工成本纳入应税价值，从而减少了在对外贸易区内生产的货物的应税额，使对外贸易区能够真正地产生吸引力。1982 年，财政部再次做出决定，不再将与进口成分相关的其他费用如保险、运输费等列入最终的估价范围。这两项决定促使美国对外贸易区数量激增，经济效益日益向好。在整个 70 年代，美国共成立了 52 个对外贸易区，进入 80 年代后，对外贸易区和分区的数量都实现了大规模的增长。①

2007 年爆发的次贷危机，使美国深刻认识到了发展实体经济的重要性，重新提出了"再工业化"的目标，加强了对制造业和出口的重视。2009 年，对外贸易区委员会采用可选址框架（Alternative Site Framework，ASF）的方法，对总区和分区的设置以及管理办法进行调整，简化了审批流程，大幅降低了运营主体入区及从事制造加工活动的壁垒。在此之前，企业入区需要提交复杂的申请表，往往需要耗费数周乃至数月的时间。在新的框架下，企业入区或设立新的分区的权力被下放，从申请到批准的时间被大大地缩短了。在 ASF 框架下，对外贸易区委员会先后完成了数十个对外贸易区的重组，使对外贸易区近年来吸纳的货物价值量不断增长，出口增长速度不断提高。

贸易便利化措施可以大大降低企业成本、提升贸易效率、增加贸易意愿。美国的对外贸易区在致力于提高通关效率的同时，还推出了三项独特的贸易便利化措施：周报关制度、物流直通程序和货物分类监管制度。在周报关制度下，企业运往区外的需要报关且不受配额限制的货物，可以任何一个连续的七天为期限集中打包报关、完成报关程序。这一制度广泛应用于区内各类物流分拨与生产制造业务，由此简化了贸易程序、降低了通关成本、加快了

① 周阳《论美国对外贸易区的建立、发展与趋势》，《国际贸易》2013 年第 12 期。

货物流通速度、提高了供应链效率。物流直通程序指的是入区的境外货物无须提前申报和取得许可，可以直接以保税的形式运至区内，从而提高货物的物流运作效率。当然，为了保证安全性，海关的官员可以在必要时中止全部或部分货物的物流直通，以确保对货物和单证的常规检查。由于对外贸易区的出口贸易大多是基于全球价值链的生产制造活动，属于无国界的生产和全球分销，因此美国对外贸易区对入区货物实行分类监管，根据货物的不同特征给予不同的通关待遇。其一为优惠的国外状态，即国外货物入区后，在未经任何加工前，可按申请日的税则号和税率进行海关估价。其二是受制状态，即从美国关境入区的以出口、销毁或储存为目的的货物，非经特殊批准程序，不可以改变其状态或返回国内，也不得进行加工、制造或组装等处理。其三是非优惠的国外状态，即未申请为优惠的国外状态的货物，需要接受海关常规监管。其四是国内状态，即美国国内生产制造的已缴纳所有税项的商品或国外进口的已完税货物，无须申请和批准就可以自由进出对外贸易区。这种分类监管模式很好地适应了企业全球化生产和运作的需要，也确保了基于便利化的精准监管。①

二、美国对外贸易区的法制

美国对外贸易区的立法已经形成了一个包括法律、法规、州与地方的法律法规、判例以及国际条约等在内的多种形式、结构严密的框架体系。② 其中1934年制定的《对外贸易区法》居于核心地位，《对外贸易区委员会条例》和《美国海关和边境保护条例》也是非常重要的法规。

（一）《对外贸易区法》

《对外贸易区法》制定于1934年，至今经历了数次修改，如今被编入

① 马雁《美国对外贸易区“出口倍增”实现机制探析》，《天津社会科学》2016年第3期。

② 周阳《论美国对外贸易区的立法及其对我国的启示》，《社会科学》2014年第10期。

《美国法典》第19卷“关税”第1A章第81条a至u款。

a款的标题是“定义”，它分别对部长、委员会、州、法人团体、国有企业、私营企业、申请者、受让人和区进行了解释。

b款的标题是“对外贸易区的建立”，其中规定，对外贸易区委员会（以下简称“委员会”）有权授予企业在美国管辖的入境港或其毗邻港建立、经营和维持对外贸易园区的特权；每个入境港至少可以设立一个对外贸易园区，只有委员会认定现有的、已授权建立的对外贸易园区不足以为贸易提供便利时，才能授权建立新的对外贸易园区；在申请设立园区时公共企业有优先的权力；如果入境港的港口设施归它所在的州或市所有或控制，那么委员会不得批准公共企业提出的在该港口建立对外贸易区的申请，除非得到该州法令的授权。

c款的标题是“运入对外贸易区的商品的海关法例外”，其中又分为五个小点，内容十分丰富。例如，第一小点规定了区内商品的处理，除了法律禁止的货物或其他法律另有规定的以外，运入对外贸易区的国外和本国商品都无须遵从海关法律的规定。在对外贸易区内，商品可以被储存、出售、展示、打散、重新包装、装配、分销、分类、评级、清洗、与外国产品和国内产品相混合，或以其他方式操作，或者依照该法的其他规定制造、出口、销毁及以原始包装或其他形式被送往美国的关税区，但外国商品要进入美国关税区，须遵守美国与进口商品有关的法律法规。第二小点规定的是对自行车零部件的可适用性。第三小点规定在蒸馏酒厂由变性的蒸馏酒制造或生产的产品取消免税。第四小点规定了在对外贸易区中开展炼油活动时征税的方法。第五小点规定，在不触犯海关法的条件下，获准进入对外贸易园区并可在园区内用作生产设备或生产设备一部分的货物在未完成组装、安装、测试及用于生产前，无须缴税。在历史上，这一部分的内容根据美国国内和国际条件的变化，经历了多次的调整和修订。

d款的标题是“海关官员和关警”，它规定，财政部部长应给对外贸易区分配必要的海关官员和关警，以保障税收，并为外国商品进入海关区域提供准入服务。

e 款的标题是“进出对外贸易区的船舶和沿海贸易”，它规定，进出对外贸易区的船舶应遵守美国法律，且不允许悬挂外国国旗的船舶在对外贸易区之间或受到美国保护的沿海岸的贸易口岸之间开展货物运输业务。

f 款的标题是“申请建立和扩大园区”，其中详细规定了申请时应当提交的各种信息。

g 款的标题是“申请的批准”，倘若委员会认为申请的计划和位置适合建立对外贸易园区，以及建议提供的设施和附属物都已经完备的话，就应当批准这样的申请。

h 款的标题是“规则和条例”，为执行该法，委员会可以制定规则与条例，但不能与该法以及财政部部长根据该法制定的规则和条例相抵触。

i 款的标题是“委员会与其他机构之间的合作”，委员会应当同对外贸易区所在的州、隶属的地区和市进行合作，还应当与有关联邦机构如美国海关总署、邮政署、公共卫生署、移民和归化署等保持合作。

j 款的标题是“其他机构与委员会的合作”，这与上一款形成了对照。为了便利委员会的工作，总统可以要求行政部门和其他政府机构配合委员会的工作。

k 款的标题是“财产使用的协议”，它规定了对外贸易区内的财产在其所有人和使用权属于联邦政府时的使用办法。

l 款的标题是“需要提供和维护的设施”，它规定了受让人在经营对外贸易区时需要提供的各种设施。

m 款的标题是“其他人使用对外贸易区的许可”，在满足条件的情况下，委员会可以授权受让人允许其他人员、公司、企业或组织在对外贸易区内建造房屋和其他建筑物，以满足特定的需求。

n 款的标题是“作为公共设施的对外贸易区的运行；海关服务的费用”，它规定了对外贸易区作为公共设施的属性，对外贸易区内的所有服务或费用应当公平合理，受让人应当遵循目前及今后美国政府与他国政府制定的条约和商业协定，为所有申请使用该区域、区域内设施和附属物的人员提供服务。

o 款的标题是“对外贸易区的居民”，它明确了允许居住在对外贸易区内的人员的条件，也就是说，除委员会认为有必要在对外贸易区内居住的联邦、州或市政官员及其代理人以外，其他人不得在区内居住，委员会应为出入对外贸易区的人制定相关的规章制度。任何时间内，委员会都可以要求移除其认为会危害公共利益、健康和安全的任何货物，并撤销其认为会对公众利益、健康和安全造成威胁的工艺流程。如果没有得到批准，在对外贸易区内不可擅自开展零售业务。

p 款的标题是“账目和记录”，对外贸易区内记账的表格和方式需要由委员会统一规定，每个受让人每年或在委员会规定的其他时间内应向委员会提交有关经营状况的报告，委员会每年则应向议会递交对外贸易区经营概况的报告。

q 款的标题是“批准权的转让”，实际上，已经获得的批准权不得出售、转让、移交或分配。

r 款的标题是“批准权的撤销”，如果受让人多次故意违反法律的规定，那么委员会可以在发出通知并赋予其听讯权 4 个月之后撤销对他的授权，为实现此一目的，委员会可强制证人出庭，并可以请求法院的帮助。撤销的决定具有最终的效力，但受让人可以向法院起诉请求驳回委员会的决定。

s 款的标题是“违法行为”，如果受让人、任何官员、代理人或雇员违反或纵容违反该法或任何条例的规定，必须处以 1000 美元或以下的罚款。若违法行为具有持续性，那么每天的行为都会构成一次独立的违法行为。

t 款的标题是“条款的独立性”，该法中的任何条款都是相互独立的，任何条款在某种情况下的适用无效，并不会影响其他条款的适用。

u 款的标题是“修改或废止的权力”，它界定了保留变更、修改或撤销该法的权力范围。

（二）《对外贸易区委员会条例》

《对外贸易区委员会条例》（以下简称《条例》）作为《对外贸易区法》的实施细则，在实践中发挥着十分重要的作用。《条例》共有七个部分，第一部分包括适用范围、定义、对外贸易区委员会的权力、执行秘书的权力与责任、限制或禁止特定对外贸易区经营的权力、对外贸易区委员会的总部以及作为对外贸易区委员会代表的美国海关官员；第二部分包括主区和分区的数量和分布位置，申请对外贸易园区的资格，适用于授权对外贸易区的一般、禁止与限制情况，批准之前生产活动的条件与限制，生产设备以及个人有形财产免于国家与地方从价税的例外；第三部分规定的是建立和修改授权的申请，包括申请建立对外贸易园区、生产授权的通知、生产授权的申请、对外贸易区扩张或其他修正的申请、对外贸易区分区名称的申请、扩建贸易区、建立贸易分区以及对贸易区做出的其他改造申请的评估标准、适用于评估生产权申请的标准、举证责任以及申请的费用；第四部分规定的是申请评估以及审查程序，包括一般申请规定以及受理前的审查、申请受理的程序以及启动审查、审查员审查建立或变更园区的申请、审查员审查生产授权的申请、审查员审查指定分区申请、完成案例审查、可进行的生产活动授权程序、申请对园区进行微调的程序等；第五部分规定了对外贸易区的一般运营、公共设施的运营、统一处理、对外贸易区方案、对公共设施与统一处理的投诉、受让人的法律责任、零售贸易、对外贸易区受限地位货物以及对外贸易区运营及活动的监视与审查；第六部分规定了记录、报告、通知、听证会以及信息等内容；最后，第七部分规定了惩罚以及向对外贸易区的申诉，包括权力的撤销、罚金、刑罚以及可提起上诉的情形。

现行的《条例》于2012年修订生效，依据新条例的规定，它的宗旨在于扩展美国制造业以及增值活动的范围和提高管理上的灵活性，通过避免对外贸易区内某些活动带来的负面影响以增强美国经济的安全性。与以前的管理条例相比，新的条例有几处值得注意的地方。例如，新条例中规定，“本部分使用的生产指的是涉及完全改变外国商品使其成为拥有不同名称、特性、用途的全新不同商品的活动，或者涉及改变商品规格使其海关分类或者入区用于消费的资格发生变化的活动”，取代了以前对制造和加工的区分，本来对于它们的申请需通过不同的程序，如今则简化了申请的流程。新的条例还推迟了生产性设备的关税缴纳时间，第15条规定，被准许进入对外贸易区使用的商品、生产设备或该设备的零件，在商品被完全组装、安装测试并获准用于生产之前，不需要缴纳关税，这样可以鼓励资本在美国的消费。旧的条例要求总区申请者的申请中应包含“环境影响”的内容，新条例第 21 条废除了上述规定，这种做法在一定程度上放松了对对外贸易区申请者的要求，提高了管理的灵活性。①

（三）《美国海关和边境保护条例》

该法在第 146 条中规定了适用于对外贸易区货物的准入，区内货物的处理、生产或展示，区内货物出口以及区内货物转移入关税区等问题。第 146 条又分为八个部分，第一部分总则明确了定义、作为对外贸易区委员会代表的口岸海关关长、海关监督、经营人的责任和监管义务、启用的程序、对外贸易区的变更、经营人获权开启或加封封条、经营人的许可、查验货物的授权、货物运入对外贸易区、承运人使用对外贸易区、海关表格与程序，以及对外贸易区内的零售业务等；第二部分是对库存管理和记账系统的规定；第三部分规定的是货物进入对外贸易区的相关问题，包括批准货物入区、货物入区的申请和许可、货物在区内暂时的存放、查验、经营人的责任等内容；第四部分规定了货物在对外贸易区内四种不同的地位，分别是特惠国地位、非特惠国地位、国内地位以及对外贸易区受限地位；第五部分规定了对外贸易区内货物的处理，包括海关监管、制造、加工、展示、销毁、货物的短缺或溢余等；第六部分规定了货物转移出区环节中的问题，包括进口申报、申报用于消费、申报用于仓储、归类、估价及清关等；第七部分规定的是处罚、中止、撤销等措施；最后一部分的内容比较特殊，规定的是在对外贸易分区中精炼石油的问题。

除上述三个法律法规外，州与地方的法律也可以在对外贸易区内适用，除非联邦宪法或法律已经优先进行了规定。联邦宪法保留了制定与外国进行商业行为的立法权力，也禁止州对进出口的货物征税，因此州法不得与此相冲突。此外，美国还加入了《关于简化和协调海关业务制度的国际公约》和《商品名称及编码协调制度的国际公约》，它们也是美国对外贸易区法律制度

---

① 姜作利《美国发展对外贸易区的经验与启示》，《山东师范大学学报》（人文社会科学版）2014 年第 2 期。

的重要渊源。美国与其他国家签订的自由贸易协定中的某些内容，也可以适用于美国的对外贸易区。

三、美国对外贸易区的管理体系

（一）外部管理体系

1. 对外贸易区委员会

美国的对外贸易区委员会是美国政府领导的直接管辖全国所有对外贸易区的最高机构，负责对外贸易区的建立、维护和管理。它由商务部部长和财政部部长组成，商务部部长担任主席。执行秘书是委员会的主要工作人员，由商务部部长任命，负责主持日常工作。商务部部长和财政部部长很少会亲自处理对外贸易区委员会的业务，他们将大部分事项的处理交给了一个候补委员会。该候补委员会由商务部部长助理和财政部副部长助理组成，其中前者负责执行和实施，后者负责税收、贸易和关税政策。商务部部长和财政部部长定期会与候补委员会就对外贸易区的各项政策等问题进行商讨，然后通过备忘录或其他形式将各项业务作业在候补委员会成员之间进行传阅和管理。①

2. 海关与边境保护局

美国海关总署负责对对外贸易区的进出口货物和人员流动进行海关监管。“9·11”之后，美国组建了国土安全部，美国海关成为国土安全部下属的海关与边境保护局，承担着多项职能。就对外贸易区而言，它的工作重点在于对进出对外贸易区的商品进行控制、保障收入，并确保对外贸易区的程序符合《对外贸易区法》以及其他对外贸易区必须遵守的法律规范。

3. 对外贸易区协会

严格来说，对外贸易区协会并非是一个管理机构，而更像是一个宏观的

① 上海财经大学自由贸易区研究院上海发展研究院《全球自贸区发展研究及借鉴》，格致出版社，2015 年，第 152 页。

指导机构或者组织，它的目的在于对所有对外贸易区进行协调并对政策进行监督，它的性质是非官方的。该机构会定期召集协会成员开会，讨论对外贸易区在运行过程中出现的问题以及当前政策对发展对外贸易区的影响，并与有关单位协商解决问题的办法。此外，该协会还会做一些辅助性的工作，包括更新信息、搜集资料、发布年度的对外贸易区发展报告等。

（二）内部管理体系

虽然上述机构从整体上对对外贸易区进行把握，但美国的对外贸易区享有高度的自主性，它的正常运转和高效运行离不开区内主体的自我经营和管理。一般来说，区内主体包括受让人、经营者和使用者。

1. 受让人（Grantee）

根据《对外贸易区法》的定义，受让人指的是享有建立、运营和维持一个对外贸易区特权的人，它可以是一个法人团体，也可以是一个私人公司。受让人拥有的这种特权不能出售、转让和转移，并且需要按照公共事业的原则对它进行管理。许多港口管理委员会、市或者县的经济发展组织，都是对外贸易区的受让人。

2. 经营者（Operator）

受让人可以雇佣公司或个人对对外贸易区进行经营和管理，它的职责是处理好对外贸易区具体的运营事宜，例如改善区内的发展环境、提供便利的服务、吸收企业进入园区并进行日常管理等。私营公司要想成为对外贸易区的管理者，需要经过州政府法令的批准。

3. 使用者（User）

使用者是与受让人或经营者达成协议，在对外贸易区内进行储存、加工、制造等业务的公司或个人。在分区内，使用者和经营者往往是相同的。

四、美国对外贸易区的经营状况

根据美国对外贸易区委员会2015年的年报,[①] 2015年,它批准成立了4个对外贸易区,根据ASF重组或扩张了22个对外贸易区,活跃的对外贸易区总共达到了186个,包含了324个活跃的生产项目。这些对外贸易区中共有2900家公司、42万名员工。运入区中的国内外商品价值总额达到了6600亿美元,其中,具有国内要素的(来源于国内或虽然来自国外但已完税的商品)大约占63%的比例。在这些商品中,与仓储物流相关的为2280亿美元,与生产活动相关的商品价值总额达到了4310亿美元。重要的生产活动集中在炼油、汽车、电子、制药以及机械设备等资金密集型产业,因为这些行业中的企业能够充分利用对外贸易区的税率转化优惠,在区内对原料和零部件进行加工、组装,然后出口或进入美国关境,提升对外贸易区的产出价值。长期以来原油都是对外贸易区中运入的最主要的生产性产品,因为从原油中提炼的石油化工品可以利用倒置关税结构来减少企业的成本。所谓倒置关税指的是对国外原材料征收的关税税率高于进口成品的税率,在这样的条件下,由于原材料从国外进入美国对外贸易区不需要缴纳进口关税,企业在区内组装或生产商品,只需要负担出口产品的较低关税,而加工制造消耗的劳务、毁损的货物、未能出售的原材料和生产的残渣,相当于享受到了免税的优惠,从而降低了企业的生产成本,提高了市场竞争力。除了倒置关税,美国对外贸易区还有延迟关税和豁免关税这两种税收优惠措施。延迟关税指的是在某些情况下企业可以享受推迟缴纳关税的优惠政策,以增加企业的现金流。这些情况包括:进口商品进入对外贸易区内但仍然处于库存状态,在进入美国关境前无须缴纳关税;进入对外贸易区的进口生产设备,在组装、安装、测试并投入使用前无须缴纳关税。豁免关税的情形包括:进口到对外贸易区的商品直接出口不需要缴纳关税;在对外贸易区内损坏、浪费、报废的产品不

① http://ia.ita.doc.gov/ftzpage/annual-report.html.

需要缴纳关税；在区内被消费掉的商品不需要缴纳关税；在区内进行展销的商品和设备不需要缴纳关税。

2015 年，美国对外贸易区的出口额达到了 846 亿美元，这一数据低于 2014 年的 992 亿美元，但高于 2013 年的 795 亿美元、2012 年的 699 亿美元和 2011 年的 543 亿美元。这既显示出对外贸易区发展总体上的良好态势，也说明了对外贸易区的改革取得了一定的效果。不过，据美国商务部统计，2015 年美国货物贸易出口额为 1.5 万亿美元，这意味着对外贸易区对美国货物出口的贡献仅占 5.6%，虽然这一比例较前几年有所提高，但总体上仍处于较低水平。长期以来，从对外贸易区进入美国国内市场和出口到国外的产品比例基本维持在 9∶1 的比例。产品大量用于国内消费，是美国对外贸易区和其他国家自由贸易区的显著区别。①

不仅如此，对外贸易区对于就业的改善作用也不明显。由于区内主要是资金密集型产业，对工人的需求较少，从 2011 年至 2015 年，对外贸易区内的就业人数由 34 万人上升到了 42 万人，但相对于美国制造业总的就业人数来说，所占的分量几乎可以忽略不计。就业效果不明显加上出口比例不突出，这在美国国内曾经引发了对于对外贸易区效果的怀疑。如今，美国国会注意的重点转移到新的问题上，包括：对外贸易区是否导致了美国国内资源的重新分配、进出口等海关数据的公开性、安全问题、就业与全球竞争力问题、对外贸易区对于促进世界经济发展的有效性问题，以及世界范围内的自由贸易区和劳工权益问题等。对于这些问题的回答还有待于在实践中对对外贸易区运行情况做进一步检验。②

---

① 刘晔、陆夏《美国“自贸区”模式的经济效应及其经验借鉴》，《上海经济研究》2014 年第 12 期。

② Bolle M J，Williams B R. “U. S. Foreign Trade Zones：Background and Issues for Congress”. *Congressional Research Service Reports*，2012.

第二节　韩国的自由经济区

作为自身资源匮乏、需要通过国际合作促进经济发展的国家，进出口贸易和外国投资是促进韩国经济发展的重要动力。为充分吸引和利用这些资源，韩国政府也先后设置了各种经济特别区域并提供优惠的政策和条件。如今韩国级别最高、功能最全的自由贸易园区被称为自由经济区（Free Economic Zone），它们沿海分布，承担着促进韩国经济进步的重任。

一、韩国自由经济区的发展过程

韩国从 20 世纪 50 年代开始实行进口替代战略，在一定程度上促进了经济的恢复和发展，但同时也受制于内外的双重困境。就内部困境来说，主要是资源禀赋不佳，难以利用国内的自然资源发展国家经济，虽然有工资低、受教育程度高的优秀的劳动力资源，但缺少足够的就业机会；而外部的困境在于随着国际经济形势的变化，美国给予的经济援助也在逐步减少。因此，韩国制定了自由出口区的发展战略，希望通过发展资本和技术要求比较低的轻工业以及加工工业等劳动密集型产业实现自主的经济政策目标。① 1970 年，韩国制定了《自由出口区设置法》，并设立了第一个出口加工区——马山自由出口区。马山自由出口区致力于为外国企业创造优良的投资环境，向入驻园区的外企提供税务减免、低廉租金、设施支援等各种优惠，取得了十分显著的运营成绩，为韩国经济的发展做出了重要的贡献。2000 年，马山自由出口区通过扩建和整合成功转型为自由贸易园区，继续实践着“吸引外国直接投

① 王建、陈宁宁《韩国加工贸易政策及对山东省加工贸易转型升级的启示》，《经济与管理评论》2007 年第 4 期。

资、建立出口商品基地”的宗旨为外来企业提供优质的服务。

进入20世纪80年代后，能源危机和西方国家的又一轮技术创新，极大地冲击了韩国的出口导向型经济，加上国内劳动力成本不断上升，韩国的劳动密集型产业逐渐失去了竞争优势。在这样的背景下，韩国不得不将重点转移到本国加工技术的研发和升级上，确立了“科技立国”的战略，通过加大研发投入加快本国高新技术产业的发展。在这一阶段，韩国先后设立了大德、光州、大邱研发开发特区，涉及能源、信息、生物技术等多个前沿领域。

2002年4月，韩国政府提出建设“东北亚经济中心”的计划，目标在于将韩国打造成东北亚的物流、金融和企业中心。2002年11月，韩国颁布了《自由经济区指定及运营特别法》，希望通过设立自由经济区改善外商投资环境和生活条件，保障企业经济活动的自由性，吸引更多的投资者，积极维持外商投资。和一般作为封闭性功能区的自由贸易园区不同的是，韩国的自由经济区定位于城市型特区，除了培育物流流通、尖端产业外，还突出外国人居住环境营造，包括国际社区、国际文化与休闲娱乐场所建设，以及国际学校与医疗机构、国际商务机构的引进等，以吸引国际一流企业、研发机构、专业机构、国际组织等入驻与扎根发展。到目前为止，韩国共设立了8个自由经济区，它们分别是2003年设立的仁川、釜山-镇海、光阳湾区自由经济区，2008年设立的大邱-庆北、黄海、新万金-群山自由经济区，以及2013年设立的东海岸、忠北自由经济区。虽然这些自由经济区并没有完全建成开放，但已经取得不俗的成绩。截至2014年，它们已经吸引了2235家公司入驻，外国投资额累计达到了99.6亿美元。①

二、韩国自由经济区的法制保障

为了给自由经济区的运行提供有力的法律保障，韩国政府先后制定了《自由经济区指定及运营特别法》《自由经济区指定及运营特别法施行令》和

① http://www.fez.go.kr/global/en/why/about.do.

《自由经济区指定及运营特别法实施条例》，此外，针对自由经济区内的外商投资、外国教育以及医疗机构设置、房屋租赁和销售等事宜，韩国政府也出台了相应的管理法规和实施条例。

（一）《自由经济区指定及运营特别法》

作为将韩国建设成为东北亚商务中心国家的方案，为了从制度上保障在自由经济区内尽早建成便于外国人经营、生活的条件，该法做了一系列的相关规定。

该法的总则规定了立法的目的、该法中有关术语的定义以及该法与其他计划之间的关系，还规定了有关指定自由经济区的内容：市、道的知事可以向财政经济部的长官提请自由经济区域的指定；财政经济部长官通过自由经济区委员会的审议和决议，确定自由经济区的开发计划之后，指定自由经济区，或者当财政经济部长官在认为有必要设立自由经济区时，也可主动提出方案经相关市、道的知事以及自由经济区委员会审议后指定自由经济区；自由经济区委员会在进行审议、决议时，应当考虑该地方引进外国人的投资及其定居可能性，对地域经济及地域间均衡发展的辐射效果，土地供应和开发费用，国际空港、国际港湾、广域交通网、情报通信网、用水、电力等基础设施，环境上健全持续发展的可能性，地方自治团体的支援体系和支援内容，以及其他由《总统令》规定的事项。

在《自由经济区开发事业的施行》一章中，该法对自由经济区的开发、建设进行了详细的规定。当财政经济部长官指定自由经济区时，应当按照《总统令》的要求，在官报上告示该内容，开发事业的施行者则必须在告示之日起两年内完成实施计划，并得到财政经济部长官的批准，除非该自由经济区被同意分阶段开发。开发事业的施行者取得上述批准的同时，也被视为取得了根据其他法律应当取得的许可、认可、指定、批准、协议和申报等，这些法律包括《草地法》《山地管理法》《农地法》《电气事业法》《都市开发法》等。自获得批准之日起一年内，自由经济区的开发事业应当启动，当完成开发事业的全部或部分时，应当接受财政经济部长官的检查。

《关于外国人投资企业经营活动的支援》这一章中规定了各种优惠措施，

例如税制和资金的支援、排除一些法律的适用、对基础设施的优先支援以及解决劳动争议和维持产业等。该法中同样还有一章专门规定了“关于外国人生活条件的改善”，包括外语语言的服务、对经常交易的给付、外国教育机构的设立运营、外国人专用医疗机构或药局的开设、外国广播电视的转播等。

该法还规定了自由经济区委员会的设立和它的职能。自由经济区委员会设置在财政经济部下，负责审议和决定有关自由经济区的基本政策及制度，有关自由经济区的指定、解除指定及变更的事项，依据法律规定的自由经济区开发计划的事项，为自由经济区内外国人投资企业提供必要的行政服务的事项，有关自由经济区开发的事项，以及其他由《总统令》规定的有关自由经济区的必要事项。为了在执行事务上协助自由经济区委员会的业务，财政经济部还下设了自由经济区企划团，它的业务包括有关自由经济区政策及制度的立案、企划，有关自由经济区法制的运营，有关自由经济区的开发计划协议，协助自由经济区委员会的运营，有关自由经济区相关资料的调查、宣传及国际合作，以及其他由《总统令》规定的事情。在处理地方自治团体事务的特例中，一些由市长、郡守或自治区区长执行的事务需要由市或道的知事直接执行，比如《住宅建设促进法》中某些条文规定的有关提供住宅的事项、《建筑法》中某些条文规定的有关建筑许可及建筑物管理的事务等。

至于补则、罚则和附则等部分规定的则是与法律的执行与生效等事务相关的内容。

（二）《外国投资促进法》

1998 年，韩国政府为了放宽对外国人投资的规定和限制、扩大税收优惠，全面整顿外商投资制度，废止了原先的《外国投资及外资引进法》，制定了新的《外国投资促进法》，目前该法共经历了 16 次修订。

第一章《总则》中规定了立法的宗旨、相关术语的定义、对外商投资的保护和外商投资的自由化；第二章《外商投资程序》中规定了外商投资的几种形式，包括通过购买新股进行的外商投资、通过购买现有股票进行的外商投资、通过企业兼并取得股票和长期贷款形式的外商投资；第三章《支持外商投资》中规定了各种对外商投资的优惠政策和措施，例如对外商投资实行税费减免政策，外商投资企业可以租赁或购买国有财产或公共财产，建立外商投资支援中心，设置外商投资行政监察专员和市、道的外商投资促进官等；第四章《外商投资区域》规定了外商投资区的划定、开发和取消，支援外商投资区的措施，以及不得适用于外商投资区内土地划分的法律、不适用于进驻外商投资区的外商投资企业的法律等；第五章《外商投资的事后管理》规定了必须注册外商投资企业以及撤销许可或注册登记的情形、处置资本货物的限制、股份的转让、外商投资数据的收集和准备等；第六章《技术引进合同》规定韩国国民或公司如果按照《总统令》的要求同任何外国人签订或修改技术引进合同，应当上报产业资源部部长，产业资源部部长应在规定的期限内发出报告的验收证书，技术引进合同应在报告做出后六个月内生效，若未按时生效则报告被视为无效，对技术引进合同可依照法律规定减免法人税和所得税等税收；第七章《补充条款》中规定了外商投资委员会、报告调查与整改、对引进的资本商品的检查与确认、与其他法律和国际条约的关系等；最后，该法还规定了罚则与附则。

三、仁川自由经济区

仁川市面积约 1032 平方公里，人口约 285 万，是韩国西海岸重要的港口城市，处于发达的经济腹地首尔和环黄渤海大城市带的交汇点，拥有韩国最大的国际机场仁川机场和韩国第二大国际港口仁川港，二者相距不过 20 分钟的车程，这种空海结合的物流体系为货物的转运和进出口提供了极大的便利。①

仁川自由经济区包括松岛国际商务区、永宗产业区和青罗观光休闲区三个部分。松岛位于仁川西南，拥有良好的经营条件与商务环境，可以吸引大型跨国公司、国际金融企业以及各类国际机构在此设立总部。在这个区域内

① 封骁《韩国仁川自由经济区发展特色及可借鉴经验》，《港口经济》2015 年第 9 期。

还汇集了信息技术、生物技术、网络技术、文化科技等尖端产业集群，形成了高新技术研发的科技新城。松岛还允许外资设立医疗机构以及从幼儿园到大学的各种教育机构，在区内可以享受世界水平的医疗和教育服务。永宗位于仁川西部，依托仁川国际机场形成了以半导体、汽车、电子产品为主的大型物流区和保税区。青罗位于仁川西北，是集休闲、教育、尖端产业和金融业为一体的综合服务区。尖端产业方面设立了电动汽车配件开发研究所和机器人开发园区。规划中它将建设国际金融城，集聚韩亚金融集团本部、金融经营研究所、综合 IT 中心、人才开发院等所属公司的金融功能。三个分区都拥有完备的生活服务和休闲配套设施，引入绿色的智能交通系统、高效的水处理系统、完备的数字城市管理系统，打造宜居环境，以吸引海外高层次人才入驻。韩国政府旨在创建一个开放、自由、便利的国际化平台，吸引大量金融机构投资者、贸易商、商业机构和科技企业聚集自由经济区。

为了吸引企业进驻，仁川自由经济区向投资者提供一系列的财政和税收优惠政策，简化行政审批手续，为国内外投资者以及在区内的工作者提供全方位的服务。例如在税收方面，区内公司在五年内可享受进口固定资产关税的全额减免，在三年内可以免交收入所得税和公司税，之后两年所得税和公司税减免 50%；针对不同产业的大额投资，减免期限会进一步延长，使用税、财产税在七年内全部免除，之后三年减免 50%。在租金方面，土地将以原价供给，亦可租赁，租用期为 50 年，可建设永久设施。租金根据入驻企业的情况减免 50%—100%：外资金额 500 万美元以上、日平均雇用人员 100 名以上、出口占总产量的 50%以上、国内零件及原辅材料采购率 50%—75%的，租金减免比例为 50%；外资金额 1000 万美元以上、日平均雇用人员 200 名以上、出口占总产量的 50%以上、国内零件及原辅材料采购率 75%—100%的，租金减免比例为 75%；100 万美元以上高新技术产业或外资金额 2000 万美元以上、日平均雇用人员 300 名以上、出口占总产量的 50%以上、国内零件及原辅材料采购率 100%的，租金减免比例为 100%。在财政支持方面，韩国政府对基础设施建设给予财政支持，道路、机场、港湾、公园等基础设施的建设，由国家以及地方自治团体负担全部或部分的金额，外资比例达到 30%以上的企业可以享受租赁手续费补贴、设施补贴、教育培训补贴、雇佣补贴等，新增投资达 1000 万美元以上的工厂设施、新增雇用研究人员超过 10 人以上的研究设施也可以享受韩国政府的财政资助。

仁川自由经济区建设规划可分为三个阶段：第一阶段是启动阶段（2003—2009 年），主要目标是填海造田，建设基础设施，包括仁川大桥、第二京仁高速公路、仁川地铁一号线延长线等交通设施，使仁川自由经济区具备吸引外来投资的基本条件，初步满足外国投资者对硬件的基本要求；第二阶段是完善成熟阶段（2010－2014 年），目标是稳步推进自由经济区各项工作，依托仁川国际机场和仁川港，充分发挥交通便利和地处首都圈的优势，重点改善外国投资者的企业经营环境和外国人居住条件，打造国际物流中心、旅游休闲中心、国际贸易中心、IT 等高科技研发中心，吸引跨国企业亚太地区总部到仁川落户，吸引韩国及世界各地的高校进驻仁川松岛大学城，同时吸引各国际组织总部迁至松岛新城等；第三阶段是稳步发展阶段（2015－2020 年），在前两个阶段的基础上，针对建设过程中出现的新情况，不断调整，积极扩大招商引资规模，注重产业结构转型，通过自由经济区建设带动仁川经济发展，提升国家竞争力。

在经历了以基础设施建设为主的第一发展阶段后，仁川自由经济区将重点集中到吸引外商投资工作上来，外商直接投资（FDI）的规模明显增加。2009 年至 2013 年，仁川自由经济区内的 FDI 规模占到了仁川地区全部 FDI 规模的 63%，这一比例与 2003—2008 年的 17%相比增长了约四倍。2010 年到 2014 年的五年间，仁川自由经济区 FDI 投资中，新增投资项目占 12.9%，增额投资占 63.8%，长期贷款为 23.3%。从国别上看，仁川自由经济区内美国企业的投资比重最大，占 46.9%，其次是欧盟，占 27.9%，日本排名第三，占 12.3%。2015 年，在韩国产业通商支援部对国内自由经济区开展的测评中，仁川自由经济区名列第一。在全球经济不景气的情况下，仁川自由经济区吸引外国直接投资总额达到 17 亿 1400 万美元，占到了韩国所有自由经济区 FDI 总额的 94%，对整个韩国的经济都起到了拉动作用。2014 年，仁川经济活动参与度高于韩国全国平均水平 1.77 个百分点；企业雇佣率水平也高于韩国全国平均水平 0.95 个百分点，位居韩国各地之首。2015 年，韩国仁川自由经济区提供就业岗位 13600 余个，比 2013 年增加 81.9％，极大提高了当地经济活跃程度。

当然，仁川自由经济区的建设中也还存在着一些问题。例如：第一，产业结构发展不够合理，汽车、机器、化学等传统制造业占比过高，高附加值的服务业还比较欠缺。仁川自由经济区成立以来，招商引资的对象多为大型跨国企业，主要集中在制造业，其他产业的投资明显不足。第二，仁川自由经济区的基础建设投资比例明显高于其他地区，基础建设大部分以住宅等土木工程为主，而研发投资与其他自由经济区相比明显不足。第三，自由经济区成立后，虽然外资招商金额呈上升趋势，但与经合组织（OECD）国家平均水平相比，韩国各自由经济区仍处于较低水平，2004 年至 2012 年 OECD 国家外资余额增加率平均为 111.7％，韩国自由经济区只有 67.7％。特别是仁川自由经济区对于国内企业的扶持力度明显不够，优惠政策仅限于外资企业，影响了国内企业的进驻。第四，韩国划定的自由经济区过多，在自由经济区内有很多开发项目并不符合当地经济情况，导致了招商引资效果不佳。韩国国土面积狭小，却陆续指定了 8 个自由经济区，同时推动自由经济区建设，导致功能严重重复，邻近的自由经济区过度竞争，无法集中财力对有潜力地区进行重点建设。仁川自由经济区自正式建设以来，整体开发进度已经过半，受国内外经济下行的影响，仁川自由经济区开发动力已出现全面弱化的迹象，在下一步的战略制定和开发过程中，有必要进行及时的调整。①

① 孙明辉《韩国仁川经济自由区发展及其与天津滨海新区比较研究》，吉林大学硕士论文，2016 年。

第三节　新加坡的自由贸易园区

新加坡是一个城市岛国，自然资源十分贫乏，但地理位置十分重要。它位于马来半岛南端、马六甲海峡东出入口，北隔狭窄的柔佛海峡与马来西亚相邻，南部隔新加坡海峡与印度尼西亚相望，并以长堤相连于新马两岸之间，是一处航行要道，被称为东方的十字路口。1819 年英国人莱佛士登陆以后就将这一优良的深水港开辟成完全自由的港口，1965 年独立后，新加坡以自由贸易港立国，大力发展转口贸易。如今，新加坡不仅是世界第二大集装箱港口、世界三大炼油中心之一，还是亚洲美元中心和东南亚航空、电讯、旅游中心，以及世界第三大金融中心，同时也是著名的亚洲“四小龙”之一。新加坡成功的发展模式具有丰富的启示意义。

一、新加坡自由贸易园区的发展过程

从建立之初，新加坡港就承担着转口贸易的重任，这不仅与它优越的地理位置相关，也得益于全球贸易发展的浪潮。1819 年，英国的莱佛士来到新加坡并设立了贸易站，1820 年新加坡港就开始盈利；1823 年，新加坡港的贸易额超越了 1786 年就已被开辟为自由港的槟城；1824 年，新加坡正式成为英国的殖民地，贸易额开始迅速增长；到 1872 年，50 年间贸易额增长了 8 倍。这段时期新加坡主要从事三类商品的转口贸易活动：初级商品如大米、香料等，主要来自同处东南亚的马来半岛和印度尼西亚，经新加坡出口至欧洲、北美洲和中国等地；（工业化）制成品如铁、玻璃器皿等主要来自欧洲，并运往亚洲其他地区；手工制品如棉织品、纸伞和香烛等主要进口自中国和印度，并运往东南亚邻国。发展到 20 世纪上半叶，新加坡的转口贸易受世界局势的影响发生了变化，主要表现在转口贸易商品转变为以橡胶、石油和锡为主。

以橡胶为例，20 世纪初，汽车业的蓬勃发展带动了轮胎的生产，从而刺激了对橡胶的需求；此外，两次世界大战的爆发带动了橡胶制品产业和以橡胶为原材料的医药用品产业。这种对橡胶的需求造福了作为天然橡胶产地的东南亚地区，印度尼西亚和马来西亚等成为东南亚地区海外贸易的出口通道。事实上，到新加坡获得自治权的时候，转口贸易已经成为国家经济的支柱。1959 年新加坡制造业占国内生产总值的 8.63%，而转口贸易以及相关经济部门所占国民经济比重高达 80%，由此可见转口贸易在新加坡经济中的重要地位。①

殖民经济的遗产对新加坡的发展起到了重要的作用，但二战之后，其邻国相继独立，纷纷发展本国的直接贸易，使经过新加坡进行转口的货物量减少，港口也失去了以往的繁荣。在此情形下，新加坡政府只能寻求新的经济发展途径，建立自己的工业基础，力求经济结构的多元化。新加坡开始调整自己的经济策略，实施生产低价值的劳动密集型产品、以出口为导向的工业化政策，产品包括纺织品、服装、家具、日用家电等。1959 年新加坡政府颁布了《生产控制法令》，这项法令赋予财政部一定的权力，以限制生产特定商品的企业数量，从而为新加坡的本土企业提供了保护，但这种做法并未使新加坡陷入完全的封闭，因为除了这项法令外，新加坡政府还颁布了另外两项非常重要的法令：《新兴工业（所得税减免）法令》和《工业扩张法令》。这两项法令的目的是为了吸引外国企业在新加坡落地发展，由此它们可以获得长达五年的公司所得税减免。对于生产特定产品的企业，新加坡政府也给予了长达五年的减免税的优惠。1961 年，新加坡政府成立了新加坡经济发展局，其主要职责是在国内促进新产业的建立并加快既有产业的发展。经济发展局建立了多个工业园区，在园区内，经济发展局提供健全的基础设施和相当数量的标准厂房，供入驻的生产厂商租赁或者购买。以上措施促进了新加坡自身产业的发展，改善了过于依赖转口贸易而形成的脆弱的产业结构。从 1960

① 颜盈媚《港城关系与港口城市转型升级研究——以新加坡为例》，《城市观察》2012 年第 1 期。

年到 1965 年，制造业在新加坡国内生产总值中所占的比重上升到 19%，并创造了 21000 个新的就业岗位。

为了保护本国的产业，新加坡政府必然需要实行有限的自由港政策，对某些产品征收关税限制进口，但良好的转口贸易基础、天然的海港优势以及重要的地理位置决定了它又不可能完全放弃转口贸易。为此，新加坡认真遴选征收关税的进口项目，将其控制在适当的范围内，并且在国内产业得到一定程度的发展之后，就撤销某些受关税保护的项目，避免自由港因长期的关税保护失去活力。在厘定关税的同时，新加坡也注意使税率低于邻近国家的关税水平，以形成竞争优势。1960 年，新加坡除了对烟、酒、汽油征税外，只对肥皂和清洁剂征税。到了 1963 年，随着一些工业项目开始投产，征税项目增加到了 30 种，包括收音机和各种石油产品。1965 年，由于工业化的继续推进，征税项目扩大到了 183 种，包括橡胶制品、建筑材料等。到了最高峰的 1969 年，新加坡一共对 398 种进口商品征收关税。

为了降低关税保护对转口贸易的影响，1966 年，新加坡颁布了《自由贸易区法》，为以出口为导向的工业化进程打下了基础。1969 年，第一个自由贸易园区在裕廊港码头设立。这个自由贸易园区不同于其他通过优惠政策吸引外资前来发展加工制造业的区域，是一个免税区，商家可以把本来应征关税的货物存放在区内，进行重新分类、包装和陈列，然后再转口出口，或在有利的销售时机到来时转运到新加坡的关税区，缴纳关税后再销往新加坡的国内市场。为吸引投资，新加坡还实行非常优惠的税收政策，例如对那些大型投资所获的出口利润给予五到十年的高达 90%的减免税优惠，符合法律规定的生产商的公司所得税从 40%降低到 4%。此外，给新加坡公司的国外贷款更是获得了全额的免税优惠。这些政策，加之贸易在世界范围内不断扩大的国际局势，帮助新加坡吸引了大量外资。到 1971 年，外资公司占新加坡注册公司总量的 26%，其出口额更是占到了 75%。①

---

① BercusonK，Imf WD. Singapore. “A case study in rapid development”. *IMF Occasional Papers*，1996.

劳动密集型产业的发展缓解了新加坡的就业压力，但是这些产业对技术和产业的升级并无多大益处，因此相关的扶植政策逐渐退出，优惠开始向技术密集型产业转移。例如高科技行业的外国投资可以在新加坡享受五年的免税期，已经在新加坡运营的企业也受到激励，进一步提高其雇员的技能水平、提升投资的技术含量以及扩大机器化生产。经济发展局还与外国公司联合创办了培训中心：培训人员获得职业所需的技能培训，经济发展局获得产业的升级，外国公司则获得了训练有素的技术工人，这被认为是一种三赢的措施。这种做法的效果很快就显现出来，1980－1984 年的五年间，纺织品的产值降幅达到了 47.62％，而计算机、电子和光学等高科技产品的产值涨幅达到了 77.36％，其产业转型由此可见一斑。

从 20 世纪 90 年代开始，新加坡再一次进行产业升级，从以制造业为主向以服务业为主转变，逐渐形成了两种产业并举的经济多元化格局。早在 1971 年，新加坡就成立了金融管理局，它作为新加坡的中央银行，负责货币的发行和货币政策的制定，同时还负责监管新加坡的金融稳定并管理其外汇储备。由此，金融管理局负责促进银行和金融业务、经济发展局负责促进制造业和实体产业，这种格局也促进了新加坡落后产业的向外迁出。随着新加坡成为东南亚地区高技术、高工资产品的领导者，投资于劳动密集型产业的资本开始流向该地区的低工资国家。为了促进这种资本的有效流动，新加坡和印度尼西亚、马来西亚政府于 1989 年共同建立了柔佛-巴淡-新加坡增长三角。增长三角计划的实施满足了新加坡想要减轻本国的土地和劳动力压力的期望，同时也满足柔佛和巴淡两方从新加坡获得投资的期望，因此取得了非常显著的效果。1990 年到 1992 年，新加坡在柔佛的项目投资上花费了近 5 亿美元；到 1991 年年底，新加坡已成为巴淡岛最大的外资来源地，占其外国总投资的 50％。这种地区间的投资有效地促进了新加坡的产业转型和经济多元化，同时也对辐射周边地区产生了积极的作用。①

---

① 李梦泽《新加坡港的产业发展对中国自贸区的启示》，北京外国语大学硕士论文，2015 年。

1990年，新加坡港口集装箱吞吐量跃居世界第一位，时至今日，新加坡仍然在全球集装箱港口的排名上名列前茅。新加坡有500多条航线连接世界600多个港口，同时又是亚太地区重要的航运中心。到目前为止，新加坡一共开辟了7个自由贸易园区，其中6个处理海运货物，主要进行货物的进出口、包装以及转运，樟宜机场自由贸易园区是唯一的空运自由贸易园区。1992年新加坡耗资5亿新元扩建丹戎巴葛和岌巴码头，并拨款4亿新元加强布拉尼码头的运作。2013年，新加坡港务集团对巴西班让货柜码头进行扩建的第三、四期工程完工，增建了16个泊位。现在，新加坡自由港的码头设施完善，处理货物效率极高，分别为远洋巨轮、邮轮、集装箱货轮以及其他各种轮船提供服务。除了完善基础设施、重点发展金融服务业外，科技在新加坡国家发展战略中的地位逐渐上升。新加坡通过增加科研投入、培育人才、建立科技园区、鼓励跨国公司从事研发活动等措施，建立起了完整的科技发展体系。

二、新加坡自由贸易园区的类型

新加坡共有7个自由贸易园区、30多个工业区和70多个保税仓库，这些特殊的海关监管区域通过分工配合共同促进了新加坡的经济发展。①

（一）自由贸易园区

新加坡现有7个自由贸易园区，除了樟宜机场自由贸易园区是空运自由贸易园区外，其余的都是海运自由贸易园区，分别是丹戎巴葛自由贸易园区、裕廊港自由贸易园区、森巴旺自由贸易园区、岌巴自由贸易园区、布拉尼自由贸易园区、巴西班让自由贸易园区。

新加坡自由贸易园区功能较为简单，主要是以发展转口贸易、提供物流附加价值为目的，货物可以在同一自由贸易园区内自由运送，海关多不加以干涉，进入园区内的货物在不改变其性质的前提下可以重新包装、分类和拆

---

① 郭建军《新加坡外向型经济全球化进程（1965—2010）》，社会科学文献出版社，2012年。

并箱，但是深加工被限制，园区内基本没有制造业。新加坡的自由贸易园区均以围墙等方式加以封闭，未经海关部门准许，任何人不得擅自进入或居住。坐落于港口腹地的物流中心不仅可提供“集装箱货运站”功能，还能够支持分类、加工、包装等附加值活动。货物在进入新加坡自由贸易园区的储存区时，可直接凭过境提单办理通关。依规定烟、酒等产品不得进出储存区，载有上述货物的船舶如进入区内，需在船舶抵达日起 14 日内将货物转储到依关税法核准登记的其他仓储地点。新加坡发达的空运、海运和陆运交通运输网络，保证了货物在国与国之间的迅速流通。进入新加坡境内的国外货物，有90％以上会再次转运出口，因此，就整体交易而言，新加坡实质上是一个国际货物转运的枢纽站。

（二）其他的海关特殊区域

若企业需要从事除简易加工以外的制造活动，且商品加工对时间的要求并不是很苛刻，则可以将其原料和半成品转移到港口腹地的物流分销园或工业区内进行。目前仅岌巴物流中心位于自由贸易园区内，此外，靠近自由贸易园区的物流分销园区有三个：巴西班让物流分销园区、丹戎巴葛物流分销园区和亚历山大物流分销园区。[①] 这三个物流分销园区属征税区域，且园区面积更大，所提供的功能和服务也更加丰富。当原料或货物移至物流分销园区或工业区从事生产时，实质上已将货物进口至新加坡的征税区域，应依法完成进口申报程序，并缴纳进口的消费税或关税。

为适应国际港口物流经营商的需求，要选择具有制造与国际物流基础的地点来从事特定产品的简单或深加工活动，再转运至下游客户，所以在港区或周边地区通常会划出一部分区域作为工业区。目前，新加坡共有 30 多个工业区。从独立之初到现在，伴随着经济政策的调整，新加坡工业区的产业结构也在不断更新换代，由最初的劳动密集型产业转为资金和技术密集型产业，继而发展到现在的知识密集型产业，其中规模最大、建设最早的当属裕廊工

① 杨建文、陆军荣《中国保税港区：创新与发展》，上海社会科学院出版社，2008 年。

业区。除裕廊工业区外，依据地理位置、经济、生产、技术等条件的不同，新加坡建设的工业区可分为六类：一是滨海区，发展造船、修船及其他海事工业；二是特种工业区，以生产飞机零件及提供飞机检修等服务著称；三是重工业区，着重建设石油化工、化学工业；四是中型及轻工业区，生产塑料制品、机械工具、自动化零件；五是食品及药品工业区；六是市区工业，主要从事各种轻工业。新加坡能够成为东南亚重要海、空交通站，修、造船中心，炼油中心，与建设这些不同特色的工业区是分不开的。

新加坡除了自由贸易园区以外还有 70 余个保税仓库，以增强自由贸易园区功能。保税仓库是自由贸易园区概念上的延伸，它通过物理界限与外界隔离开来。当把货物从自由贸易园区转运到保税仓库存储时，暂时不征收消费税或关税。同样地，货物从一个保税仓库转移到另一个时，也不加以征税。只有当货物离开保税区进入国内市场时，才会征收消费税或关税。保税仓库由业主或服务仓库的运营商管理，负责安全问题和对存储货物进行适当的控制。此外，新加坡还有一种特许仓库区，用来存储酒类、烟草制品、汽车和石油产品等征税货物。这类仓库只有得到新加坡海关的授权才能建立，也是封闭的物理区域。若海关没有对其经营范围进行特别规定，可以用于其他用途，日常管理也是由业主或服务仓库的运营商负责。

三、新加坡自由贸易园区的法制保障

为了便利贸易，新加坡早在 1966 年就通过了《自由贸易园区法》，作为管理自由贸易园区的主要法规。该法案详细说明了自由贸易园区的位置和政策，并规定了自由贸易园区的主要监管部门及其职责，有助于保障自由贸易园区各项政策的稳定性和投资者的合法权益。该法共 7 章 24 条，对自由贸易园区的定位、功能、管理体制、运作模式、优惠政策等进行了全面的规定。其中重点规定了自由贸易园区内商品的处理、自由贸易园区内的操作和生产、关税的计算以及管理部门的责任和功能。自由贸易园区采取“境内关外”的做法，新加坡海关授权其部长视地区发展的需要，在政府公报中宣布可以成为自由贸易园区的地区，并可依法指定政府某单位或公司作为自由贸易园区的主管或经营机构（权力机构），还可以在政府公报中任命自由贸易园区的咨询管理委员，由咨询管理委员组成咨询管理委员会，作为经营机构的咨询部门。

根据法律的规定，除法律命令绝对禁止的货物外，其他任何货物都可以进入自由贸易园区，自由贸易园区内的货物可以从自由贸易园区转出、销毁或以其原始包装形式或其他方式运往关税区或其他自由贸易园区；除权力机构另有指示外，自由贸易园区内的货物可以用来储存、销售、展示、打散、重新包装、装配、分销、分类、分级、清洗、混合，或以其他方式操作，或者依法律的规定进行制造。任何一类应缴税的货物，无论是原始状态还是生产后或作为自由贸易园区内制造的任何货物的部件，均应从自由贸易园区发出进入关税区。这些货物在进入关税区之前，基于转运或检验以及重新包装的目的，可以储存在自由贸易园区内，这些货物的检验和重新包装，在没有得到海关高级官员的事先许可时不得进行，且需要符合该官员认为可以实施的条款的规定。任何人想要进入关税区装配、混合或以其他方式操作任何货物或进行上述制造行为，应将其意图通过书面方式告知总干事，并事先获得书面许可。总干事应酌情决定在他认为合适时批准请求或拒绝请求，一旦请求被批准，上述操作或制造行为均应在海关的监督下进行。此外，自由贸易园区内不可以开展任何零售贸易活动，除非获得权力机构的书面授权，并符合权力机构提出的条件。任何应税货物若未获得职位不低于海关副关长的海关高级官员的书面许可，不得在自由贸易园区内使用或消费。如果违反了上述规定的话，将会面临罚款甚至有期徒刑的惩罚。

根据法律的规定，权力机构需要在自由贸易园区内提供并维持能够确保自由贸易园区正常且有效运行的设备、设施。为了确保权力机构遵守法律规定，并且出于保护税收的目的，部长应向权力机构发出必要的指示，权力机构应当遵循这些指示。权力机构应同意在自由贸易园区内设立海关办公室，并为在园区内或周边地区工作的海关官员提供完善的设施。为了保护税收，权力机构应当设立明确的边界以划分自由贸易园区和关税区，并为出入自由贸易园区的人员、运输工具、船舶和货物制定相关的规定。权力机构可以允许任何人按规定在自由贸易园区内建造住宅和其他建筑物，只要该准许不会与权力机构或政府的既得权力相违背，并且不会与自由贸易园区的适度使用相冲突。权力机构可以在任何时间酌情要求排除或移除自由贸易园区内所有货物，或中止任何有损于公众利益、健康和安全的危险的经营活动。权力机构每年应当向部长递交年度汇报和账目，部长可规定自由贸易园区的账目形式和方式，权力机构的账目和年度汇报需根据部长的指示提交给议会。

四、新加坡自由贸易园区的管理机构

新加坡自由贸易园区的管理体制主要分为政府和主管机构两块。政府主要负责招商、规划，主管机构负责具体的开发。目前樟宜机场自由贸易园区和裕廊港自由贸易园区分别由樟宜机场集团和裕廊港私人有限公司掌管，其余五个自由贸易园区都由新加坡国际港务集团经营。

（一）新加坡国际港务集团

新加坡国际港务集团（PSA International Pte Ltd，简称 PSA）是世界第二大港口经营管理公司，前身是 1964 年成立的新加坡港务局，实行的是政企合一的管理体制，负责经营管理运作新加坡港的所有港务事宜。随着经济的发展，港务局的管理要求政企分离。1997 年，新加坡国会通过法案，将港务局改组为新加坡港务集团有限公司，为新加坡财政部管辖的国有控股公司——淡马锡控股有限公司属下的独资子公司。目前 PSA 在全球 16 个国家经营着 28 个港口，遍布亚洲、欧洲和美洲。新加坡港是集团的核心部分，在新加坡地区的集装箱权益吞吐量占公司全部集装箱权益吞吐量的 50%。由于淡马锡公司是新加坡政府控制的投资公司，因此它旗下的自由贸易园区虽然由私人企业负责管理经营，但仍然具有半官方的性质。由于政府的参与，自贸园区与政府间的交易成本大大削减，沟通壁垒也得以消除，大大降低了自贸园区的运营成本。

（二）樟宜机场集团

樟宜机场集团是一个企业化的机构，有一定的政府色彩，但企业的身份使它更便于独立运作。樟宜机场集团目前负责樟宜空运中心和机场物流园的管理，之前这是由新加坡民航局负责管理的，大部分基础设施也是由民航局投资建成的。2009年，民航局进行了重组，将战略监管职责和机场的管理职责分开，将精力更多地放在了航空工业和机场的战略监管上。

樟宜机场集团运用专营权对除仓储以外的其他所有航空货运业务活动进行管理，集团并不拥有货物处理的设备也不参与实际的货物处理，而是将精力专注于维护自贸区安全以及秩序上。机场的八座货站、两座速递货运中心由两家地面代理机构——新加坡机场货运服务处（SATS）和樟宜国际机场服务处（CIAS）投资兴建并营运，机场负责提供土地。SATS和CIAS在营运期间需付给机场专营权费。在大部分情况下，樟宜机场集团将已经建好的仓库和办公室出租给货运代理商使用，但有些时候，它也会直接将土地出租给使用者。机场物流园区以管理规范、技术先进、服务优质、功能齐全、运作高效而著称。作为亚洲一流的物流业基地，全球排名前25名的空运物流及快递公司、物流公司中有20家在这里落户，其中排名第一到第六的企业均已入驻。世界顶尖的50家第三方物流公司，一半以上将亚太区域总部设在园区内。①

（三）裕廊港私人有限公司

裕廊港私人有限公司是裕廊集团的全资子公司，从2001年起开始负责裕廊港自由贸易园区的管理运营。虽然裕廊港自由贸易园区属于私人公司管理，但裕廊集团（裕廊工业管理局）始终是最高管理机构。政府仅拨给管理局启动资金，后续开发经费主要来自土地使用费，由管理局自负盈亏。管理局充分发挥政府与市场的双重优势，使裕廊港自由贸易园区在各方面都更加趋于自由化。

---

① 盛宝富、陈瑛《深度剖析新加坡樟宜自由贸易园区》，《国际市场》2014年第1期。

五、裕廊工业区

新加坡政府从1961年开始实施工业化战略，首先在裕廊地区建立工业基地。之所以选择裕廊，首先是因为这个地带位于新加坡的西南面，濒临大海，可建深水码头，便于运进工业原料、运出工业制成品；其次是因为这里土地荒凉，没有居民迁移问题，土地国有，征用费低廉；最后是因为这一带多山丘，可填平沼泽、填海造地。出于这些考虑，政府在裕廊划定一片土地发展工业园区，并拨出1亿新元进行基础建设。① 经过半个世纪的发展，裕廊工业区从最初的0.06平方公里发展成为东南亚地区最大的工业区。

裕廊工业区的发展至今可以分为四个阶段。第一阶段是从1961年9月到20世纪70年代末的劳动密集型产业主导时期。这一阶段经历了从“进口替代”到“面向出口”的策略转变，其分水岭是1968年6月裕廊工业管理局的成立。裕廊工业管理局成立前，裕廊工业区由经济发展局负责经营，大规模地进行了工业基础设施建设，发展面向国内市场的工业，减少工业制成品的进口，摆脱了单纯依赖转口贸易的发展模式。裕廊工业管理局成立后，明确提出要逐步转向国际市场，实行出口导向策略，并要积极利用外资。这一时期为了解决新加坡国内就业问题，改变其工业落后的面貌，工业区大力发展以传统手工业为主的劳动密集型产业。到1979年末，裕廊工业区的企业有1099家，占全国工业区企业总数的48.62%；雇佣工人数99809人，占全国工业区工人总数的50.37%。经过18年的发展，新加坡的失业率从1961年的12%下降到1979年的3.3%，经济有了突飞猛进的发展；制造业占GDP的比重由1961年的7.6%上升到1979年的27%，经济结构发生了巨大的转变。第二阶段是20世纪80年代资本密集型的高科技产业主导时期。80年代起，新加坡逐渐失去人口红利，劳动密集型产业逐渐失去优势。为了适应国际经济形势的变化，1980年裕廊工业管理局制定了一个总体规划，开始着手重组经

① 谭旭峰《新加坡裕廊工业区的经验启示》，《中国高新区》2005年第2期。

济结构，加大资本投入和招商引资力度，促使工业转型升级，成功完成了从劳动密集型向资本密集型的产业转型。这一阶段，研发、设计、工程、信息科技等行业逐渐兴起，电脑及其附件制造业以及石化制造业也相继投资建厂。20 世纪 60 年代东南亚许多国家都发现了储量丰富的石油，新加坡虽然不产油，但抓住这一机遇发展炼油业，以优惠政策吸引了壳牌、美孚、英国石油等世界著名跨国石油公司先后建立了五个大炼油厂，其中三家就在裕廊工业区，从而使炼油业迅速成为新加坡国民经济的支柱产业之一，并成为世界第三大炼油中心。此外，金融、交通、商业、酒店餐饮等服务业也取得了同步的快速发展，制造业和服务业成为新加坡经济发展的双引擎。经过十年的发展，1990 年裕廊工业区的企业达到 2000 多家，工人总数达 13 万人，约占全国的一半。裕廊工业区工业产值占全国工业产值的 70%以上，其中具有高附加价值的资本密集型工业和高科技产业占到三分之二以上。第三阶段是 20 世纪 90 年代技术密集型的高科技产业主导时期。进入 90 年代，技术主导的高科技产业日渐蓬勃发展，园区内的许多企业依靠技术革新实现了价值链的高速成长。1992 年国际商业园一期工程完成，商业园集商业、工业和办公于一体，是商务和科技中枢，更好地满足了高科技产业的需求。1995 年晶片园开始发展，与此同时，一个世界级的化工中枢也开始建设，奠定了新加坡全球化工枢纽的地位。1997 年商业园二期工程也顺利完成，同年紧接着启动了面向 21 世纪的工业园土地计划，目的是进一步集约利用土地。1997 年着手成立裕廊学院，旨在为技术研发提供智力支持。第四阶段是从 2000 年至今的知识密集型的创新产业主导时期。进入 21 世纪后，为了适应知识经济时代的到来，工业园区提出了新的发展理念，将成本效益分析和知识经济融合到工业园区的设计和发展之中，先后开工建设了物流园、21 世纪信息园、纬壹科技城等。2006 年裕廊岛地下储油库开始投入使用，进一步巩固了新加坡全球化工枢纽的地位。实里达航空工业园也开始建设，用作宇航维修和检查工作、飞机系统与零件的设计和制造，以及一般商业性的航空活动。2010 年新加坡第一个综合的化学后勤园和新加坡第一个世界顶尖的生物医学研发基地——生物科技园建设完工。截至 2011 年，裕廊工业区开发面积达 60 平方公里，企业数量已经超过8000家，雇用了全国三分之一以上的劳动力，对GDP的直接贡献率达到25%。裕廊工业区在激烈的国内外竞争中仍然保持了竞争优势，把知识密集型产业推向了一个更大的发展台阶。

第四节　巴西的自由贸易园区

巴西是拉丁美洲第一个创建自由贸易园区的国家。一般来说，考虑到对外贸易和联系的便利性，大多数国家都会把自由贸易园区设置在工业基础好、交通便利的沿海城市，然而成立于1967年的巴西玛瑙斯自由贸易园区却设置在远离沿海、地处西北部内陆的亚马孙腹地。玛瑙斯自由贸易园区通过实行特殊的政策，吸引外资、引进技术，发展成为巴西北部经济社会发展的龙头，同时也是拉美地区最大、最成功的自由贸易园区之一。

一、玛瑙斯自由贸易园区的历史

玛瑙斯市位于巴西亚马孙平原的中部，现在的人口有2000多万，距离亚马孙河出海口约1700公里，是巴西北部重要的河港。作为亚马孙州首府，玛瑙斯市既是巴西的大城市之一，又是一个工业城市。19世纪末到第一次世界大战之前，玛瑙斯因其丰富的天然橡胶资源，以及国际市场对橡胶需求的激增，成为世界最大的天然橡胶供应地，并在长达70年的时间里垄断了全世界的橡胶市场。1920年以后，随着东南亚橡胶种植业的发展和产量的增加，以及国际市场对橡胶需求的急剧减少，该地区橡胶业的国际竞争力急剧下降。由于失去了经济来源，玛瑙斯市的经济逐步走向落后、衰败。

为了缓解经济发展停滞的困境，促进亚马孙西部地区的发展，维持对边远地区的控制，1957年，巴西国会通过3173号法令，将玛瑙斯定位为自由港。可是由于此时玛瑙斯市人口只有20多万，因此优惠的进出口措施并没有取得明显的效果。1967 年，巴西政府颁布了第 288 号法令，通过立法的形式正式批准建立玛瑙斯自由贸易园区，设置了直属中央的自贸区管理局，并且制定了相关的计划。1968 年 8 月，政府颁布新的法令，将玛瑙斯自由贸易园区的一切优惠政策适用于整个西亚马孙地区，包括亚马孙、帕拉、朗多尼亚等州，区域面积约为巴西总国土面积的四分之一，成为世界上面积最大的自由贸易园区。玛瑙斯自由贸易园区为巴西开辟了一个迅速引进外资和技术的通道，直接推动了 20 世纪 70 年代巴西经济的高速增长。经过 40 多年的发展，玛瑙斯自由贸易园区已经从最初的 1 万平方公里逐步辐射到整个西亚马孙地区，总面积将近 220 万平方公里，入驻园区的企业达到了 600 多个。依靠入驻的外资企业，玛瑙斯自由贸易园区实现了经济的跨越式发展，成为南美区域经济发展最为成功的地区。①

玛瑙斯自由贸易园区 220 万平方公里的土地，大致可以划分为三块功能区域：工业区、免税商业区和农业区。自贸园区成立后，独特的自然景观和便利的交通条件令以商业和旅游业为代表的服务业得到充分发展。大量的游客刺激了区内市场的发展，市场的发展又进一步吸引了大量的游客。商业和旅游业的发展为自贸园区的繁荣奠定了基础。为了保持这一发展势头，1971 年，巴西自贸区管理局在距离玛瑙斯市区 5 公里处开辟了一块工业区。工业区入驻企业通过引进的技术和资金，形成了 30 多个产业部门，发展出了具有国际竞争力的四大主导产业——电子工业、两轮工业、钟表工业、眼镜工业，其中电子工业园区是拉丁美洲最大的产业园区，世界上几乎所有知名电视机厂商都在这里设有大型生产基地。工业的蓬勃发展，加上便利的交通运输条件，使货物转港转运、仓储物流、包装分装等行业也得以发展，这为商业的发展创造了有利的条件。工商业的发展促进了玛瑙斯的城市化进程，自贸园区的人口不断增长，对农副产品的需求量也在不断增加。为此，自贸区管理局又划定一片农牧业发展基地，专门从事咖啡、蔬菜、水果、谷物以及畜牧产品的生产。如今，自贸园区内工、商、农业共同发展，产生的红利覆盖了

---

① 邱书钦《巴西玛瑙斯自贸区发展实践与借鉴》，《对外经贸实务》2015 年第 4 期。

整个亚马孙地区，还改变了巴西教育长期落后的局面。各种大专院校在自贸园区内成立，人才的培养使自贸园区内形成了专业化的技术人员队伍，高新技术的发展研究中心也随之出现，整个自贸园区的发展进入了一个新的阶段。

二、玛瑙斯自由贸易园区的管理

为了领导、协调、管理自贸园区的发展，巴西政府于 1967 年颁布法令，决定设立自贸区管理局。它是一个跨地区性的联邦政府派出机构，直属于联邦政府，董事会由政府指定，但享有较大的行政自治权和财政自主权。它的主要责任包括研究和制定自贸园区的发展方针和各项政策，分析和审批发展项目与进口计划，分配进口配额，协调整个西亚马孙地区的发展。这种管理体制既高度集权又有商业机构的灵活高效，极大简化了行政手续，对外国投资者具有很大的吸引力。

由于巴西税负繁多，企业的成本支出有一大半都花费在了这一方面，因此自贸园区出台的所有的政策，都是围绕着免税或者减税进行的。自贸园区中税收优惠政策的批准和管理分别由玛瑙斯自贸区管理局、亚马孙发展总署、亚马孙州和市政府负责。凡是进入自贸园区的外国商品，包括在区内消费、为转口转港储运的商品，以及区内企业为加工制造而使用的原材料、零部件、机械设备等都不需要进口许可证，全部免除进口关税。同时对于区内出口的商品，除了征收营业税，不征收其他税，但是自贸园区内储存的来自国外的商品若是进入巴西其他地区销售，就需要补缴关税，而巴西其他地区的产品运入自贸园区，则免缴流通税。为鼓励区内工业生产，在自贸园区生产制造的产品不管是在区内消费还是销往巴西其他地区，都免缴工业产品税；如果销售到其他地区，只对产品中使用的原料和零部件缴收进口关税，但可以减免其中的 88％。对于州流通税，根据产品的不同，减免比例从 55％到 100％各不相同。对于巴西税率高达 75％的法人所得税，自贸园区中的企业从开始盈利时起十年以内都无须缴纳。如此优惠的政策，对外国企业产生了吸引力。

但这样的优惠并非是免费的午餐，进入自贸园区的企业必须申请环保建设许可证和环保运营许可证，并且每年更换证书，才能享受到自贸园区的优惠条件。在发展经济和保护环境二者之间，玛瑙斯自由贸易园区把环境保护放在了企业的生产活动之前。根据巴西政府的要求，会造成环境污染和生态破坏的项目不允许进入自贸园区，凡是能够进入自贸园区的企业，都必须在环保问题上格外谨慎，要严格按照相关规定进行操作。自贸园区提倡所有的企业都应当采取可持续发展模式，既要节能环保，又要符合社会要求，而且还不能损害后代的生产生活。产品的生产、运输和销售也都必须遵循可持续发展的原则，任何一个环节有所疏漏都会受到相应的惩罚。在政府和企业的共同努力下，玛瑙斯自由贸易园区成为经济发展和生态保护的典范，即便是现在，自贸园区周边的热带雨林仍然生生不息。

三、玛瑙斯自由贸易园区的问题

在建设过程中玛瑙斯自由贸易园区表现出较为强烈的贸易保护主义倾向，例如在中小计算机领域内采取保护和扶持内资的政策，合营企业必须努力加速本土化进程和提高国产率；自贸园区内的企业应尽可能使用巴西国内的设备和零件，凡使用巴西产品达到85％以上的外资企业，在税收、贷款以及与政府部门签订合同时都会享受到优惠待遇；凡是巴西国内能够提供的技术和设备，一律不再引进外资，不论合营企业或外商独资企业，都必须面向出口。为了实现本国人员的就业，巴西政府规定自贸园区内的合营企业必须有巴西人参与企业的监督管理，而且巴西人的就业人数和薪资总额必须占到合营企业全部从业人员和工资的三分之二。这样的做法虽然有利于吸收消化外国的先进技术，促进本国产业的发展，减少对外国的依赖程度，但同时也将一些不愿意分享技术的企业拒之门外。

此外，巴西有较为严格的外汇制度，外国企业或个人不能在巴西的银行开设外汇账户，外汇进入巴西首先要折算成当地货币才能提取，外资企业在汇出利润时还需要缴纳15％资本利得税。此外，自贸园区内的政策过于烦琐且不稳定，一定程度上也打击了外国企业的投资积极性。

总而言之，玛瑙斯自由贸易园区的繁荣取决于外国资本的表现，而外资的运作又取决于巴西政府所给予的政策。未来自贸园区是否依然能够保持目前的发展势头，是一个十分值得关注的问题。

第五节　印度的经济特区

一、印度经济特区的发展

1947年印巴分治时，原本作为印度贸易港的卡拉奇划归巴基斯坦管理，因此印度迫切需要开辟新的贸易港口。1965年，印度在坎德拉设立出口加工区，随后又在孟买地区建立了圣克鲁斯电子出口加工区，这两个加工区建成后都取得了较为明显的发展成果。在此成功经验的鼓励下，为了进一步推动印度经济的发展，解决就业，扶持外向型经济产业，1984年印度政府决定新增四个国家级出口加工区，分别是位于北方邦的诺伊达出口加工区、位于西孟加拉邦的法尔塔出口加工区、位于喀拉拉邦的科钦出口加工区以及位于泰米尔纳德邦的清奈出口加工区，1989年印度政府又在安得拉邦设立维沙卡帕特南出口加工区。这七个出口加工区中，除了圣克鲁斯出口加工区为面向电子和珠宝产业的专业出口加工区外，其余六个都是综合性的出口加工区。2000年之后，受中国创办经济特区的启发，印度开始着手改革，将之前的出口加工区陆续升级为经济特区。随着经济特区的广泛发展，相关的法律制度也逐步建立。2004年，印度的古吉拉特邦首先通过经济特区立法。2005年5月，印度国会通过了《经济特区法案》。该法案对经济特区的审批制度、准入标准、机构设置、税率优惠等做了全面的规定，为经济特区的发展提供了法律基础。它规定，经济特区的目标是扩大对外经济活动、促进货物和服务出口、促进国内外投资、创造就业机会和发展基础设施。2006年，印度中央政府经济特区审批委员会开始工作，负责审批经济特区的设立，印度的经济特区开始大量出现。从 2006 年到 2010 年，印度获批的经济特区有 576 个，投入运行的有 114 个。① 从经济特区内投资的行业分布情况来看，信息技术占到投资比重的 60%以上，② 毫无疑问，这与印度在信息行业具有较强实力密不可分，资本的大量投入有助于维持印度在这一领域内的优势地位，在一定程度上解决了就业问题并提高了收入水平。

二、印度经济特区的管理

根据《经济特区法案》的定义，经济特区是一块特别划分出的免税飞地，出于贸易运作与关税的目的，它被看作是外国领土，从国内关税区进入经济特区的货物与服务应被看作是出口而从经济特区进入国内关税区的货物则应看作是进口。但经济特区内的企业从国内关税区中进口或者获取的包括资本货物在内的所有种类的货物无须交纳任何关税。经济特区中设立的企业可以从事货物生产或提供服务，企业可以出口包括农业产品、部分加工产品、配件和组件在内的货物与服务（《印度贸易说明和协调税则》中禁止出口的物品除外），也可以出口副产品、残次品以及生产过程中产生的废料和边角料。特殊化学品、生物体、材料、设备和技术的出口必须符合《印度贸易说明和协调税则》中关于进出口物品的规定。只要不是《印度贸易说明和协调税则》中禁止进口的物品，无论是全新还是二手的，也无论是企业经营行为需要还是与其产生关联需要的都可以进口或者获取。经济特区企业可以在双方一项约束性合同的基础上，向国内或国外租赁公司寻求资本货物来源，在这种情形下，经济特区企业与国内或国外租赁公司应共同起草合同文件来确保免税进口或获取资本货物。企业可在发展专员的批准下选择退出经济特区，此种退出必须对企业已进口的以及来自本国的资本货物、原材料和库存成品交纳

① 张雷《印度经济特区建设的历程及绩效评析》，《亚非纵横》2011 年第 2 期。

② 谈玉妮、周琦《印度经济特区模式研究》，《中国经济特区研究》2013 年第 1 期。

相应的海关关税和消费税。经济特区企业应是净创汇企业，如该企业未能完成净创汇任务，当局会根据 1992 年颁布的《外贸法》对其进行惩罚。

在建立出口加工区之初，相关的管理体制还比较落后，当时的出口加工区管理部门由管理委员会、管理局、管理厅三级机构构成，职能重叠，官僚主义严重，投资者在出口加工区投资存在很多不便。1990 年之后，印度着手对出口加工区的管理体制进行改革，一方面精简机构，另一方面放权给地方政府和民间部门。2006 年印度中央政府经济特区审批委员会的成立实现了特区管理的集中化和专门化。目前，印度经济特区的管理机构主要分为管理层面和开发运营层面。管理层面的主体主要包括中央政府、州政府、特区审批委员会以及在其下设立的特区决策委员会和特区管理委员会。中央政府与州政府负责审批设立新的经济特区以及对特区审批委员会进行监管。特区审批委员会是政府管理经济特区的唯一直接机构，它下属的特区决策委员会和特区管理委员会负责对各地的经济特区直接进行管理。决策委员会负责对经济特区内的企业向国内关税区或国外的进出口活动进行监管，管理委员会主要负责向区内企业提供基础设施便利，实施优惠政策以及对特区企业经营情况进行评估和分析。在开发运营层面，印度经济特区主要有三类主体：开发商、副开发商和运营单位。开发商是经济特区开发的主体，主要负责特区内企业的审批和监管，受理运营主体的入驻申请并上报特区审批委员会，在得到委员会审批通知后，开发商负责对符合入驻条件的运营主体发放执照。副开发商也是经济特区的开发主体，要成为副开发商需要具备一定资质，同时得到中央政府的授权，符合资质要求的私人和州政府都可以申请成为副开发商。副开发商的主要职责是建设和维护特区内的基础设施，在开发商批准下依法对特区具体事项进行管理。运营单位指的是经济特区内的生产经营企业，它们是经济特区的基本单位，运营单位有什么意见可以向开发商反映，同时需要在开发商的管理下依法进行生产和经营。

为吸引厂商入驻经济特区并促进特区的发展，印度政府颁布了一系列的优惠政策。财政方面的优惠大致包括：第一，特区内的企业向印度国内销售的产品免征销售税。第二，特区内的企业建成投产后的十年内，前五年免除

100%的所得税，后五年免除50%的所得税，如果连续五年将利润用于发展企业的生产经营，出口利润的50%可以免除税费；外国银行在区内可以设立银行并享受一定的税收优惠，前五年免除100%的所得税，随后的两年免除50%的所得税。第三，特区内的企业可以免税进口或从印度国内市场购买用于项目建设的投资品、原材料、易耗品、备件、包装原料和办公设备等。第四，对于未进驻特区但向区内出售产品和服务的企业免征各种税收等。非财政方面的优惠大致包括：第一，特区内的厂商在进口时不需要进口许可证。第二，特区内的厂商在向国内关税区和国外地区进出口货物时不需要通过海关的例行走私检查，进口单据无须事先审批，企业保存进口记录以备海关查验。第三，特区内厂商在保留小规模的生产部门时不再需要工业许可证。第四，特区内外资企业在投资小规模生产项目上没有限制。第五，特区企业经营产生的利润可以自由地汇回到公司内部，不需要满足会计平衡表的要求。这些政策的实施有力地促进了特区经济的发展。①

经济特区的设立刺激了印度的外向型经济，经济特区在国民经济进出口份额中所占的比重一直保持着较快的增长，2007—2008年，经济特区内的企业创造的出口值占印度全部出口值的10%。经济特区对于解决就业也起到了十分重要的作用。一方面特区内的企业有很多都是从事劳动密集型的加工制造业，对劳动力的需求量很大，另一方面印度政府也要求经济特区在发展过程中必须帮助解决当地劳动力的就业问题，如政府规定特区内的企业必须为每个当地的拆迁户提供至少一个就业机会。在这些因素的影响下，印度经济特区在发展过程中吸收了大量的劳动力，缓解了印度的就业压力。印度经济特区的发展还为南盟各国投资合作和经贸科技合作战略升级提供了新的机遇，在印度加大经济特区建设以后，其与南盟各国的出口、投资与合作都呈现出逐年增多的态势。

① 牛旻昱《印度经济特区的发展历史及其启示》，《技术经济与管理研究》2013年第3期。

三、印度经济特区中的问题

印度经济特区中存在的问题也不少。例如特区的规模一般都比较小，平均面积只有4.2平方公里，这限制了进驻其中的企业的数量，不能产生有效的产业集群效应。而且，特区内的基础设施建设较差，不能为企业发展提供必要的支撑。为此，印度政府宣布，在2012年开始的经济发展第十二个五年规划中，基础设施投资额将翻一番，即从第十一个五年规划的5000亿美元提高到1万亿美元。印度政府将“十二五”时期基础设施建设的重点放在电力、交通和能源等领域，如新建或改建高速公路、机场、港口、发电厂等设施，希望通过提供高水平的基础设施，刺激经济特区的经济活动，以吸引外国投资。印度的劳工政策同样也是影响特区经济发展的一个重要因素。根据印度现行法律的规定，雇员超过100人的企业需获得当地政府批准后才能雇佣员工，如果企业雇佣员工的时间超过3个月，必须与员工签订劳动合同，雇员超过100人的企业如果要解聘员工，需由企业所在的邦政府批准。然而，由于工会组织力量较强以及政治选举的需要，邦政府一般不会批准这样的解聘行为，许多外国公司正是因这种严苛的劳工规定而不愿到印度经济特区投资办厂。土地市场的不完善同样也在持续困扰着印度经济特区的成长。印度实行的是土地私有制，政府可以为公共目的征收土地并给予农民补偿，但由于法律概念界定不清等问题，在现实中经常会发生强买土地的现象并且没有给予农民足够的补偿，结果征地导致大量的农民流离失所，生活陷于极度的贫困当中，并进而引发抗议和动乱。在西孟加拉邦、果阿邦及哈里亚纳邦等地都曾爆发过此类事件，导致了人员的伤亡。此外，征收的土地并未完全用于特区建设，而是流入房地产市场，土地征收法和《经济特区法案》反而沦为了地方政府与商人相互勾结进行寻租的工具。如果不将这些问题予以妥善的解决，必然会影响特区的发展前景。实际上，印度已经有不少的特区在举办过程中宣告失败。

作为世界上第二大的发展中国家，印度对于今后的发展充满了野心，中国经济特区的成功为印度提供了经验和借鉴。但由于两国政策和国情不同，中国的成功难以简单地复制到印度的土地上，实践过程中出现的各种问题暴露了印度在宗教、文化、社会、制度等方面复杂而深刻的矛盾。针对一些矛盾，印度已经开始着手进行逐步的改革，而有些问题则面临着相对更大的阻力。在建设经济特区的过程中，印度还需要继续加强国际交流与合作，通过深入的学习和交流，以及与周边国家深度的经济技术合作，探索出一条具有印度特色的经济特区发展之路。

第五章 国际经验对中国自由贸易试验区建设的启示

第一节 完善我国自由贸易试验区的法律体系

一、自由贸易试验区的中央立法与文件

我国的自由贸易试验区在建设过程中都突出了法制的重要性，“立法先行”也是世界上大多数国家实施自由贸易区战略的通常做法。我国虽然已经存在保税区、出口加工区、保税物流园区、跨境工业园区、保税港区、综合保税区和自由贸易试验区等不同类型的海关特殊监管区域，并具备数量众多的部门规章、地方性法规和地方规章，形成了一整套相对成熟的框架体系，可是国家层面上有关自由贸易试验区建设的基本法的缺位始终是一个很大的缺陷和遗憾。虽然《海关法》第三十四条规定，“经国务院批准在中华人民共和国境内设立的保税区等海关特殊监管区域，由海关按照国家有关规定实施监管”，但它在实践上几乎不具有任何可操作性。

就上海自由贸易试验区而言，它所涉及的投资贸易便利化、资本项目兑

换等事项都属于国家层面的事权，并且已经有相关法律做出了规定，一般情况下，应当先由全国人大或其常委会根据建设上海自由贸易试验区的需要对相关法律做出修改，但这无疑会耗费较长的时间，立法成本也会很高。因此，2013 年 8 月国务院向全国人大常委会提出《关于授权国务院在中国（上海）自由贸易试验区等国务院决定的试验区内暂时停止实施有关法律规定的决定（草案）》的申请。这不是对尚未制定法律的事项申请授权先制定行政法规，而是申请授权在某一个区域内暂停法律的实施，这在我国的立法史上是未曾有过的。随后，全国人大常委会做出决定："授权国务院在上海外高桥保税区、上海外高桥保税物流园区、洋山保税港区和上海浦东机场综合保税区基础上设立的中国（上海）自由贸易试验区内，对国家规定实施准入特别管理措施之外的外商投资，暂时调整《中华人民共和国外资企业法》《中华人民共和国中外合资经营企业法》和《中华人民共和国中外合作经营企业法》规定的有关行政审批（目录附后）。上述行政审批的调整在三年内试行，对实践证明可行的，应当修改完善有关法律；对实践证明不宜调整的，恢复施行有关法律规定。" 2013 年 9 月，国务院发布《中国（上海）自由贸易试验区总体方案》（以下简称《总体方案》），提出要"加快形成符合试验区发展需要的高标准投资和贸易规则体系。针对试点内容，需要停止实施有关行政法规和国务院文件的部分规定的，按规定程序办理。其中，经全国人民代表大会常务委员会授权，暂时调整《中华人民共和国外资企业法》《中华人民共和国中外合资经营企业法》和《中华人民共和国中外合作经营企业法》规定的有关行政审批，自 2013 年 10 月 1 日起在三年内试行。各部门要支持试验区在服务业扩大开放、实施准入前国民待遇和负面清单管理模式等方面深化改革试点，及时解决试点过程中的制度保障问题。上海市要通过地方立法，建立与试点要求相适应的试验区管理制度"。根据全国人大常委会和国务院的规定，上海市人大常委会和上海市政府分别制定通过了《关于在中国（上海）自由贸易试验区暂时调整实施本市有关地方性法规规定的决定》和《中国（上海）自由贸易试验区管理办法》，初步形成了上海自由贸易试验区发展的总体框架。

但是，前述全国人大常委会授权国务院行为的性质及其正当性的问题在学界引发了不少讨论。[①] 有观点认为这是一种授权立法的新形式。我国《立法法》第九条规定："本法第八条规定的事项尚未制定法律的，全国人民代表大会及其常务委员会有权做出决定，授权国务院可以根据实际需要，对其中的部分事项先制定行政法规，但是有关犯罪和刑罚、对公民政治权利的剥夺和限制人身自由的强制措施和处罚、司法制度等事项除外。"然而，此次国务院申请全国人大常委会授权的内容，并不是由国务院先行制定行政法规，而是在试验区调整法律的实施，因此不符合我国对授权立法的规定。虽然 2015 年 3 月 15 日第十二届全国人大第三次会议审议通过的《关于修改〈中华人民共和国立法法〉的决定》在《立法法》中增加了第十三条规定："全国人民代表大会及其常务委员会可以根据改革发展的需要，决定就行政管理等领域的特定事项授权在一定期限内在部分地方暂时调整或者暂时停止适用法律的部分规定。"但依据法不溯及既往的原则，并不能使《总体方案》获得法律上的依据。也有观点认为，《宪法》第八十九条规定："国务院行使下列职权……（十八）全国人民代表大会和全国人民代表大会常务委员会授予的其他职权。"这一兜底条款赋予了国务院向人大常委会申请授权的权力，但从宪法规范的本意来理解，应以宪法文本为依托。兜底条款的补充规定应是建立在明示职权范围基础上的有限拓展，而不应视为立法机关与行政机关职权的无限扩大，否则，兜底条款的"其他职权"将会造成公权力的无限膨胀，对公民权利形成现实的损害和潜在的威胁。有观点认为这是一种特殊的法律修改。依据我国《宪法》第六十二条第三款的规定，我国基本法律修改的职权属于全国人大。《宪法》第六十七条规定，全国人大常委会"修改除应当由全国人民代表大会制定的法律以外的其他法律"，"在全国人民代表大会闭会期间，对全国人民代表大会制定的法律进行部分补充和修改，但是不得同该法律的基本原则相抵触"。在试验区暂停实施的《中华人民共和国外资企业法》等三部法律是由全国人大制定的，从权限上来说，在全国人大闭会期间，常委会有权依

① 孙秀丽《宪法视域下的中国（上海）自由贸易试验区制度创新》，《云南大学学报》（法学版）2016 年第 2 期。

据宪法的规定进行部分补充和修改，但从程序上来说，我国《立法法》第五十九条规定："法律的修改和废止程序，适用本章的有关规定。法律被修改的，应当公布新的法律文本。"此处"本章的有关规定"主要指的是有关立法程序的规定，很显然，此次全国人大常委会的授权决定不符合法律修改的程序规定。还有观点将其看作是一种法律解释。我国《立法法》第四十五条规定："法律解释权属于全国人民代表大会常务委员会。法律有以下情况之一的，由全国人民代表大会常务委员会解释：（一）法律的规定需要进一步明确具体含义的；（二）法律制定后出现新的情况，需要明确适用法律依据的。"全国人大常委会授权国务院暂时调整实施全国性法律，可以视为在新的情况下的一种法律解释。"新的情况"即在试验区法律适用过程中，相关法律有关行政审批的规定不利于试验区的发展定位。具体而言，我国《外资企业法》《中外合资经营企业法》和《中外合作经营企业法》中有关外商投资成立、分立或期限延续等行政审批事项的规定与试验区开放式宏观背景不一致。由行政审批方式到备案管理方式，是行政权在经济秩序调控中的行使方式的转变，因而全国人大常委会通过授权国务院进行解释的方式行使职权。依据《立法法》第四十六条的规定，国务院可以向全国人大常委会提出法律解释要求，因而，通过法律解释，在试验区制度创新与我国现行法律之间搭建沟通的桥梁，依法推进制度创新，在法治框架下深化改革，能够使我国的法律法规在动态中渐趋完善。但是，随着我国自由贸易试验区的不断增多，涉及的法律法规也在不断增加，如果全都依赖全国人大常委会不断地对法律进行解释，一方面不太现实，另一方面也不符合法治中国的要求，这也彰显了制定自由贸易试验区基本法的必要性。

国务院制定的《总体方案》是上海自由贸易试验区建设的总章程，后续的各项举措措施都是以此为逻辑起点的，但《总体方案》的性质及其在我国法律体系中的位阶一直存在争议。《总体方案》是由商务部、上海市人民政府会同国务院有关部门在深入研究的基础上拟定，由国务院批准印发的，但将其认定为国务院制定的行政法规却并不合适。"批准"只是一种公文处理的方式，而并非立法的手段。行政法规的制定有特定的程序，如果地方政府或部委制定规章经上级批准之后就可以转化为行政法规的话，那么相关的程序则形同虚设。从《总体方案》的内容来看，诸多方面也不符合行政法规的规范要求。《立法法》第七十条规定“行政法规由总理签署国务院令公布”，但《总体方案》包括《印发总体方案的通知》都没有经过总理的签署。若将《总体方案》看作是行政规章也不合适，行政规章意味着它是由上海市政府和商务部联合制定的，那么它必须既符合部门规章的制定权限，也要符合地方政府规章的制定权限。《立法法》第八十条规定：“部门规章规定的事项应当属于执行法律或者国务院的行政法规、决定、命令的事项。”《立法法》第八十二条规定：“地方政府规章可以就下列事项做出规定：（一）为执行法律、行政法规、地方性法规的规定需要制定规章的事项；（二）属于本行政区域的具体行政管理事项。”《总体方案》中自由贸易试验区先行先试的内容涉及税收、海关、金融、外资、外贸等诸多事项，在性质上属于国家基本的民事制度和经济制度，而根据《立法法》第八条的规定，这些都属于全国人大及其常委会的专属立法权限范围。而且从程序上来说，它也不符合规章的制定程序。《立法法》第八十四条规定：“部门规章应当经部务会议或者委员会会议决定。地方政府规章应当经政府常务会议或者全体会议决定。”第八十五条规定：“部门规章由部门首长签署命令予以公布。地方政府规章由省长、自治区主席、市长或者自治州州长签署命令予以公布。”但《总体方案》既不是由商务部部务会议决定的，也不是由上海市市政府常务会议或者全体会议决定的，同时也不是由商务部部长或上海市市长签署命令公布的，所以在实体和程序上《总体方案》都不能被看作是行政规章。

所以有研究者认为，《总体方案》的性质应被认定为“国务院规范性文件”，与行政法规相比，国务院规范性文件不属于法律，但是，国务院制定的行政措施、行政法规和发布的决定、命令均是国务院实施宪法和法律、履行最高行政机关职责的具体形式。① 从某种意义上来说，可以将这种规范性文件

① 刘志刚《暂时停止法律实施决定的正当性分析》，《苏州大学学报》（法学版）2015年第4期。

看作是我国法律体系中的“软法”：虽然没有能够被正式地确认法律地位，但在实际工作中却发挥着重要的指导性作用。不过，它的这种非正式法律渊源的属性也削弱了在自由贸易试验区内暂停实施有关法律制度的决定的合法性，再次彰显了制定我国自由贸易试验区基本法的必要性。

二、自由贸易试验区的条例

由于国家层面上尚未制定统一的自由贸易试验区基本法，目前各自由贸易试验区运行的基本法律规范都是由所在地制定的地方性法规。2014 年 8 月，《中国（上海）自由贸易试验区条例》率先出台，随后，天津、福建、广东也纷纷制定了自己的条例。这些条例既是推进自由贸易试验区先行先试的直接法律依据，也是自由贸易试验区可复制、可推广经验的重要组成部分。

以《中国（上海）自由贸易试验区条例》为例，它设总则、管理体制、投资开放、贸易便利、金融服务、税收管理、综合监管、法治环境、附则等 9 章、共 57 条，对先行先试的各项制度做出了全面、系统的规范。但问题在于，该条例中涉及的贸易、投资、金融、航运、税收等内容属于国家事权，根据《立法法》第八条的规定属于中央专属立法的权限范围，从而限制了《条例》的创制空间，这意味着无法对制度创新进行真正的顶层设计和基层推动，只能进行一些修修补补的工作，因而有必要通过授权立法的方式扩大自由贸易试验区自主性，以更好地贯彻和实施国家改革发展的战略。改革开放后经济特区曾被授予立法的权力，如 1981 年第五届全国人大常委会第二十一次会议通过的《关于授权广东省、福建省人民代表大会及其常务委员会制定所属经济特区的各项单行经济法规的决议》、1992 年第七届全国人大常委会第二十六次会议通过的《关于授权深圳市人民代表大会及其常务委员会和深圳市人民政府分别制定法规和规章在深圳经济特区实施的决定》、1994 年第八届全国人民代表大会第二次会议通过的《关于授权厦门市人民代表大会及其常务委员会和厦门市人民政府分别制定法规和规章在厦门经济特区实施的决定》、1996 年第八届全国人民代表大会第四次会议通过的《关于授权汕头市和珠海市人民代表大会及其常务委员会、人民政府分别制定法规和规章在各自的经济特区实施的决议》，这些授权为地方赋予了较多的自主性，有力刺激了当地经济的发展。不过，自《立法法》颁布实施以后全国人大及其常委会就再也没有授权地方进行立法，因此相关问题还有待进一步的研究。

三、自由贸易试验区基本法的制定

“先立法后设区”是国际社会相当普遍的一种做法，除前文所述的几个国家以外，还有更多国家进行了这样的实践。我国有奉行“先行先试”的立法思路的传统，即先选择一个地区进行试验性立法，发现错误、总结经验、提炼做法，再逐步上升到法律法规的层次。然而，自由贸易试验区的发展已然触及中央事权，且大多问题早已由相关法律予以调整固化，但是这些规定却阻碍了自由贸易试验区立法和其他领域工作的进一步开展。只有通过制定新的自贸区基本法，才有可能在同样的位阶上凭借“后法优于前法、特别法优于一般法”的法律原则破除障碍。否则长此以往，负面影响将会越来越明显。高位阶法律的缺位，会导致自由贸易试验区制度缺乏指引和保护，最终造成各自由贸易试验区发展失衡、地区间盲目竞争以及资源浪费等问题的产生。

对比现有的四部自由贸易试验区条例可以发现，在体例和内容上虽有结合本地实际所做的创新，但总体结构仍然是相似的。这也为我国未来的自由贸易试验区立法提供了指引。例如，在总则部分应当规定一些原则性、概念性的东西，如自由贸易试验区的宗旨、性质、功能定位以及相关重要概念的定义，应当明确自由贸易试验区的性质，确立其“境内关外”的属性；它的基本法律原则应当包括平等开放、依法行政、保护区内投资者合法权益等方面；还需要对自由贸易试验区、自由贸易试验区管理委员会及其派出机构、经营主体（包括企业和个人）等概念进行定义。在分则中应对自由贸易试验区的设立条件以及监管体制、海关监管、投资贸易、外汇管理、金融制度、税收管理，以及法律程序等方面进行规定。自由贸易试验区基本法的规定不宜过于细化，应当给后期制度创新和地方立法预留一定的空间，以增强立法的机动性和前瞻性。基本法中还应当明确法律责任，责任主体应涵盖企业、个人、管理机构及其工作人员等，这也是现有的四部自由贸易试验区条例中有所缺失的地方。

第二节 完善我国自由贸易试验区的管理体制

一、自由贸易园区管理体制的类型

自由贸易园区的管理体制是政府对自由贸易园区行使管理职能的组织形式和管理方法，包括管理模式的选择、管理机构的设置、管理职权的划分等。一般而言，管理体制可以分为宏观和微观两个层面：中央决策层面的管理属于宏观层面，指国家对自由贸易园区的决策、监督和协调，涉及最高管理权限的归属、政策法规的制定等内容；地方层面的管理属于微观层面，指的是对自由贸易园区的日常经营管理活动进行的具体组织、领导、协调和监督等。

宏观层面的管理又可以分为两种，一种是专管型，一种是代管型。专管型指的是中央政府为实现对自由贸易园区的管理专门成立从事自由贸易园区事务管理的机构，这个机构负责自由贸易园区的宏观决策和宏观调控，同时它也是对自由贸易园区的发展进行监督和协调的最高行政机构。代管型则指的是中央政府层面上没有一个专门从事自由贸易园区事务管理的独立行政机构，政府将对自由贸易园区的管理权委托给某一个特定的政府职能部门来执行。二者相比，代管型或可避免机构的臃肿和重叠，而专管型在管理的权威性和协调的有效性上可能更胜一筹。

根据区内管理机构的性质、权限划分及管理方式，可以将微观层面上的管理分为三类：第一类是政府主导型，第二类是企业主导型，第三类是混合型。实行政府主导型管理模式的自由贸易园区区内管理机构一般由地方政府（或其派出机构）、所在地区的地方海关部门或港务局直接承担，它们全权负责区内的一切事务。它们作为政府部门不仅履行必要的行政管理、监督、检查等职能，而且直接承担区内经济建设和开发的职能。虽然，在实践中这些自由贸易园区在政府管理机构之下也设置开发公司之类的经济业务部门，但实际上开发公司在人员配备上与行政部门是一致的。在这种管理体制下，管理机构的职责具有双重性，不仅行使行政审批、土地规划、协调等行政职权，同时还负责资金筹措、开发建设等具体经营事务，开发公司基本上没有自我决策权。这种管理体制的优点在于具备较强的权威性，能够调动大量资源进行自由贸易园区的开发和建设，在一定程度上也可以通过其相对简化的机构的优势来提高办事效率，改善区内的投资环境。前文所述的韩国自由经济区实行的就是这样的管理体制。企业主导型的自由贸易园区内不设立专门政府管理机构，而是由政府通过法律途径授权一家专业管理公司专门从事区内的开发建设和经营管理工作，同时也代行部分行政管理职能，并提供投资服务。这种管理公司可以是国营、私营或者合营的，但它不属于政府行政机构，它是具有法人地位与权利的经济实体。它们在形式上一般是由董事会或理事会及其领导下的由职业经理人或专业人士组成的执行或办事机构组成。它们在区内进行公司化管理、市场化运作，并对授权政府负责。这种管理模式的优点在于可以充分利用社会资源，节约政府管理成本，较为灵活、高效。美国很多的对外贸易区采用的就是这种管理模式。混合型的管理模式介于二者之间，在管理机构的设置上，既有政府职能部门，也包括企业化的管理公司，但二者之间是相对独立的，当涉及重要决策、规划、审批以及必要的监管等事项时适用行政管理程序和海关监管程序，当涉及的事项为纯粹的经济业务经营活动时则适用公司化的管理方式。在人事、权限方面，两者互不隶属，政府有政府的人事构成和职权范围，管理公司有管理公司的人事构成和管理、开发权限。管理公司在职权范围内进行公司化运营和相应的管理活动，不受行政机构任意干涉。新加坡自由贸易园区是运用这种管理模式的典型。① 总的来说，自由贸易园区的管理体制与国家的经济发达程度和法制化水平有密切的关系。发达国家倾向于相对弱化的行政管理体制，政府尽量克制自己的干预，而发展中国家会给予更多的关注。但无论如何，在自由贸易园区中尽可能地精简机构、明确分工、控制成本、提高效率是大部分国家共同的做法。

二、我国自由贸易试验区的管理体制

从已经公布的四个自由贸易试验区的管理条例来看，我国自由贸易试验区的管理体制虽然在某些方面略有差异，如上海和天津设置的是自由贸易试验区管理委员会，广东和福建设置的是自由贸易试验区工作领导小组，但总体思路是基本一致的。以上海为例，可以大致分为中央和地方两个层级。

上海自由贸易试验区的中央管理体制为：国家发展和改革委员会、工业和信息化部、公安部、国家安全部、财政部、商务部、交通运输部、文化部、中国人民银行、海关总署、国税总局、工商行政管理总局、质量监督检验检疫总局、国务院法制办、国务院发展研究中心、银行监督管理委员会、保险监督管理委员会等多个部门共同管理，商务部和上海市政府共同牵头。这是一种多部门共管的管理体制，由多个中央部门共同行使宏观决策、设区审批、监督管理、政策法规规定等职权。

根据《中国（上海）自由贸易试验区管理办法》和《中国（上海）自由贸易试验区条例》的规定，上海自由贸易试验区的地方管理体制为自由贸易试验区管理委员会，管委会为上海市人民政府的派出机构，下设九个部门，具体落实自贸试验区改革试点任务，统筹管理和协调自贸试验区有关行政事务。管委会的具体职责包括：（一）负责组织实施自贸试验区发展规划和政策措施，制定有关行政管理制度；（二）负责自贸试验区内投资、贸易、金融服务、规划国土、建设、交通、绿化市容、环境保护、人力资源、知识产权、

① 孙卫雄《自贸区管理体制的国际经验与上海借鉴》，《上海经济》2014 年第 7 期。

统计、房屋、民防、水务、市政等有关行政管理工作；（三）领导工商、质监、税务、公安等部门在区内的行政管理工作，协调金融、海关、检验检疫、海事、边检等部门在区内的行政管理工作；（四）组织实施自贸试验区信用管理和监管信息共享工作，依法履行国家安全审查、反垄断审查等有关职责；（五）统筹指导区内产业布局和开发建设活动，协调推进重大投资项目建设；（六）发布公共信息，为企业和相关机构提供指导、咨询和服务；（七）履行上海市人民政府赋予的其他职责。上海市人民政府在自贸试验区建立综合审批、相对集中行政处罚的体制和机制，由管委会集中行使上海市有关行政审批权和行政处罚权；管委会实施行政审批和行政处罚的具体事项，由上海市人民政府确定并公布。

从类型上看，上海自由贸易试验区的地方管理体制属于政府主导型，管委会作为地方政府在上海自由贸易试验区的行政机构，对试验区进行全面的行政管理和发展的宏观管理，而区内的经营活动则由公司来承担，包括区内土地开发、基础设施建设、厂房建设等。

三、自由贸易试验区管理体制的改革

我国现有的自由贸易试验区管理体制在模式选择、机构设置、职能划分方面均有大胆尝试和创新探索，适应了自由贸易试验区的改革需要，取得了积极的成效，但通过与国外经验对比以及实践运作的检验，发现仍然存在一些不足。首先，国家和地方干预的色彩仍然很强烈；其次，在中央层面上多头共管的做法使各部门对试验区的认识难以达成一致，而且部门利益的存在也容易导致政策不协调、决策不及时等问题；再次，自由贸易试验区内实行海关、检验检疫、海事、工商、外汇等口岸部门各司其职、相互独立的管理模式，虽然管委会（领导小组）负责对区内事务进行统筹协调，但由于管委会（领导小组）法律地位不明确、监管职责受挤压，容易出现权责不明、缺乏综合执法协调机制的情况；最后，政企不分的现象仍然存在，政府权力仍会介入市场运作，导致企业之间的不公平竞争，影响区域发展的环境和活力。

因此，为促进我国自由贸易试验区的发展，有必要根据权威、精简、高效、透明的原则，逐步完善它的管理体制。管理体制的建设是一项复杂的系统工程，需要国家层面上多部门的共同参与、地方政府的积极探索以及区内企业的良好配合。在中央层面上要实现高效协调，就应改变目前多头管理的现状，强化核心领导力量，确保实现政策、定位、定性和监督管理的协调、一致、统一。在地方层面上，可以考虑进一步激发市场主体的力量，引入经营人制度，由被授权的私人主体负责对自由贸易试验区内的某一区域进行经营、管理，并对政府负责；政府除进行监督、政策指引、提供必要帮助外，应尽量克制自己的行为，防止行政力量干扰市场运行规律。从国外经验来看，这种做法既能提高管理和服务的效能，也能增强风险防范的效果。除了发挥政府、市场的力量之外，同时也要注意加快区内社会治理体制的设计和培育，激发社会力量参与，共同营建好区内环境。要加快社会组织的培育，使其成为自由贸易试验区中地方管理体制的重要组成部分，要推进银行、律师事务所、会计师事务所、第三方评级机构等社会力量的发展，实现政府部分管理职能的社会化。

第三节　完善我国自由贸易试验区的负面清单

一、自由贸易试验区负面清单的分析

负面清单又称否定清单，一般与准入前国民待遇相联系，指的是政府列出的禁止或限制进入的领域、产业、业务等的清单，它体现了“法不禁止皆自由”的理念。负面清单制度可以简化对外国投资的审批管理，增强透明度，提升投资者信心，有利于扩大一国对外开放的力度。1994 年生效的《北美自由贸易协定》被认为是最早采用这一模式的国际条约，在美国等资本输出国

的推动下，近年来越来越多的国际投资协定采纳了这一模式，共同推动着国际投资自由化的进程。在世界各主要自由贸易试验区中，也普遍实行着较为宽松的外资准入政策，如香港除若干受政府监管的行业外，外国资本可以在各个行业进行投资；迪拜杰贝阿里自由贸易园区外资可以100％独资，不受阿联酋公司法中规定的外资49％、内资51％要求的限制等。

相比之下，我国以往对外国投资采取的都是正面清单的管理模式，即在投资协定中只给予准入后的国民待遇，在国内法上通过国家发展改革委和商务部共同制定的《外商投资产业指导目录》对外资流向进行引导，从而实现管控外国投资的目的。随着我国日益成为重要的资本输出国和投资目的地国，正面清单的管理模式已不太符合我国实际，其他国家也主张在负面清单的基础上与我国展开投资协定的谈判。考虑到我国缺少相关经验，以及负面清单可能对国内产业带来的冲击和影响，在国内部分地区进行尝试和探索显得格外必要。

《中国（上海）自由贸易试验区总体方案》率先提出，要探索建立负面清单管理模式，借鉴国际通行规则，对外商投资试行准入前国民待遇，研究制订负面清单，改革外商投资管理模式。对负面清单之外的领域，按照内外资一致的原则，将外商投资项目由核准制改为备案制（国务院规定对国内投资项目保留核准的除外），由上海市负责办理；外商投资企业合同章程审批改由上海市负责备案管理，备案后按国家有关规定办理相关手续；工商登记与商事登记制度改革相衔接，逐步优化登记流程；完善国家安全审查制度，在试验区内试点开展涉及外资的国家安全审查，构建安全高效的开放型经济体系。在总结试点经验的基础上，逐步形成与国际接轨的外商投资管理制度。《中国（上海）自由贸易试验区管理办法》第十一条也明确规定：自贸试验区实行外商投资准入前国民待遇，实施外商投资准入特别管理措施（负面清单）管理模式。对外商投资准入特别管理措施（负面清单）之外的领域，按照内外资一致的原则，将外商投资项目由核准制改为备案制，但国务院规定对国内投资项目保留核准的除外；将外商投资企业合同章程审批改为备案管理。外商投资准入特别管理措施（负面清单），由市政府公布。外商投资项目和外商投资企业备案办法，由市政府制定。

2013 年 9 月 30 日，《中国（上海）自由贸易试验区外商投资准入特别管理措施（负面清单）（2013 年）》公布，该负面清单按照《国民经济行业分类及代码》（2011 年版）分类编制，包括 18 个行业门类（不包括公共管理、社会保障和社会组织，以及国际组织这两个行业门类），涉及 89 个大类、419 个中类和 1069 个小类，共有 190 项特别管理措施，其中禁止字样的有 38 条，限制字样的有 74 条，其余 78 条涉及外商股权比重限制、合资限制及其他。从内容上来看，2013 版负面清单设定了特别管理措施的行业有 509 个，占国民经济 18 个门类 1069 个行业的比重为 47.6%，其中第一、第二、第三产业的保留行业比重分别为 99%、29.6%和 60.6%，显然第一和第三产业对外资准入仍然比较慎重。在第三产业中，金融业和教育业的负面清单保留行业的比重为 100%，而住宿和餐饮业以及居民服务业没有被列入负面清单，是完全开放的。① 清单还特别强调，除列明的外商投资准入特别管理措施，禁止（限制）外商投资中国以及中国缔结或者参加的国际条约规定禁止（限制）的产业，禁止外商投资危害国家安全和社会安全的项目，禁止外商从事损害社会公共利益的经营活动。此外，自由贸易试验区内的外资并购、外国投资者对上市公司的战略投资、境外投资者以其持有的中国境内企业股权出资，应当符合相关规定要求；涉及国家安全审查、反垄断审查的，按照相关规定办理。

作为我国第一份负面清单，2013 版负面清单既有值得肯定的地方，也存在一些不足。例如，与《外商投资产业指导目录》（2011 年修订）相比，2013 版负面清单的内容与其中的限制类和禁止类基本相同，但还增加了 30 多条新的特别管理措施，而且原本在指导目录中没有的项目也被列入了负面清单中，如禁止投资互联网数据中心业务、禁止投资文物拍卖等。因此有观点认为，2013 版负面清单不仅没有能够放松管制、促进投资自由化，甚至还会起到相反的作用。又如，清单中的一些规定较为笼统，例如 R87“文化艺术业”的

---

① 孙元欣、吉莉、周任远《上海自由贸易试验区负面清单（2013 版）及其改进》，《外国经济与管理》2014 年第 3 期。

特别管理措施的内容是“投资文化艺术业须符合相关规定”，但“相关规定”的内容却不清楚。再如，清单中的一些表述容易产生歧义，如清单对F529“货摊、无店铺及其他零售业”的特别管理措施是“限制投资直销、邮购、网上销售”，但没有对限制的具体内容做明确的规定，这种限制与禁止在效果上几乎没有差别，却采用了不同的表述，很容易产生困惑。同样的是，指导目录限制类九“租赁和商务服务业”中的第一项的表述是“法律咨询”，而清单中L722“法律服务”特别管理措施的第一项是“限制投资法律咨询”，限制“法律咨询”和限制“投资法律咨询”是否具有相同的含义也很容易引起争议。再如，《总体方案》的附件列出了上海自贸试验区在金融服务、航运服务、商贸服务、专业服务、文化服务和社会服务等六个领域内的开放措施，如允许符合条件的外资金融机构设立外资银行、符合条件的民营资本与外资金融机构共同设立中外合资银行；在条件具备时，适时在试验区内试点设立有限牌照银行；在完善相关管理办法，加强有效监管的前提下，允许试验区内符合条件的中资银行开办离岸业务等。该附件的性质并没有得到准确的界定，或许可以把它看作是服务业领域内的一个正面清单，但它与负面清单之间的关系却很模糊，在存在负面清单的前提下，该正面清单的作用和意义并不是十分明显。①

鉴于2013版负面清单中存在的一些问题，上海市政府于2014年公布了第二份负面清单。新版的负面清单中共有特别管理措施139条，其中限制性措施110条，禁止性措施29条；18个国民经济产业门类中，住宿和餐饮业以及居民服务业对外资没有任何限制或禁止措施，电力、热力、燃气和水供应，建筑业，金融业，卫生和社会工作这4个门类没有禁止措施只有限制措施，其余12个门类对外资既有限制措施也有禁止措施。与2013版负面清单相比，新的清单中的特别管理措施减少了51条，虽然数量上有明显减少，但内容上其实并没有太大的变化。这51条中，因内外资均有限制而取消的有14条，

① 龚柏华《中国（上海）自由贸易试验区外资准入“负面清单”模式法律分析》，《理论参考》2013年第6期。

如娱乐业中的“禁止投资博彩业（含赌博类跑马场）”“禁止投资色情业”等，由于在我国法律法规中有明确的禁止性规定，因此没有必要在负面清单中特别说明；因分类调整而减少的有 23 条，如 2013 版负面清单中 L722“法律服务”的两项措施“限制投资法律咨询”和“外国律师事务所只能以设立代表处的形式提供法律服务”合并为了 2014 版清单中的一项，2013 版负面清单中 B06 中的“特殊和稀缺煤类开采”与 M747 第 4 项中的“特殊和稀缺煤类的勘查”合并为了 2014 版清单中的 B06“煤炭开采和洗选业”；真正因扩大开放而实质性取消的只有 14 条。这 14 条中有 7 条涉及服务业，包括取消对进出口商品认证公司的限制，取消对认证机构外方投资者的资质要求，取消投资国际海运货物装卸、国际海运集装箱站和堆场业务的股比限制，取消投资航空运输销售代理业务的股比限制等。此外，在制造业等领域也有不少“放权”之举，包括取消对投资 400 吨及以上轮式、履带式起重机械制造的股比限制，取消对投资各类普通级轴承及零件（钢球、保持架）、毛坯制造的限制等。这些开放措施的法理依据来自于 2014 年 6 月国务院批复的《中国（上海）自由贸易试验区进一步扩大开放的措施》。该措施共有 31 条，分别涉及服务业（14 条）、制造业（14 条）、采矿业（2 条）和建筑业（1 条）。14 条服务业新政策包括在商贸领域取消了对外商投资邮购和一般商品网上销售的限制，在物流领域放宽了一些行业的外资持股比例限制，允许外商以独资形式从事国际海运货物装卸、国际海运集装箱站和堆场业务，允许外商独资从事航空运输销售代理业务，在会计行业允许取得中国会计师资格的港、澳专业人士担任会计师事务所合伙人，在医疗领域取消了外商投资医疗机构最低投资总额和经营年限的限制等。这些措施，既符合十八届三中全会的要求，又突出了自贸试验区的主导产业，能够有力促进自贸试验区服务功能的提升，促进上海“四个中心”的建设。此外，制造业领域的 14 条措施中有 5 条涉及产品的研发和设计，例如，允许外商以独资形式从事豪华邮轮、游艇的设计，允许外商以独资形式从事船舶舱室机械的设计，允许外商以独资的形式从事航空发动机零部件的设计、制造和维修，允许外商以独资的形式投资与铁路及城市轨道交通配套的乘客服务设施和设备的研发、设计与制造等，这些措施体现了我国引导制造业向高端发展的思路，对吸引外资企业进驻自贸试验区和促进本土企业发展都具有十分重要的意义。①

2015 年 4 月，国务院印发了新一版的负面清单，同时适用于已成立的 4 个自由贸易试验区。与之前的负面清单相比，2015 版清单具有更高的开放度，特别管理措施削减到了 122 项；透明度也有所提高，2013 版负面清单中原有 55 条无具体限制条件的管理措施，2014 版缩减为 25 条，2015 版进一步缩减为 8 条。相关表述也更加明确具体，例如在“文化、体育和娱乐业”这一门类中，2014 版清单仅列出了 8 项特别管理措施，而 2015 版清单列出了 24 项特别管理措施，但这并不是扩大了限制的范围，而是细化了对原有的特别管理措施的表述，使其更加明确并具有可操作性。但 122 项特别管理措施仍显偏多，有进一步缩减的必要，无具体限制条件的特别管理措施也需要在实践中不断予以明确。

二、自由贸易试验区负面清单的完善

如前所述，我国已将负面清单制度作为开展国际经济合作的基础，并应用到多个自由贸易协定和双边投资协定的谈判中，然而需要注意的是，国际法语境中的负面清单与我国自由贸易试验区中的负面清单在性质上是完全不同的。前者作为条约的一部分，一旦生效就会使国家承担相关的义务，轻易不能修改或者违背，而后者属于一国的国内法，国家可以根据自己的需要适当地对其进行调整，这种性质上的差异使二者在形式和内容上都有很大的不同。

我国与美国正在负面清单的基础上开展双边投资协定的谈判，目前已进入到相互交换负面清单的阶段。虽然谈判的文本尚未公布，但考虑到美国在以往的谈判中一贯强势，极力要求谈判方的投资限制领域与美国相等，并且

① 孙元欣、徐晨、李津津《上海自贸试验区负面清单（2014 版）的评估与思考》，《上海经济研究》2014 年第 10 期。

在最终的谈判结果中有半数以上的国家采用了与美国负面清单相同的表述，因此有必要对美国的负面清单加以了解。美国是最早采用负面清单制度的国家之一，它的负面清单又称为“不符措施清单”，指的是缔约方针对国民待遇、最惠国待遇、业绩要求以及高管和董事会要求，通过谈判达成的对例外措施的共识，并在条约附件中将这种共识以文本的形式编排出来。美国的负面清单涉及的行业大致可归为六个领域：资源领域、能源领域、运输领域、通信领域、金融和地产领域以及针对所有行业的水平限制领域。在结构上通常包括三个部分：第一部分是除金融业以外的其他领域的现行不符措施，以及此类措施的延续、更新和修订，但此类措施的延续、更新和修订必须遵循“棘轮机制”，即不得高于现有的限制水平，也就是说，未来的不符措施只能更加宽容。在体例上，这一部分通常包含五个方面的内容，即“部门”（不符措施所适用的行业和领域）、“所涉义务”（前述四种义务中的一种或数种）、“政府层级”（中央或者州）、“措施来源”（不符措施所依据的法律法规）和“描述”（不符措施的具体内容）。第二部分为排除的产业或者部门，即政府可以在未来增加或制定更严格的不符措施的领域，这为政府未来的政策制定提供了灵活的空间，但是在这一部分仍然要列明所涉及的产业和义务。第三部分在形式上类似于第一部分，专门规定的是金融领域内的不符措施，这也反映了美国对这一问题的高度关注。

可以发现，我国自由贸易试验区的负面清单与美国的负面清单相比还有着较大的差距，由此引出的问题是，如果中国接受了美国负面清单的表述，那么自由贸易试验区的负面清单将如何与其对接？如果中国提出了自己版本的负面清单，那么自由贸易试验区的负面清单又能够发挥什么样的作用？

必须承认，我国自由贸易试验区的负面清单还存在较多不足。例如，清单的篇幅较长、提出的保留和限制较多、开放的力度还不够大。当然，由于我国刚刚尝试负面清单制度，采取谨慎保守的态度、逐步扩大开放是十分必要的，并且作为国内法的自由贸易试验区的负面清单保留较多也可以为我国进行国际谈判争取更多的空间，否则将会使我国失去讨价还价的余地。不过，相对于对已有的措施进行保留和限制，更重要的是对未来可能采取不符措施的领域进行预判，正如美国负面清单的第二部分所做的那样，而这更加考验政策制定者对国家产业政策发展的了解和掌握，也是我国自由贸易试验区负面清单有所缺失的地方。虽然作为国内法，自由贸易试验区的负面清单可以根据实际情况不断地进行调整，但从政策稳定性的角度来说，这样的变动还是越少越好。自 2013 年以来，自由贸易试验区的负面清单已先后出台了三个版本，在实践中已经引起了一些批评和怀疑，因此，无论是为了保持政策的稳定性，还是为我国的国际谈判进行准备和预演，都有必要在自由贸易试验区的负面清单中加入对未来可能采取更严格措施的领域的规定。又如，我国自由贸易试验区的负面清单是根据 2011 年版《国民经济行业分类及代码》来制定的，与国际通行做法并不一致，而且最新一版的负面清单还取消了行业分类代码，这对外国投资者来说可能并不方便，因此有必要借鉴其他国家的做法，采用国际通行的分类标准，如联合国产品总分类（CPC）、国际标准产业分类（ISIC）、协调制度（HS）等，并将其与我国的国民经济行业分类进行对应，以方便外国投资者更好地理解我国的负面清单。再如，我国自由贸易试验区的负面清单中缺少类似于美国负面清单中对措施和措施来源的表述，这是一个比较大的缺陷，直接影响到我国政策法规的透明度。我国目前还没有统一的外国投资法（虽然 2015 年初商务部公布了《外国投资法》草案，但目前该法仍属于全国人大立法规划的预备项目，离审议通过还有较大差距，且该草案中较多的是一些原则性的规定，缺少与特别管理措施相对应的条款），对外国投资的相关规定散见于各项法律法规中，甚至不乏相互冲突和矛盾的规定，给外国投资者带来了诸多不便。因此有必要借制定负面清单的机会，按照产业分类，从上位法到下位法进行梳理，对清单中需要保留但缺少法律规定的内容进行补充，对清单中不需要保留的措施所对应的法律法规加以修改或者废除，并在清单中加以列明。从清单统一性的角度考虑，也有必要如美国负面清单一样，列出不符措施所属的层级。美国是联邦制国家，除中央事权外，州政府也有较大的立法权，因此美国的负面清单区分了来自中央或地方的不符措施。我国虽然是中央集权制国家，但随着立法权的下放，地方政府拥有的自主性也越来越大，而且考虑到不同地方经济发展水平的不平衡，无差别适用的负面清单显然有悖于现实。实践中，上海市黄浦区政府已率先制定了区一级的负面清单，这表明区分特别管理措施的不同层级既是必要的，也是可行的。

此外，我国自由贸易试验区的负面清单仅涉及外资准入阶段的国民待遇义务，没有包括如美国负面清单中的最惠国待遇、业绩要求、高管和董事会要求等义务。这是因为我国的负面清单本身就来源于《外商投资产业指导目录》，调整的只是外资准入而不涉及其他问题，但很显然我国未来缔结的国际条约中的负面清单会指向更多义务，于是二者的对接将会出现失衡。现有的很多观点都建议丰富我国负面清单的内容，将准入后的国民待遇以及最惠国待遇等义务纳入其中，但这种做法的可行性和必要性还有待进一步的考虑。作为国内法的负面清单和作为国际条约一部分的负面清单毕竟还是有差别的，二者的功能并不完全相同，因此也没有必要在内容上保持完全的一致，有些义务由于涉及互惠或其他问题，可能并不适合在作为国内法的负面清单中进行规定。负面清单并不是万能灵药，扩大对外开放、提升经济自由度并不是仅仅依靠负面清单就能实现的。作为一项系统工程，它需要从上到下的法律改革和制度完善，负面清单，无论是国内法意义上的还是国际法意义上的，既是推进这一工程进步的动力，也是这一工程成果的体现。

第四节　完善我国自由贸易试验区的贸易便利化措施

一、自由贸易试验区贸易便利化的创新

关于“贸易便利化”目前还没有形成统一的定义，一般认为，它指的是减少在买卖双方商品和服务的跨境流动中存在的、由不必要的行政负担引起的交易成本。传统上它关注的是商品跨越边境时由于非关税壁垒导致的直接

成本，包括港口和运输基础设施、口岸效率、清关程序以及物流成本等，海关程序的简化以及货物过境程序的简化同样也是关注的焦点。上海自由贸易试验区自2013年设立以来，在贸易便利化方面进行了积极的探索，先后形成了多项可复制可推广的海关及检验检疫监管创新措施，先后四批在全国范围内推广。2014年6月，国务院要求在全国范围内推广上海自由贸易试验区的28条经验，其中有14条涉及贸易便利化，包括一线进境货物“先进区、后报关”“区内货物流转自行运输制度”“批次进出、集中申报”和“智能化卡口验放”等措施，这些措施对提升企业物流效率、降低通过成本作用明显。2015年1月，国务院发出了《关于推广中国（上海）自由贸易试验区可复制改革试点经验的通知》，其中包括全球维修产业检验检疫监管、中转货物产地来源证管理、检验检疫通关无纸化、第三方检验结果采信、出入境生物材料制品风险管理等，可以看出，第二批次的创新管理措施更加强化了政府职能向事后监管的转变。2015年4月，国务院批准上海自由贸易试验区升级，并新设立广东、天津、福建三地自由贸易试验区。自由贸易试验区方案中提出，但已经在上海开始实施的贸易便利化措施包括：加快区域通过一体化“单一窗口”建设、全面推广关检合作“一次申报、一次查验、一次放行”、试点按照货物状态分类监管、电子口岸网络建设以及凭进口舱单先行提货再办理进境备案手续等。这些措施使企业查验环节的时间和费用可以减省一半，提升了口岸通关服务的整体效能。2015年6月，上海海关再次在全国范围内推广五项贸易便利化措施，分别是“一站式”申报查验作业制度、“一区注册，四区经营”制度、美术品便利通关制度、归类行政裁定全国适用制度和商品易归类服务制度。通过搭建服务于企业的电子信息化平台，提供通关货物归类信息查询和高效专业服务，让企业提前了解相关政策的变化，提高预知性和通关便利。①

上海自由贸易试验区运行以来，基本形成了以贸易便利化为重点的贸易

① 高运胜《我国自由贸易试验区贸易便利化措施比较与创新发展探析》，《湖南行政学院学报》2017年第1期。

监管制度，国际贸易“单一窗口”在2016年推出2.0版本，涉及部门增加到20多个，试点范围涵盖到全市，开户企业累计有1200多家，货物状态分类监管试点在海关特殊监管区域内常态化运作，有需求的19家物流型企业全部纳入了试点范围。截至2016年6月累计运作4628票，涉及货值15.88亿元，海关通关无纸化率从最初挂牌时的8.4%提高到87%，进出口平均通关时间分别较区外减少41.3%和36.8%，出入境检验检疫无纸化率超过90%，口岸进出口环节收费每年减少约2.6亿元，国际中转集拼、沿海捎带业务、启运港退税等功能性政策试点也逐步展开，亚太示范电子口岸首个试点示范项目已经启动，《上海市推进国际航运中心建设条例》也已由上海市人大常委会通过并公布。①

除上海以外，天津、广东、福建的自由贸易试验区在贸易便利化改革方面也取得了诸多成果并在全国范围内得到复制推广。总体而言，沪津闽粤自由贸易试验区的贸易便利化措施各有侧重。上海的各项措施为上海“四个中心”的建设提供了良好的铺垫，也为提升长江经济带贸易便利化水平和经济辐射能力提供了有力的支撑；天津的各项措施在提升京津冀一体化水平的同时，也为对接中韩自由贸易区提供了有利的条件；福建和广东的自由贸易试验区的各项措施则有利于进一步发展对台和对港澳的贸易往来。

二、自由贸易试验区贸易便利化措施的发展方向

虽然我国自由贸易试验区在贸易便利化改革方面已经取得了一些成就，但和国际高标准相比，仍有一定程度的差距，在未来的制度建设中，要注意学习和借鉴国际经验，并结合我国“一带一路”倡议，逐步推进贸易便利化措施改革，并构建更加完善的配套政策体系。

作为国际性的多边贸易组织和全球自由贸易体系的制定者和推动者，世

① 上海市人民政府发展研究中心课题组，肖林、周国平等《中国（上海）自由贸易试验区建设三年成效、经验与建议》，《科学发展》2016年第10期。

界贸易组织在推动贸易便利化方面发挥着重要的作用。1996 年，世界贸易组织首次部长级会议在新加坡召开，在会上，各方代表认为，尽管 GATT1994 的第五、八、十条，以及许可证、卫生和检疫、贸易中的技术壁垒、原产地规则、海关估价和装运前检查等协议已经对贸易便利化的内容有所涉及，但一方面这些规定较为抽象，缺少可操作性和执行力，另一方面也缺少协调和统一性，同时 WTO 的法律框架中还缺少对海关通关手续、文件及透明度等方面的进一步规定，这与国际贸易的快速发展极不相称，因此有必要在 WTO 的框架下加强对贸易便利化的规定。这是 WTO 贸易便利化议题的首次提出。经过不断的争论和努力，2004 年，WTO 成员在日内瓦总理事会上通过了“多哈回合”贸易谈判框架协议，成立了贸易便利化谈判工作组，贸易便利化成为唯一一个被保留下来的“新加坡议题”。经过反复的磋商和谈判，2013 年 12 月，《贸易便利化协定》终于在巴厘岛举行的 WTO 第九次部长会议上达成。2015 年，我国国务院做出了接受《贸易便利化协定》的决定，成为第十六个接受该协定的国家。根据 WTO 的规定，协定将在获得至少三分之二多数成员的接受后生效。《贸易便利化协定》是 WTO 自 1995 年成立以来达成的首个多边协定，也是最具历史意义和最具商业价值的多边成果。它将改善全球进出口贸易透明度和可信度，改革边境管理措施，提升贸易与生产效率，并通过对发展中国家与最不发达国家的技术支持、资金援助与能力建设解决不同成员方之间的非对称执行成本与执行能力。发达成员通过该协定将进一步降低在全球价值链中的贸易成本，从而提高出口商和跨国公司的经营效率，而发展中成员通过该协定可以获得必要的特殊和差别待遇、技术援助和能力建设支持，也能从贸易便利化中获得长期的生产和贸易收益。①

《贸易便利化协定》共三部分 24 条，其主要内容和目的都与海关程序相关，包括海关和进出口信息透明度、海关数据和单证要求、海关自动化与信息技术利用、海关现代化改进以及海关合作等。协定仿效《实施卫生与植物

① 盛斌《WTO〈贸易便利化协定〉评估及对中国的影响研究》，《国际贸易》2016 年第 1 期。

卫生措施协定》与《技术性贸易壁垒协定》，建立“咨询点”，回答政府、贸易商和其他利益相关方提出的合理咨询，并提供所需的表格和单证，以提高政策的透明度；在拟议或修正有关货物流动、放行、结关等相关的法律法规时，给予贸易商和其他利益相关方发表评论和意见的机会，以提高政策的公信力和参与度。协定要求最大限度地简化与进出口和运输相关的手续条款，且各成员国不得强制要求使用报关代理，以降低贸易商的时间成本和贸易成本，并使其对贸易造成的限制作用最小化。协定还要求各成员国采用信息技术手段建立“单一窗口”，简化通关手续，并鼓励各成员国采用国际标准认证体系以及参与国际标准的审查和制定，从而减少规制协调的成本。该协定的签署以及生效，将有力地促进全球经济和贸易增长，有效地降低贸易成本，有助于各国（特别是发展中国家）实现出口的多样化，还能够为 WTO 体制下的多边贸易谈判起到良好的借鉴和示范作用。

在区域经济合作中，贸易便利化同样是各国共同关注的焦点之一，各式各样的自由贸易协定都会纳入有关海关合作和贸易便利化的内容。作为当下水平最高的自由贸易协议，TPP 也对贸易便利化做出了规定。它的第五章《海关管理与贸易便利化》共 12 条，主要涉及促进贸易便利化、提高海关程序的透明度、确保海关管理的一致性和可预测性。它以 WTO《贸易便利化协定》为基础并对其进行补充，旨在通过海关和边境程序的便捷化促进区域供应链的整合并推动包括中小企业在内的商业部门的发展。① 从内容上来看，TPP 在很大程度上遵循了《贸易便利化协定》的规定，沿袭了协定中的抵达前业务办理、税费未定时允许缴纳保证金来验放货物等条款以及预裁定、复审上诉、处罚和保密性等规则，还对及时验放货物设置了 48 小时的明确标准。不同之处在于，TPP 特别强调了快运对于中小企业的重要意义，并同意为其提供加急的海关程序，减少了中小企业通关的成本，从贸易便利化的角度呼应了中小企业发展的要求；TPP 单独设置了自动化条款，提倡各缔约方

① 沈玉昊、康青青《TPP 透视：“海关管理和贸易便利化”议题及其影响》，《国际经济合作》2015 年第 12 期。

使用电子系统，同时借鉴世界海关组织和亚太经合组织的已有模式和方法，为海关程序管理和风险分析提供更为便利的服务；TPP 还十分重视各国海关之间的合作，除了对各方就影响货物贸易的重要海关事务开展合作进行原则性的规定以外，还要求各方在影响协定实施的法律法规或相关措施发生重要修改时应尽可能互相提前通知，一成员方在对违法行为有合理怀疑时可以请求另一方提供正常收集的有关货物的特定保密信息，接受请求的一方应当尽可能提供有助于确定货物是否合法的信息等。毫无疑问，贸易便利化条款的设置将有利于促进 TPP 成员之间贸易的增长，对发展中成员的好处甚至会更加明显。①

与《贸易便利化协定》和 TPP 中规定的内容相比，我国自由贸易试验区的现有制度和措施仍有一些需要完善的地方。例如，《贸易便利化协定》和 TPP 都对信息公开做了较高和较为全面的规定，相比之下，我国自由贸易试验区公开的信息种类还比较少，在透明度上有所欠缺，不能让相关方充分地掌握和利用。为此，我国的自由贸易试验区可以尝试通过互联网方式以中英文本主动公开与进出口或过境贸易相关的信息，包括关于进口、出口和过境程序的说明，进口、出口和过境所需的表格和单证等，并在条件允许的情况下建立一个或多个咨询点，以回答他国政府、贸易商和其他利益相关方就信息公开涵盖的事项提出的合理咨询并提供所需要的表格和单证。此外，我国自由贸易试验区还可以考虑在法律法规允许的范围内，向贸易商及其他利益相关方提供机会和适当的时限，就与货物包括过境货物的流动、放行和结关相关的法律法规进行评论，以更好地完善我国海关监管和贸易便利化制度。又如，《贸易便利化协定》和 TPP 都对预裁定制度进行了规定。所谓预裁定指的是主管当局（海关）在所申请的货物进口前向申请人发出书面的裁定，载明当货物进口时将对货物采取哪些进口措施。这些措施通常包括货物的税则归类、在具体贸易的情况下海关估价的适当方式以及对该方式的具体的适

① 何彤《TPP 关于海关程序与贸易便利化领域对我国的影响及对策》，《海关与经贸研究》2016 年第 5 期。

用、退税或延迟交税的条件的适用、货物的原产地以及其他有关的事项等。《贸易便利化协定》中规定，提出申请的人包括进口商、出口商或生产商以及他们的全权代理人，TPP 中规定申请人可以是出口商、进口商或任何具有合理理由的人或其代表人，而我国在与其他国家，如新加坡、秘鲁、瑞士等，签署的自由贸易协定中则规定，提出申请的人只能是“在海关注册的人”。此外，虽然我国在自由贸易协定中规定了预裁定制度，但在国内法中却未完全落实。海关总署先后制定了《中华人民共和国海关行政裁定管理暂行办法》以及《中华人民共和国海关进出口货物商品归类管理规定》《中华人民共和国海关进出口货物征税管理办法》《进口货物价格预审核管理暂行规定》《海关总署关于实施进口货物原产地预确定制度的公告》等文件，但在实践中还存在一些有待完善的问题。如行政裁定和商品预归类已经制定并发布了部门规章，但价格预审核以及原产地预确定则是由各海关根据海关总署内部通知各自发布本关公告；商品预归类制度采用地方海关制发的《归类决定书》和海关总署发布的《商品归类裁定》的双轨制，而价格及原产地事项单独采用地方海关制发的《决定书》；《行政裁定管理暂行办法》规定所有的外贸经营者均有资格申请裁定，而价格预审核制度规定只有经过一般认证和高级认证的企业才有资格申请。这些彼此之间稍显混乱、缺少协调的规定使我国的预裁定制度在目前还没有充分地发挥作用。我国的自由贸易试验区应主动担负起对这一制度先行先试的责任，为《贸易便利化协定》生效后该制度在全国范围内的推行积累经验。再如，《贸易便利化协定》和 TPP 都规定了“单一窗口”制度，即准许贸易和运输的相关方在一个单一的接入点提交标准化的文件或数据，以履行全部的进出口或过境的监管要求。我国自由贸易试验区已经开展了这项工作，但要注意对系统的整体架构、功能范围、数据标准、文件格式以及信息的传输方式等进行统一的规范界定；如果没有与中央有关部门联网，这些地方性的单一窗口未来很可能会对全国一体化窗口的推广运用形成直接的障碍。① 最后，《贸易便利化协定》和 TPP 都十分强调海关合作，我国对外签署的海关互助合作协议中对这些内容也都有所体现，但考虑到如今的国际经济形势以及我国“一带一路”倡议的推行，自由贸易试验区的海关仍有必要考虑在现有基础上发挥创新精神，加强与“一带一路”沿线节点城市海关的合作与联系，深化多港区联动机制，充分发挥“一带一路”沿线枢纽城市的作用和功能。

① 戴正清《论〈贸易便利化协定〉对上海自贸区建设的借鉴意义》，《上海金融学院学报》2015 年第 5 期。

结语

金融危机的阴影尚未完全散去，金融战、贸易战的阴云又弥漫在国际政治经济生活的舞台上。自特朗普就任美国总统以来，世界经济的发展一直面临着来自美国的威胁。就中国而言，2018年7月6日，美国对中国340亿美元的产品征收25%的关税，作为反击，中国也于同日对同等规模的美国产品加征25%的进口关税。7月10日，美国政府再次发布了一份针对中国2000亿美元商品加征关税的计划，加征的关税约为10%。在美国的贸易霸凌主义面前，多边贸易体制和规则正面临前所未有的挑战和冲击。

毋庸置疑，中国是多边贸易体制的受益者，改革开放40年来，中国用自己的成功证明了加强国际经济合作的重要性。全球价值链的链条将中国和其他国家紧密串联在一起，实现了生产要素的自由流动，实现了资源的优化配置，也实现了让更多人分享发展成果的理想和目标。但在如今的国际形势下，中国不仅要努力维持国际经济合作，更要深入发掘国内的资源和潜力，释放经济活力，推动改革创新，以充分应对来自外界的挑战，自由贸易试验区便是中国种种改革措施中的重要一项。

目前，我国设立的自由贸易试验区已有11个，它们运营的效果如何？以上海为例，有研究结果显示，上海自由贸易试验区的建设显著促进了上海市GDP、投资、进口和出口的增长，扩区以后的自贸区建设对上海市经济的促进效应更加显著，“制度红利”进一步扩大，从长期来看，自贸区建设有利于促进经济的长期增长。[①] 有研究者总结道，上海自由贸易试验区的建设成果具体体现在以负面清单为核心的投资管理制度、以贸易便利化为重点的贸易监管制度、以服务实体经济发展为着眼点的金融开放创新制度、与开放型市场经济相适应的政府管理制度，以及保障改革创新的法律制度等五个方面。[②] 这些成绩无疑是喜人的，然而有两个问题需要注意：首先，现有的研究主要集中于上海自由贸易试验区，其他自由贸易试验区相对受到冷落，更缺少对这些自由贸易试验区建设成果的学术性、科学性的分析和讨论，这样很难仅以上海的成绩来综合评价整个自由贸易试验区战略。其次，现有的研究成果是否真实反映了客观情况？虽然学术界始终保持了对自由贸易试验区的研究热情，但对于新闻媒体和网络平台来说，自由贸易试验区已不再是一个热门的关键词。百度指数显示，对自由贸易试验区的搜索高峰出现于 2013 年 6 月和 9 月，此后搜索热度一直处于极低的状态，直到 2018 年 4 月才再次出现一个小高峰。在网络上进行搜索时，不时能发现网友针对自由贸易试验区的提问和讨论，其中虽然有正面的评价，但总体上情绪偏悲观，认为自由贸易试验区作用不大，对人民生活的影响不够明显。由于诸多因素的影响，民间的认识不一定准确，但官方宣传和民间评价不一致的现象值得我们深思。

但无论如何，中央扩大对外开放、深化改革创新的决心是明显且坚定的。党的十九大报告明确提出，要“赋予自由贸易试验区更大改革自主权，探索建设自由贸易港”。2018 年 4 月 13 日，习近平总书记在庆祝海南建省办经济特区 30 周年大会上郑重宣布，党中央决定支持海南全岛建设自由贸易试验区，支持海南逐步探索、稳步推进中国特色自由贸易港建设，分步骤、分阶段建立自由贸易港政策和制度体系。这为自由贸易港区的研究提供了新的契机和机遇。

就本书而言，它从国际经济合作的视角出发，通过对现有的经济全球化

① 殷华、高维和《自由贸易试验区产生了“制度红利”效应吗？——来自上海自贸区的证据》，《财经研究》2017 年第 2 期。

② 周效门、杨畅《中国（上海）自由贸易试验区三周年改革实践总结与评估》，《上海市经济管理干部学院学报》2017 年第 3 期。

和区域经济一体化的制度成果以及其他国家自由贸易试验区建设情况的研究和分析，探索了完善我国自由贸易试验区建设的路径。由于客观原因，书中提到的一些意见和建议已经略显过时，如有关负面清单的内容。但本书仍具有积极的意义：首先在理论上，它较为全面和详细地梳理了自由贸易试验区的理论学说，搭建了较为系统的研究框架，拓展了这一主题的研究视角，为相关的学术交流提供了新鲜的要素和材料。其次在实践上，它针对自由贸易试验区建设中存在的问题进行了深入的分析和讨论，提出了一些具有针对性的措施，为问题的解决贡献了思路，或许能够有益于我国自由贸易试验区制度的完善以及深化改革开放目标的实现。本书的创新之处有两点：一是以国际经济合作为视角，从宏观上把握自由贸易试验区建设的背景、意图和战略目标；二是以其他国家类似的海关特殊监管区域作为比较，从细节上寻找我国自由贸易试验区建设的特殊之处。而本书的缺点则在于研究方法的单一，即以文献研究为主，没能深入各自由贸易试验区进行调研，以充分获取实证材料。

本书主要分为六大部分。绪论为概述部分，对本书的两个核心概念，即“国际经济合作”和“自由贸易试验区”进行了分析和阐述，给出了经济全球化背景下区域经济一体化的理论解释和法律依据，并介绍了自由贸易试验区的类型、功能、历史和相关的理论渊源，以及中国自由贸易试验区的发展过程。第一章针对国际经济合作中最主要的两种活动——国际贸易和国际投资，分别围绕着世界贸易组织法律体系和国际投资法律体系进行了分析和研究，对当下国际经济合作的前沿和热点问题进行了揭示。第二章和第三章分别研究了其他国家以及中国的区域经济一体化成果。其中第二章主要研究的是已经运作多年、成效卓著的欧盟和北美自由贸易区，以及刚刚缔结、代表当下区域经济一体化最高水平的《跨太平洋伙伴关系协定》，还有正处于谈判过程中的《跨大西洋贸易与投资伙伴关系协定》和《国际服务贸易协定》。在经济全球化逐渐停滞的背景下，加强对区域经济合作协定的研究，把握各国的利益诉求和交换意向显然有着十分重要的意义。第三章着重分析了中国与其他国家签订的五项具有代表性的自由贸易协定，包括中国签订的第一份自由贸易协定（与东盟）以及目前水平最高的自由贸易协定（与澳大利亚）等。通过对这些协定的分析可以清楚把握和了解中国对待国际经济合作的态度以及中国和其他国家相比还存在哪些不足和缺陷。值得注意的是，在中国晚近签订的自由贸易协定中，已经明确写入了有关自由贸易试验区的内容，体现了自由贸易试验区的重要意义以及我国促进国际、国内两个市场联动，促进经济发展的态度。第四章是对其他国家自由贸易园区建设情况的介绍、分析，其中包括美国的对外贸易区、韩国的自由经济区、新加坡的自由贸易园区、巴西的自由贸易园区和印度的经济特区。它们既有成功的经验，也有失败的教训，可以为我国自由贸易试验区的建设提供借鉴。第五章在前文分析的基础上，具体提出了完善我国自由贸易试验区建设的建议，包括完善自由贸易试验区的法律体系、管理体制、负面清单和贸易便利化措施等。

笔者在写作过程中参考了大量学者的研究成果，对之已经在注释和参考文献中列明，在此对他们表示感谢。本书是笔者主持的 2016 年度江西高校人文社会科学研究青年项目“国际经济合作视域下的中国自由贸易试验区研究”的成果，同时也得到了赣南师范大学应用法学研究中心的帮助。由于本人水平有限，书中难免存在缺点和不足，笔者将在今后的研究中加以改进，同时也敬请各位专家和学者给予批评和指正。

主要参考文献

1. 肖林，张涌. 中国（上海）自由贸易试验区制度创新回顾与前瞻［M］. 上海：格致出版社，2017.

2. 黄建忠，陈子雷，蒙英华，等. 中国自由贸易试验区研究蓝皮书（2016）［M］. 北京：经济科学出版社，2017.

3. 徐蔚葳，等. 中国（广东）自由贸易试验区贸易便利化绩效研究［M］. 北京：对外经济贸易大学出版社，2017.

4. 黄茂兴. 中国（福建）自由贸易试验区发展报告（2016—2017）［M］. 北京：社会科学文献出版社，2017.

5. 高小珺，高大石. 自由贸易试验区的制度创新与法律保障［M］. 北京：法律出版社，2017.

6. 李善民. 中国自由贸易试验区发展蓝皮书（2016—2017）［M］. 广州：中山大学出版社，2017.

7. 贺伟跃. 中国（上海）自由贸易试验区制度解读与展望［M］. 北京：经济日报出版社，2016.

8. 孙元欣. 2016 中国自由贸易试验区发展研究报告［M］. 上海：格致出版社，2016.

9. 李瑞琴. 区域经济一体化对世界多边自由贸易进程的影响——理论与实证分析［M］. 北京：中国财政经济出版社，2008.

10. 李萍. 中国自由贸易区发展理论与实践［M］. 北京：中国社会科学出版社，2014.

11. 钟坚. 世界经济特区发展模式研究［M］. 北京：中国经济出版社，2006.

12. 张玉卿. 张玉卿 WTO 案例精选：WTO 热点问题荟萃［M］. 北京：中国商务出版社，2015.

13. 上海财经大学自由贸易区研究院，上海发展研究院. 全球自贸区发展研究及借鉴［M］. 上海：格致出版社，2015.

14. 于津平，张雨. 欧洲经济一体化的基础与机制［M］. 北京：中国大百科全书出版社，2010.

15. 史晓丽. 北美自由贸易区贸易救济法律制度研究［M］. 北京：法律出版社，2012.

16. 郭建军. 新加坡外向型经济全球化进程（1965—2010）［M］. 北京：社会科学文献出版社，2012.

17. 杨建文，陆军荣. 中国保税港区：创新与发展［M］. 上海：上海社会科学院出版社，2008.

18. 石静霞，马兰.《跨太平洋伙伴关系协定》（TPP）投资章节核心规则解析［J］. 国家行政学院学报，2016（1）.

19. 太平，刘宏兵. 签订双边投资协定对中国吸收 FDI 影响的实证分析［J］. 对外经济贸易大学学报，2014（4）.

20. 汪培，佘云霞. 从中国与新西兰《劳动合作谅解备忘录》看国际贸易与国际劳工标准问题［J］. 中国劳动关系学院学报，2009（1）.

21. 胡加祥. 国际投资准入前国民待遇法律问题探析——兼论上海自贸区负面清单［J］. 上海交通大学学报：哲学社会科学版，2014（1）.

22. 吴敏. 全球经济一体化与区域经济一体化的冲突与协调——兼评 GATT/WTO 体制下区域经济一体化的法律制度［J］. 上海师范大学学报：哲学社会科学版，2008（2）.

23. 朱颖，张佳睿. 北美自由贸易区运行 20 年的经济效应：国外文献述评［J］. 上海师范大学学报：哲学社会科学版，2016（1）.

24. 纪文华. WTO多哈回合争端解决机制谈判及内容概析——以专家组程序为例［J］. 上海对外经贸大学学报，2010（1）.

25. 王琳. 全球自贸区发展新态势下中国自贸区的推进战略［J］. 上海对外经贸大学学报，2015（1）.

26. 李墨丝. 区域服务贸易自由化的新趋向——基于GATS和NAFTA类型协定的比较［J］. 上海对外经贸大学学报，2015（3）.

27. 谭观福. WTO争端解决中国败诉案执行法律问题探析［J］. 上海对外经贸大学学报，2016（4）.

28. 戴正清. 论《贸易便利化协定》对上海自贸区建设的借鉴意义［J］. 上海金融学院学报，2015（5）.

29. 丁伟. 《与贸易有关的投资措施协议》评介［J］. 华东政法大学学报，1999（2）.

30. 姜作利. 美国发展对外贸易区的经验与启示［J］. 山东师范大学学报：人文社会科学版，2014（2）.

31. 张建. 国际投资自由化的法理要义与缔约实践［J］. 菏泽学院学报，2016（4）.

32. 魏艳茹. 中国东盟框架下国际投资法律环境的比较研究——以《中国东盟投资协议》的签订与生效为背景［J］. 广西大学学报：哲学社会科学版，2011（1）.

33. 张智勇. 解析中国东盟自由贸易区《投资协议》［J］. 甘肃政法学院学报，2011（1）.

34. 王士权，常倩，李秉龙. 中澳贸易商品结构与成因分析——基于中澳FTA签订为背景［J］. 武汉纺织大学学报，2016（2）.

35. 孙秀丽. 宪法视域下的中国（上海）自由贸易试验区制度创新［J］. 云南大学学报：法学版，2016（2）.

36. 刘志刚. 暂时停止法律实施决定的正当性分析［J］. 苏州大学学报：法学版，2015（4）.

37. 高运胜. 我国自由贸易试验区贸易便利化措施比较与创新发展探析[J]. 湖南行政学院学报，2017（1）.

38. 张建平. 欧盟竞争政策与产业政策的协调及其启示［J］. 内蒙古师范大学学报：哲学社会科学汉文版，2016（1）.

39. 吕国民. TPP知识产权规则：高标准保护与中国的因应［J］. 暨南学报：哲学社会科学版，2016（9）.

40. 陈双喜，田芯. 我国保税区与世界自由贸易区的比较研究［J］. 大连海事大学学报：社会科学版，2004（2）.

41. 蔡宏波，黄建忠. 国外自由贸易协定研究新进展［J］. 国际贸易问题，2008（7）.

42. 陈秀山，石碧华. 区域经济均衡与非均衡发展理论［J］. 教学与研究，2000（10）.

43. 俞可平. 中国社会主义市场经济的试验场——海外学者论中国经济特区［J］. 经济社会体制比较，2000（5）.

44. 苏彦汉. 几种特区一二线管理模式评介［J］. 特区经济，1991（4）.

45. 孟扬. 谈谈《保税区海关监管办法》的制订及其主要内容［J］. 中国海关，1997（10）.

46. 黄国祥，原舒. 谈我国从保税区到出口加工区的发展［J］. 国际贸易问题，2002（10）.

47. 雷蒙. 内罗毕会议：拯救多哈回合，还是埋葬多哈回合？[J]. WTO经济导刊，2015（10）.

48. 雷蒙. 内罗毕会议前景未卜多哈谈判命悬一线［J］. WTO经济导刊，2015（12）.

49. 雷蒙. 内罗毕会议翻开WTO历史新篇章［J］. WTO经济导刊，2016（1）.

50. 龚柏华. WTO二十周年：争端解决与中国［J］. 上海国资，2016（7）.

51. 罗蓉. 2015年WTO争端案件情况综述［J］. 中国贸易救济，2016

(2).

52. 詹晓宁，葛顺奇. 国际投资协定："投资"和"投资者"的范围与定义 [J]. 国际经济合作，2003 (1).

53. 沈铭辉. APEC投资便利化进程——基于投资便利化行动计划 [J]. 国际经济合作，2009 (4).

54. 钱志清，许娜. 全球直接投资趋势及投资者"国籍"带来的政策挑战——解读联合国贸发组织《2016年世界投资报告》 [J]. 国际经济合作，2016 (7).

55. 姚铃. 欧盟经济一体化的新发展 [J]. 国际贸易，2010 (10).

56. 姚铃. 欧盟在中欧投资协定谈判中的诉求简析及对策建议 [J]. 国际贸易，2014 (10).

57. 盛斌. WTO《贸易便利化协定》评估及对中国的影响研究 [J]. 国际贸易，2016年 (1).

58. 竺彩华，李诺. 全球投资政策发展趋势与构建"一带一路"投资合作条约网络 [J]. 国际贸易，2016 (9).

59. 叶茂. 国际直接投资规范化特征与趋势 [J]. 求索，2005 (9).

60. 宗芳宇，路江涌，武常岐. 双边投资协定、制度环境和企业对外直接投资区位选择 [J]. 经济研究，2012 (5).

61. 邓新明，许洋. 双边投资协定对中国对外直接投资的影响——基于制度环境门槛效应的分析 [J]. 世界经济研究，2015 (3).

62. 董有德，赵星星. 自由贸易协定能够促进我国企业的对外直接投资吗——基于跨国公司知识资本模型的经验研究 [J]. 国际经贸探索，2014 (3).

63. 杨宏恩，孟庆强，王晶，等. 双边投资协定对中国对外直接投资的影响：基于投资协定异质性的视角 [J]. 管理世界，2016 (4).

64. 盛斌，纪然. 国际投资协议中国民待遇原则与清单管理模式的比较研究及对中国的启示 [J]. 国际商务研究，2015 (1).

65. 乔慧娟. 公平与公正待遇：中外双边投资协定的缔约现状和风险防

范［J］. 理论导刊，2014（5）.

66. 张熠星. 投资者东道国争端解决机制发展的新趋势——TTIP形成中的欧盟模式及中国应对［J］. 现代管理科学，2016（3）.

67. 石静霞. 国际贸易投资规则的再构建及中国的因应［J］. 中国社会科学，2015（9）.

68. 国家开发银行丝绸之路经济带的战略性项目实施策略研究——重点国家的战略评估与政策建议课题组. 欧洲经济一体化战略及其对"一带一路"建设的启示［J］. 国际研究参考，2016（10）.

69. 郁中平，郭树华. 主权债务危机对欧洲经济一体化进程的影响研究述评［J］. 经济问题探索，2014（6）.

70. 谢世清，郑雨薇. 欧洲稳定机制（ESM）的运作及其评价［J］. 宏观经济研究，2015（1）.

71. 叶斌. 欧债危机下欧盟经济治理与财政一体化的立法进展［J］. 欧洲研究，2013（3）.

72. 约翰·布鲁道恩，安娜·伊蕾娜，普拉门·约瑟福夫，等. 银行业联盟对非欧元区国家来说，是防弹服还是紧身衣？［J］. 金融市场研究，2015（9）.

73. 王家强，韩丽颖. 欧洲经济一体化：进展，挑战与政策建议［J］. 国际金融，2013（6）.

74. 瞿亢，侯振博，李安琪. 欧美TTIP谈判进展，展望及政策建议［J］. 国际金融，2016（8）.

75. 尹显萍，王志华. 欧洲一体化的基石——欧盟共同农业政策［J］. 世界经济研究，2004（7）.

76. 于立，舒玲敏，刘劲松. 欧盟竞争政策及其发展趋势［J］. 世界经济研究，2005（4）.

77. 胡荣花，郑静. 欧盟内部贸易格局探析［J］. 世界经济研究，2006（7）.

78. 罗超烈，曾福生. 欧盟共同农业政策的演变与经验分析［J］. 世界农业，2015 (4).

79. 刘武兵，李婷. 欧盟共同农业政策改革：2014—2020 [J]. 世界农业，2015 (6).

80. 曹红英，王洋. 欧盟竞争政策值得中国借鉴 [J]. 中国对外贸易，2008 (11).

81. 王朔，李超. 当前欧洲一体化面临的困境及未来走势 [J]. 现代国际关系，2016 (3).

82. 张健. 欧洲一体化的问题，前景与欧盟国际地位 [J]. 现代国际关系，2008 (7).

83. 金玲. 英国脱欧：原因，影响及走向 [J]. 国际问题研究，2016 (4).

84. 郑春荣. 欧盟未来的发展前景预判 [J]. 人民论坛，2016 (20).

85. 周佳苗. 浅析北美自由贸易区的多维历史特征 [J]. 理论界，2015 (4).

86. 程宏亮. 北美自由贸易区：一种“美国模式”的地区主义战略 [J]. 复旦国际关系评论，2009 (1).

87. 吴雪燕，曾文革. 从 NAFTA 到双边 FTAs：外资保护与政府干预的平衡解——以美国为例 [J]. 学术论坛，2009 (11).

88. 吴峰. 美墨卡车跨境运输争端案及其启示 [J]. 国际商务研究，2015 (6).

89. 陆建人. 美国加入 TPP 的动因分析 [J]. 国际贸易问题，2011 (1).

90. 李伍荣，李玉文，周艳. 美国对《服务贸易协定》谈判的主导权分析 [J]. 亚太经济，2015 (6).

91. 庄媛媛，卢冠锋. TPP 与 TRIPS 知识产权规则比较研究 [J]. 亚太经济，2016 (3).

92. 许多. 论 TTIP 协定谈判对 TPP 协定谈判的影响 [J]. 南京社会科学，2014 (11).

93. 赵雅玲. TPP 和 TTIP 中的投资议题及影响研究 [J]. 港口经济，

2016（6）.

94. 李伍荣，冯源.《国际服务贸易协定》与《服务贸易总协定》的比较分析［J］. 财贸经济，2013（12）.

95. 段子忠，林海. 服务贸易协定（TiSA）谈判追踪［J］. WTO经济导刊，2016（6）.

96. 李伍荣，周艳. 服务贸易协定（TiSA）市场开放承诺的机制创新［J］. 国际贸易，2015（3）.

97. 屠新泉，莫慧萍. 服务贸易自由化的新选项：TiSA谈判的现状及其与中国的关系［J］. 国际贸易，2014（4）.

98. 周艳，李伍荣.〈服务贸易协定〉会否多边化？［J］. 国际经济评论，2016（3）.

99. 李玉贵，韩文静. 中国东盟经贸关系发展成果与展望［J］. 前沿，2015（5）.

100. 刘斌，刘欣. 中国东盟自贸区升级版的经济效应——基于GTAP模型分析［J］. 亚太经济，2016（4）.

101. 王勤. 东盟经济共同体的形成与发展——兼论东盟经济共同体与"一带一路"倡议［J］. 人民论坛·学术前沿，2016（19）.

102. 李文. "一带一路"与中国东盟命运共同体建设［J］. 东南亚纵横，2015（10）.

103. 赖明勇，谢锐. 中国新加坡自由贸易协定的背景，内容及影响［J］. 国际经贸探索，2009（8）.

104. 刘馨蔚，王世钰. 自贸协定为中澳带来投资新机遇投资热点渐多元［J］. 中国对外贸易，2016（7）.

105. 庄芮，林佳欣. 中国新西兰FTA与中国澳大利亚FTA比较研究——兼论中新FTA的升级路径［J］. 太平洋学报，2016（7）.

106. 杨文生. 建设中韩自贸区的机遇，挑战及对策［J］. 宏观经济管理，2015（4）.

107. 何喜有. 中国对韩国直接投资的结构性分布及其原因分析［J］. 韩

国研究论丛，2015（1）.

108. 何喜有．中韩 FTA 生效形势下的韩国对华投资研究：基于 1988—2014 年数据的分析与展望［J］．韩国研究论丛，2016（1）.

109. 刘文，蔡智超．中韩 FTA 和中澳 FTA 比较研究［J］．当代韩国，2016（3）.

110. 郝洁．中美与中日韩投资协定及中韩自贸协定的比较［J］．中国经贸导刊，2015（22）.

111. 汤婧．中韩自贸区的未来趋势：化解困境，开拓发展［J］．国际经济合作，2015（4）.

112. 沈玉昊，康青青．TPP 透视："海关管理和贸易便利化"议题及其影响［J］．国际经济合作，2015（12）.

113. 张国军，庄芮，刘金兰．"一带一路"背景下中国推进自贸区战略的机遇及策略［J］．国际经济合作，2016（10）.

114. 殷为华，杨荣，杨慧．美国自由贸易区的实践特点透析及借鉴［J］．世界地理研究，2016（2）.

115. 周阳．论美国对外贸易区的建立、发展与趋势［J］．国际贸易，2013（12）.

116. 周阳．美国对外贸易区分区发展的里程碑——"阿姆科钢铁公司诉思坦斯"案述评［J］．美国问题研究，2014（2）.

117. 周阳．论美国对外贸易区的立法及其对我国的启示［J］．社会科学，2014（10）.

118. 马雁．美国对外贸易区"出口倍增"实现机制探析［J］．天津社会科学，2016（3）.

119. 王建，陈宁宁．韩国加工贸易政策及对山东省加工贸易转型升级的启示［J］．经济与管理评论，2007（4）.

120. 封骁．韩国仁川自由经济区发展特色及可借鉴经验［J］．港口经济，2015（9）.

121. 颜盈媚．港城关系与港口城市转型升级研究——以新加坡为例

[J]. 城市观察，2012 (1).

122. 盛宝富，陈瑛. 深度剖析新加坡樟宜自由贸易区 [J]. 国际市场，2014 (1).

123. 谭旭峰. 新加坡裕廊工业区的经验启示 [J]. 中国高新区，2005 (2).

124. 邱书钦. 巴西玛瑙斯自贸区发展实践与借鉴 [J]. 对外经贸实务，2015 (4).

125. 张雷. 印度经济特区建设的历程及绩效评析 [J]. 亚非纵横，2011 (2).

126. 谈玉妮，周琦. 印度经济特区模式研究 [J]. 中国经济特区研究，2013 (1).

127. 牛旻昱. 印度经济特区的发展历史及其启示 [J]. 技术经济与管理研究，2013 (3).

128. 张丹，张威. 中国新加坡自由贸易协定框架下中国服务贸易开放承诺与实践 [J]. 东南亚纵横，2014 (6).

129. 孙卫雄. 自贸区管理体制的国际经验与上海借鉴 [J]. 上海经济，2014 (7).

130. 孙元欣，徐晨，李津津. 上海自贸试验区负面清单（2014 版）的评估与思考 [J]. 上海经济研究，2014 (10).

131. 刘晔，陆夏. 美国“自贸区”模式的经济效应及其经验借鉴 [J]. 上海经济研究，2014 (12).

132. 孙元欣，吉莉，周任远. 上海自由贸易试验区负面清单（2013 版）及其改进 [J]. 外国经济与管理，2014 (3).

133. 龚柏华. 中国（上海）自由贸易试验区外资准入“负面清单”模式法律分析 [J]. 理论参考，2013 (6).

134. 上海市人民政府发展研究中心课题组，肖林，周国平，等. 中国（上海）自由贸易试验区建设三年成效，经验与建议 [J]. 科学发展，2016 (10).

135. 何彤. TPP关于海关程序与贸易便利化领域对我国的影响及对策 [J]. 海关与经贸研究，2016 (5).

136. 殷华，高维和. 自由贸易试验区产生了"制度红利"效应吗？——来自上海自贸区的证据 [J]. 财经研究，2017 (2).

137. 周效门，杨畅. 中国（上海）自由贸易试验区三周年改革实践总结与评估 [J]. 上海市经济管理干部学院学报，2017 (3).

138. 梁开银. 论海外投资保险代位权及其实现——兼论我国海外投资保险立法模式之选择 [J]. 法商研究，2006 (3).

139. 曾令良. 论世界贸易组织的法律体系 [J]. 法学评论，1996 (2).

140. 刘笋. 从多边投资协议草案看国际投资多边法制的走向 [J]. 比较法研究，2003 (2).

141. 孙晋. 国际金融危机之应对与欧盟竞争政策——兼论后危机时代我国竞争政策和产业政策的冲突与协调 [J]. 法学评论，2011 (1).

142. 刘颖，封筠. 国际投资争端中最惠国待遇条款适用范围的扩展——由实体性问题向程序性问题的转变 [J]. 法学评论，2013 (4).

143. 纪文华，黄萃. WTO与FTA争端解决管辖权的竞合与协调 [J]. 法学，2006 (7).

144. 朱兆敏. 论世界贸易组织与中国的市场经济地位 [J]. 法学，2015 (9).

145. 余劲松，梁丹妮. 公平公正待遇的最新发展动向及我国的对策 [J]. 法学家，2007 (6).

146. 徐崇利. 外资征收中的补偿额估算 [J]. 国际经济法学刊，2006 (1).

147. 王彦志. 公平与公正待遇条款改革的困境与出路——RDC v. Guatemala案裁决引起的反思 [J]. 国际经济法学刊，2014 (1).

148. 刘敬东. "市场经济地位"之国际法辨析——《加入议定书》与中国"市场经济地位" [J]. 国际经济法学刊，2015 (1).

149. 王小林. 国际投资间接征收的中国关切 [J]. 北方法学，2015

(2).

150. 朱明新. 国际投资法中间接征收的损害赔偿研究 [J]. 武大国际法评论, 2012 (1).

151. 徐崇利. 利益平衡与对外资间接征收的认定及补偿 [J]. 环球法律评论, 2008 (6).

152. 王彦志. 国际投资争端解决的法律化: 成就与挑战 [J]. 当代法学, 2011 (3).

153. 张晓君. "一带一路"战略下自由贸易区网络构建的挑战与对策 [J]. 法学杂志, 2016 (1).

154. 尹晓君. 欧洲银行业联盟研究 [D]. 北京: 外交学院, 2014.

155. 磨惟伟. 美欧 TTIP 自贸谈判: 动因, 进展和影响 [D]. 北京: 外交学院, 2014.

156. 李梦泽. 新加坡港的产业发展对中国自贸区的启示 [D]. 北京: 北京外国语大学, 2015.

157. 王兴和. 法学视角下的区域经济一体化及其对中国的启示 [D]. 上海: 华东政法学院, 2006.

158. 王华勇. 北美自由贸易区争端解决机制研究 [D]. 上海: 上海师范大学, 2015.

159. 程璐. 双边投资保护协定中的资本转移自由规则研究 [D]. 重庆: 西南政法大学, 2008.

160. 朱婧. 欧洲经济一体化的贸易效应分析 [D]. 广州: 广东外语外贸大学, 2007.

161. 武青青. 《中国新西兰自由贸易协定》原产地规则法律问题研究 [D]. 广州: 广东商学院, 2010.

162. 郭鸣. 区域投资规则若干法律问题研究 [D]. 武汉: 武汉大学, 2004.

163. 阎国来. 欧洲经济一体化与经济增长关系研究 [D]. 长春: 吉林大学, 2015.

164. 孙明辉. 韩国仁川经济自由区发展及其与天津滨海新区比较研究［D］. 长春：吉林大学，2016.

165. 慕景丽. 发展中国家参与南北型区域经济一体化研究［D］. 厦门：厦门大学，2008.

166. 周宇. NAFTA投资争端仲裁中的法庭之友制度研究［D］. 厦门：厦门大学，2007.

167. 黄薇. 北美自由贸易区服务贸易制度研究［D］. 桂林：广西师范大学，2008.

168. 王娟. NAFTA中的ISDM程序问题［D］. 桂林：广西师范大学，2013.

169. 顾孅. NAFTA一般争端解决机制研究［D］. 苏州：苏州大学，2010.

图书在版编目（CIP）数据

中国自贸试验区建设与国际经济合作 / 朱文龙著.
—厦门：鹭江出版社，2019.3
ISBN 978-7-5459-1503-7

Ⅰ.①中… Ⅱ.①朱… Ⅲ.①自由贸易区—关系—国际合作—经济合作—研究—中国 Ⅳ.①F752②F125.4

中国版本图书馆 CIP 数据核字（2018）第 300057 号

"中国自贸试验区研究"丛书
沈四宝 主编

ZHONGGUO ZIMAO SHIYANQU JIANSHE YU GUOJI JINGJI HEZUO
中国自贸试验区建设与国际经济合作
朱文龙 著

出版发行：鹭江出版社
地　　址：厦门市湖明路 22 号　　**邮政编码：**361004
印　　刷：福建新华印刷有限责任公司
地　　址：福州市福新中路 42 号　　**联系电话：**0591—83661214
开　　本：700mm×1000mm　1/16
插　　页：3
印　　张：20.25
字　　数：299 千字
版　　次：2019 年 3 月第 1 版　2019 年 3 月第 1 次印刷
书　　号：ISBN 978-7-5459-1503-7
定　　价：69.00 元

图书在版编目（CIP）数据